平良敬一建築論集

機能主義を超えるもの

はじめに

戦後復刊したばかりの『国際建築』編集部に1950年に加わって以来、一貫して建築ジャーナリズムに携わり、編集者としていくつかの雑誌を創刊し、今日まで65年を超える日々を過ごしてきた。この間に、硬軟、長短さまざまな文章を書いてきた。多くは雑誌をつくる過程で編集意図を確実に読者に伝えるために、あるいは取り上げた建築の作品評として、また、世の中に警鐘を鳴らすべく、あるいは自らの考えに突き動かされて、もとより遅い筆に切歯扼腕しながら書き綴ったものである。

これまでにも幾度か、著作集としてまとめる誘いは受けてきたものの、まだまだ先のことでよいと考え固辞してきた。何よりも、建築、都市、経済、社会の状況が大きく動いてきた中で、私自身の考えも日々動き、これから先も変っていくであろうからである。

しかし、今、自分が書いてきたものを読み返し、また、これまで考えてきたことの変遷を思い返してみると、これだけはぶれていないという一貫した筋はあった。それは〝機能主義を超えるもの〟を見出したいということである。機能主義は近代社会が到達し得た最大の規範であり倫理と言ってよいものであるが、果たしてそれでよかったのか。ポストモダンなどと呼ばれる昨今耳にする軽い思考ではなく、近代が置き去りにしてきた何かを取り戻し、次の社会の規範となる哲学を探り出したいということである。そしてそれは、現在も私の頭の中から離れないでいるのである。

こうした私の思索の筋に沿うならば、著作集を世に出してもよいのではないかと考えるに至り、本書は編まれたものである。当初、雑誌『住宅建築』を編集制作する場として私が主宰した㈲建築思潮研究所で、現代表の小泉淳子さんと元所員の福島勲さんが中心になって、過去の掲載誌などを収集し編集作業が進められ、ほぼ完成に近づいていたのだが、諸事情により㈱風土社に引き継がれ、いささかの内容の変更を加えて出版されることとなった。担当してくれたのは、山本直人さんと植林麻衣さんである。過去の印刷物から丹念に文字を拾いデータ入力してくれた方々の努力に御礼申し上げるとともに、出版を引き受けてくれた風土社代表の山下武秀さん、本書出版に力を注いでいただいた諸氏すべてに感謝申し上げる。

二〇一七年二月

平良敬一

目次

1

地域主義の可能性

家をつくることの「地域性」

この文章は、雑誌『チルチンびと』＊1別冊9号『建築家とほんもの工務店がつくった木の家——デザインする「地域主義工務店」宣言』（2005年刊）に収められた談話記録。

小さな「地域性」と大きな「地域性」

かつての民家には「地域性」が最もよく表れていました。その場合の「地域性」とは日本列島の中でのローカリティ（地方色）のことです。一方、世界の中での「地域性」も日本の民家にはあったわけです。日本列島に住んできた人たちが営々と築いてきたもので、そちらの「地域性」も考える必要があります。

ローカリティの表れとしての民家は、大陸などから日本列島に渡ってきた人たちが、長い時間をかけ、移動しながら定着し、その土地の気候と闘いながら築いてきた住まいのかたちでした。しかしそれは、近代化の過程で近代技術や科学ばかりが尊重されるのと反比例して、軽視され捨てられ消失してきました。

特に第二次世界大戦後は、資本主義、自由主義にもとづき、ハウスメーカーは売らんがための住宅づくりで市場を席巻しました。それに対し、いや、そうでない方向性があるのでは

＊1 **『チルチンびと』** 1997年6月創刊の季刊住宅雑誌。発行は㈱風土社。平良敬一は、創刊前年の第一回企画会議より参画し、編集方針を「建主を目利きにする事を目的とし、工務店をも読者対象とする」「ハウスメーカーの商品化住宅と、その広告は掲載しない」と、定める。現在、91号・発行3万部。
㈱風土社は1995年10月「人・まち・住まいの出版社」として設立。平良敬一は、出資者の一人で社名を定めた。また、2003年4月、同社が主催する『チルチンびと「地域主義工務店」の会』設立にあたり、同会の「地域主義工務店宣言」を起草した。現在、同社顧問。

ないか。日本列島の住人たちが築いてきた伝統を受け継ぎながら現代生活にも適応した家づくりを発展させようではないか、と考える建築家仲間が始めたのが家づくりにおける「地域主義」なのです。ただ、小さなローカリティにこぢんまりまとまるというのでなく、築いてきたものの上に発展させようという改良運動ともいえます。

それは、生活の改良、プランニング、材料のコーディネートなどをひっくるめた、〝一つの文化〟としての継承です。森を育て、材をつくり、家を建て、まちをつくる蓄積こそが文化です。それが近代テクノロジーと市場経済の中で〝商品としての住宅〟に切り替わりつつあるのです。私たちの「地域主義」というのは、それへの抵抗運動、闘いですよ。文化というものは、そういうものなのです。

もう一つは、木造住宅を重視したいという趣旨で、これは環境問題そのものです。つまり、木を米国から輸入して家を建て、自分たちが育てた木を捨ててもいいのかという問いかけです。商品化住宅の場合は、どこの木であろうが問わない、もっと言えば木でなくたってかまわないわけです。

「構造即意匠」の日本建築

ヨーロッパの近代建築が日本にもたらしたプラス面もありました。それは「構造即意匠」という、西欧近代建築の原理です。それ以前の時代の装飾的なものを排除していって到達した建築原理なのですが、日本の伝統建築はこれによって貫かれていることが発見されたのです。ブルーノ・タウトが桂離宮を見て絶賛したのも、そのためでした。

「デザイン」というと今は「設計」と訳していますが、日本語に置き換えるのはなかなかむずかしいものです。「意匠」という言葉と「デザイン」という言葉との対比で考えると、「意匠」が着ているもの・装飾的なものとすると、デザインはより骨組に近いものを意味するでしょう。

伝統的日本建築は、柱や梁といった「構造」が露出し、それそのものが力強く美しい「意匠」となっている。そのことを「構造即意匠」であると西欧人は認め、日本人みずからも初めて日本建築にそのような評価を与えるようになったのです。

一つ例を挙げると茶室。京都の貴族が欲した茶室というのは、田舎の農家をイメージし、それを京の町なかで再現して味わおうという建築空間としてつくられたものです。つくるにあたっては、最初から、その空間でなされる所作を織りこんだ意匠がイメージされ、材とその使い方が決まり、それらを組み上げる技術、その空間に置かれたり飾られたりするモノまでが、トータルで「設計」されたわけです。

建物をつくるということは最初から、どういう生活がそこで行われるかのイメージをよく練りながら設計することにほかなりません。そのプロセスで素材と技術とが融合し、機能・構造・美的感覚をともなってできあがっていくものなのです。

地域主義工務店の「設計」とは

以上のことを、地域主義工務店が「設計する」ことに置き換えてみましょう。イメージ、素材、構成、住む空間の感覚といった要素が一体となった「造形」をすることです。その結果として、質のよい美しさや逞しさ、心地よさを創りだす。ただ無害な材料を使ったからといって、そのような家ができるわけではありません。「美学」が必要です。

住宅づくりというのは一つのシステムですが、暮らし方というシステムと一体となったものであるべきです。たとえば昔の農家は玄関を入ると土間、お勝手も土間になっていましたが、それは土間で作業をするのに必要なつくりでした。それが都会生活では土間がいらなくなり、田舎にも波及して土間を捨ててしまいました。しかし、現在の生活においても土間があると便利だということに人びとが気づき、今ではまた取り入れられつつあります。外と室内をつなぐ縁側も復活してきています。かつての民家のいいものは積極的に拾い上げて現代の生活の中に取り入れることがよいでしょう。

また、最近ではかつての民家のような、梁や桁の見える家が人気を取り戻してきました。家を支える仕組みが見えることは安心感があり、天井のある圧迫感が取れて開放感があるのでしょう。民家が新しい魅力をアピールするようになったのです。

人間は常に「変えたい」欲求をもっているので、文化もまた変わっていきます。が、その中でも変わらないものを見直していけばいいのです。どこをどう変えるかが、現在におけるデザインというものであり、現在の創造力と言えます。民家のデザインを受け継ぐことは、現代のデザインを創造することでもあるのです。

地域主義工務店は創造力を養わなくてはいけません。それには、建築家と仕事をし、学び取ってほしい。そして自分でできるようになること、建築家にも要求できる眼力をもつまでになってほしいと願っています。

木造住宅：その可能性に向けて

雑誌『住宅建築』*1 100号記念号（1983年7月号）で「木造住宅：その可能性に向けて」と題した特集を組み、民家型構法に焦点を当て、構造家の渡辺定夫と民家型構法開発者の田中文男、藤本昌也を招いて座談会を行い、また、実際に民家型構法でつくった住宅事例を紹介した。その編集言として書いたもの。

木に特有な、手ざわり、肌ざわり、色や木目の微妙さは、味わい深いものとして日本人にこよなく愛されてきた。さらに、柱と梁による簡明直截な空間構成は、日本人のみならず、欧米の近代建築家たちの感性にとっても極めて刺激的であったようだ。

しかし、近代化・工業化の圧倒的な波濤が、そのように木の特質を生かして最高に味わい深いものにまで洗練してきた伝統的な家づくりとその社会的・経済的な基盤を根底から突き崩す烈しさをもって押し寄せたのであった。そして今日、かつての伝統構法*2はまさに消滅寸前なのである。けれども伝統構法の良さを、希薄になったとはいえ、なおその基本に蓄えている在来構法*3は、時代の変化に対応した改良工夫が加えられて、地域社会に根づよく定着しているのも確かである。

とはいえ、かつての民家が、地域の気候・風土・生活に対応した形で現していた地域性は、いまは稀薄となってしまった。そして一様化への傾斜はほとんど押し止めることが不可能と

*1 **『住宅建築』** 編集事務所㈲建築思潮研究所を設立して1975年に創刊した建築専門誌。発行は㈱建築資料研究社。平良敬一が100号まで編集長を務め、立松久昌、植久哲男へ継承した後、374号より426号まで再び編集代表を務めた。現在は小泉淳子が代表を継承している。

*2 **伝統構法** 明治期に西洋の建築構法が入ってくるまで続いた、社寺などに代表される木造建築の技術。釘や金物を使わず、材同士を切り欠いて接合する継手、仕口を用い、また、筋交いを用いず、貫という水平材で地震力に抵抗することが特徴。

*3 **在来構法** 伝統構法の柱梁構造に、西洋の建築構法による筋交いや金物の技術が加えられ、現在、木造住宅で一般に大工が用いている構法。

さえ思われるほどである。むろんこの一様化への潮流に負の評価のみを与えるのは穏当でないかもしれないけれども、支配の、上からの近代化・工業化が一様へと人びとを駆り立てる圧力としてあり、下からの、地域からの、自律的で創造的な力の表現形態としての地域性の発芽を摘み取ってきたことも、確かな歴史的事実であってみれば、地域に、そして地域の人びとに抑圧的に働いている諸力からの解放こそが、これからの木造による家づくりの豊かな可能性をひらき、広げてゆくのだと考えないわけにはいかない。

少なくとも、木造の家づくりには、工業生産の論理を全面的に内在化させてはいけないのではないか。在来構法にせよ、伝統構法にせよ、工業化製品を部品として取り込むことには柔軟な構えをもって臨んでよいと思われもするが、それは工業化の論理に家づくりという城を完全に明け渡すことを意味するものではないと思うからである。

「在来構法の良さを守り、それを発展させるためには、在来構法を支えてきた体制の復活改善をはからねばならない」という主張がある。それによれば、「この体制を破壊してきたものは、資本、メーカー、代理店、販売店、工務店、職人というタテ系列の近代化」であり、資本を中心とする合理化の理論であり、タテ割り行政であり、そのことごとくが、在来構法を支えてきた職人衆の組織を破壊して、かれらをタテ社会に従属する存在へ陥れてしまった」というのである。まさに、その通りであろう、と思われる。したがって、「いま、必要なことは、タテ系列の近代化によって失われた、守るべきものの復活をはかる」*4でなければならない。

この主張は、「棟梁を主軸とした一連の職人のグループが加わる設計・施工・アフターサービスを一貫する業務」を担う人びとのまさにヨコの連帯を、連携を、タテ社会に対抗して打ち立てることへの呼びかけであると思われるが、それはどのような形で具体化し得るのであ

*4
川上玄「現場の視野から」(『建築雑誌』1981年11月号所収。日本建築学会刊。

ろうか。その可能性を探ることは、現代の住宅生産体制に内在する矛盾を解きほぐして、木造の家づくり、地域に根ざした家づくりの明日に向けての大きな課題であろう。これを一般的・抽象的に言ってしまうなら、ヨコに連なる「共同体化」のイメージであろうか。それが現実化するとすれば、在来構法、伝統構法の発展とはまた別の新しい木造技術の開発も、そこでこそ地域性に根づいた形であり得るのではないか。

木造で家をつくる、その可能性は限りなくひらけていると思う。木に内在する潜在力がわれわれの住まいにとって十全に汲み尽くされたとは言えないのが現状であろう。

南島・沖縄の建築文化――編集言

『住宅建築』誌の別冊40と41、2巻連続して「南島・沖縄の建築文化―その1」「その2」を1991年に刊行した際、「その2・今日の住まい30題と伝統民家論」の巻頭言として書いたもの。

沖縄では、本土とはちがう動きが、建築デザインの潮流のなかに感じとれる。それは端的に言って、風土性への強い志向であるといってよい。とりわけ、住宅建築の領域における建築家たちの仕事に顕著にみられる傾向である。建築家それぞれの作風は大いに異なるものの、いわば新風土主義と名づけて、それらの全体を一つの潮流として括ってみてもよいのではないか。

沖縄で生まれ、育ち、そして沖縄で建築家となった沖縄人（ウチナンチュー）建築家と、本土で生まれ、育ち、そして本土で建築家となり、沖縄に移り住んで、沖縄をあえて仕事の場に選びとった建築家とでは、この特集号に収録した作品の事例を参照してみればわかるように、作風には大きな差異がみとめられよう。しかし、にもかかわらず、風土への関心は共に強く、共有事項であることは確かな事実のように見える。

差異は、風土への構えとその処し方にあるといえるかもしれない。

本土出身の建築家の作品では、沖縄の風土は自然的風土として捉えられ、歴史的風土として沖縄人に刷り込まれている生々しい具体の風土は捨象される傾向があるだけに、かえって、捉えられた風土性に対処する形式は抽象的で明快であり、ある種のモダンなわかりやすさをもつ。誤解を恐れず評すれば、本土が受容したモダン・アーキテクチュアの思想圏での仕事であるといえよう。言葉を変えて言えば、モダン・アーキテクチュアが開拓してきた建築言語の延長上で捉えられた抽象的風土建築の創作といえるが、沖縄という環境のなかでは新鮮な刺激剤を提供する仕事と評価しえよう。

それにひきかえ、ウチナンチューの作品には、歴史的風土にかかわる屈折した心理がうかがわれ、本土人には理解しやすいとはいえない比喩的な操作が創作過程に働くのであろう、何とはなしに「沖縄らしさ」（風土に育まれたものへの回帰）を感じさせる雰囲気がかもしだされる。

しかし、佐久川一《はじめ》[*1]や上原一《はじめ》[*2]の若いウチナンチューの仕事には、いままでにない風土の捉え方がうかがえ、まったく新しい建築の領域を切り拓く大きな可能性を感じる。象設計集団[*3]によって開始された沖縄の新しいヴァナキュラリズム（風土的なものの掘り起こし）が、彼らによって、今後、どのような展開をみせるか、大いに期待して見守りたい。

そしてまた、同時に全体的な大きな底流として動いている風土主義的思潮のなかでの諸傾向が、相互に刺激し合い、切磋琢磨して、新しい南島沖縄の建築創造に寄与して、沖縄がその歴史的、地理的、地域的個性を生かして、世界に向けての建築思潮の一つの強力な発信基地に成長する可能性に希望を抱きたいと思う。

＊1　佐久川一
（１９４７〜）
沖縄生まれの建築家。象設計集団に所属した後、アトリエ・ガィィを開設。

＊2　上原一
（１９５４〜）
沖縄生まれの建築家。象設計集団に所属した後、パオロ・ソレリの元で学ぶ。現在は設計の仕事から離れている。

＊3　象設計集団
吉阪隆正のもとで学んだ大竹康市、樋口裕康、富田玲子、重村力、有村桂子らが１９７１年に結成したグループ。現地に乗り込んで集団で設計し、自力建設する吉阪流スタイルを続けている。沖縄に「今帰仁村中央公民館」、「名護市庁舎」などの作品がある。

北国の住まい――編集言

北海道在住の建築家たちによる北海道の住宅を紹介し、北海道の建築家たちの瑞々しい建築思潮を取り上げた『住宅建築』別冊37「北国の住まい――新しい潮流」（1989年刊行）の編集言として書いたもの。本書収録にあたり、前半部分を割愛した。

ポストモダンがモダンの真の反省であり、真摯な自己批判であるとすれば、モダンの空間主義への反省として、その対極の場所主義を内部に取り込むことにポストモダンは努めるべきではないか。地域に根づく磁力としての場所主義は、指摘されるまでもなく極端な場合は閉鎖的な地域割拠主義として危険をはらむが、しかし、いまあるのは、そういう頑迷な地域主義への危険ではなくて、伝統的な地域文化を根こそぎ破滅に追い込む文明化の暴力性に対抗しうる〈地域〉に依って立つ文化の力の不在ではないのか。新たなる地域主義への運動が切実に要請される所以がここにあるのである。少々の場所強調主義、地域重視主義は容認されてよいのではないか。

この特集は、北海道における建築的実践の住宅設計の領域に見えてきた新しい潮流に注目することであった。北海道は、いうまでもないが、日本列島の他地域と風土と歴史において著しい差異があり、その差異が家づくりのなかで、どういう形でつくり方の差異としてあらわれてくるのか、編集者としていちばん知りたいところであった。ここ数年北海道の若い建築家たちの仕事を見守ってきたなかで、ようやく新しい動きを感じとることができた。しかしその新しさは、建築的実践がそのなかで営まれる風土と歴史、すなわち実践の足場であるとともに背景でもある大地とそこに刻印された先達たちの辿った歩みを跡付けることによってこそ理解され感得しうる形になるであろう、と思われた。単なる作品集でなく、その作品たちを育みつつある思想を風土と歴史のなかに位置づけてみる、そういう視角がこの特集の組立を特徴あるものにしている。北海道開拓の歴史を垣間見ることも可能であり、風土と格闘してきた技術者の軌跡、いくたびか劇的な変容をへてきた住宅生産のダイナミズム、新しい生活様式の型を求めての生活者と建築家の協力のありかた、家づくりが北の新しい風景の創造にどのように関わっていけるのか、いろいろな側面から読み取りつつ、北の住まいへのイメージを総合的に描くことも可能である。また北の住まいがこれまでに蓄えてきた経験には、北の風土の特殊条件にのみ適応可能なものもあろうが、他の地域の家づくりにおいても参考にしてよい多くの知恵と工夫も読み取り可能ではないかと考える。

最後に、新しい地域主義は時代の切実な要請であり、一人ひとりの生きる土の確認、各地方、各地域の独自の文化価値の発見と創造こそ今日の最重点課題ではないか、編者としてはそういう主張を提唱し続けたいし、そういう仕事の一環として、この〈北国の住まい——新しい潮流〉も位置づけていることを記しておきたい。

2 機能主義を超えるもの

機能主義を超える論理と倫理を求めて

——「言語モデル的空間論」を手がかりに

この論は、１９６９年に出版された『現代デザイン講座』（監修代表／加藤秀俊、風土社刊[＊1]）の第二巻「デザインの環境」に「言語モデル的空間論」としてまとめたもの。長大で引用が多く読みづらいとは思うが、現代思想を渉猟し精力的に原稿を書いていた若き日の記録として、掲載することにした。本書収録にあたり、タイトルを改めた。

一　機能主義の倫理と論理

20世紀建築の形成に対して「機能主義」が果たした役割は決定的なものであった。それはちょうどマックス・ウェーバーが『プロテスタンティズムの倫理と資本主義の精神』において論証を試みたように、かの「資本主義の精神」に対する「プロテスタンティズムの倫理」の決定的な影響にも似たものがあるように考えられる。

禁欲的プロテスタント諸派が一般にきわめて顕著な反営利的傾向を帯びていたように、バウハウス[＊2]やＣＩＡＭ[＊3]に結集したデザイン思想における機能主義諸派のなかには、反資本主義的・社会主義的な志向がきわめて強かったという事実はよく知られていることである。

プロテスタンティズムの〈倫理〉はその固有の性格によって生産力の著しい拡張を喚び起こし、その担い手たちを富裕にしていった。その結果としてこれは思わざる結果であったの

＊1　今回、本書を刊行した㈱風土社とは無関係の同名の出版社。１９６０〜１９７０年代の時代背景の中で、雑誌『デザイン批評』をはじめサブカルチャーを含めた芸術活動の先端に立って活動した出版社。現在は活動していない。

＊2　バウハウス　１９１９年建築家グロピウスによってドイツ・ワイマールに創設された総合的造形学校。純粋芸術と工芸技術との総合的発展を目的とした。

＊3　ＣＩＡＭ　近代建築国際会議の略称（シアム）。ル・コルビュジエ、ギーディオンらが中心となり、１９２８年スイスのラサラで発足した近代建築家の会議。

だが、その担い手たちに新たなかたちで、より強力な営利心を芽生えさせ、成長させていく。すなわち、宗教的なよそおいは次第に捨て去られ、新しい営利心とそのエトスは内面的に深く結びついていく。これがウェーバー言うところの「資本主義の精神」なのである。ウェーバーは営利心を抜きにした「資本主義の精神」を考えたりするのではなくて、人類の歴史とともに、古い営利心などとは異なる、むしろそれらに打ち勝っていったところの、特定の歴史的性格を持つ〈倫理〉のなかに浸され、内面的に深くかかわり合っていく、歴史的に独自な性格をもつ〈営利心〉として特殊＝近代的なものと考えたのであった。

20世紀建築の、あるいはデザインの機能主義の禁欲の〈倫理〉がそのあとに続くモダンデザインの精神に対する影響のなかにも、それに類似した性格が強く見受けられる。次第に反資本主義的・社会主義的な倫理的雰囲気は喪失していくのだが、決して初めからそうであったわけではないこと、したがって機能主義を単純に経済合理主義ないし効用主義的にのみ解することは、誤りというべきであろう。

私はいまから7年ほど前＊4に「機能主義再生の理論的条件」という短文を書いたことがある。それを書くにいたった動機は、われわれに課せられた課題が、モダニズムとしての機能主義の克服にあるとすれば、まずもって機能主義形成の原点に立ち帰って、その独特な歴史的な性格をよく把握してかからねばならない。いとも簡単に無反省に海外の反機能主義の新しい潮流に同調していくことに対しては抵抗していくべきではないか。その抵抗のなかでかえって、私は私自身のなかの機能主義を止揚して論理を構築していけるのではないか。そう考えたのであった。

＊4　本稿執筆時。『建築』1962年3月号所収。

いまからみると、根本的に書き改めたいような気持ちも押さえがたいけれども、ともかく全文、原文のまま再録させていただく。

『空間・時間・建築』のなかでギーディオン[*5]は、1930年代の新建築を回想して、次のように述べている。

今では、より一層の発展をなすこと、つまり合理的・機能的なものから、敢えて非合理的・有機的なものへと飛躍することも可能であった。これも実は、すでに機能的な考え方そのもののうちに潜んでいた要求であった。

私はこのギーディオンの考えに賛意を表したい。機能的な考え方は、あまりにも実利的効用面を重視しすぎたとか、分析的ではあったが総合がなかったとか、こうした非難ははなはだ不正確であるばかりでなく、事態の真の姿を明るみに出していないというべきであろう。ただ、ここで注意を喚起しておきたいことは、われわれが概括して「機能的な建築」あるいは「機能主義的な建築」と呼んでいるところの作品群のなかには、機械的全体観と有機的全体観との対立があり、それらのあいだには深刻な戦いが、実は潜在していたと思われる点である。これはおそらく、かつて世界的な論議の係争問題ともなった「インターナショナル・スタイル」[*6]の問題とも関連した事柄であろうと思われる。それゆえに私たちは、ひとくるみにされた「機能的な建築」という作品群から、原理的な意味で、機械的なものを志向したものと、有機的なものを志向したものとを、厳密に区分し、分離していかねばならない。

ここではひとまず、ミース・ファン・デル・ローエ[*7]とアルヴァ・アールト[*8]という偉大な個性の対照的な存在を想起するにとどめ、純粋に理論的な問題に入っていくことにしよう。

＊5　ジークフリード・ギーディオン
（1888〜1968）。スイスの建築史家。CIAM書記長を務める。主著『空間・時間・建築』の邦訳は大田実訳、丸善出版。

＊6　インターナショナル・スタイル
近代建築において、地域性を超えて、世界共通の様式を目指す建築。ミース・ファン・デル・ローエに代表される、フラットな屋根、ガラスのカーテンウォールに直線的な建築が特徴的。

＊7　ミース・ファン・デル・ローエ
（1886〜1969）
20世紀のモダニズム建築を代表するドイツ出身の建築家。主要作品は、「バルセロナのパビリオン」、「ファンスワース邸」、「シーグラムビル」など。

＊8　アルヴァ・アールト
（1898〜1976）
フィンランドの建築家、都市計画家、デザイナー。活動は建築から家具、日用品のデザインと多岐にわたる。主な作品は、「パイミオのサナトリウム」、「ヘルシンキ工科大学」、「サユナットサロ（セイナッツァロ）の役場」など。

（ミースにおける機械のごとく厳密な形態の完璧さ、そして数十年の長きにわたってこの主題を一点に固着した不動の構え、現象の特殊を超越した「普遍的な美の直接的表現」、気ままで移ろいやすい現実を拒否し、純粋に型にはまった訓練、それは、ただ訓練につぐ訓練によってのみ成就し得る形而上学的美の世界。この対極に身をおいて、有機体のような柔軟さを吹き込んでいくアールトの努力、それは彼を生んだフィンランドの湖の象徴、その自然のままの驚くほどの滑らかな形とそれを取り巻くこんもりと繁る大森林との織り成す不思議なまでのファンタジーの世界。この両者には個人の気質を超えたある種の原理的な差異が感じられる）。時代の哲学的・科学的思想は、意識するとしないとにかかわりなく、直接的にまたは間接的に、われわれの芸術、われわれの建築に不可避的な力でそれらの陰影を刻み込む。これはいまさら論証するまでもないことである。けれども、私たちの当面する理論上の問題のために、建築からしばらく離れ、まだ若い科学であるが活気に満ちていて、現代のあらゆる思想、そして芸術にいちじるしい影響を与えてきた心理学を引き合いに出すことを許していただきたい。19世紀の末にようやくヴント*9において科学としての体制を整えた心理学は、今世紀に入るにおよび行動主義、精神分析学、ゲシュタルト心理学などの諸流派を生み、それらは全体として現代心理学を形成しているのであるが、これら現代の心理学にいちじるしい特徴点は何かというと、その前のヴント的体系の否定という点にあるのである。ではヴントの心理学、その本質的特徴は何であったか。それは要素的機械的な考え方に基づいた点にあったし、また当時の生物学にもこの考えは共通のものであった。ヴントは心理学を意識の科学と規定したのだが、もっぱら内省法にたよって感覚や感情などの心的要素を分析し、またそれらの総合によって精神現象を説明しようとしていた。しかし、そのような要素的分析的な方法に

＊9　ヴィルヘルム・ヴント（１８３２〜１９２０）ドイツの生理学者、哲学者、心理学者。実験心理学の父と称される。

よっては、人間精神の営みに対する真に科学的説明は得られるべくもなかった。この分析と総合は、「究極において人間は機械である」という考え方を基調にしていたし、また根本的な要請ともしていたのであるから、その結末はしごく当然のことであった。有機体の各部分は、機械の各部分のように働くとされたのであるが、どうしてそれが人間というような一つの統一的な働きをすることになるのか、その説明をなし得なかったわけである。そこに、生気論 vitalism が現れて、機械論の読み落とした隙間を埋めようと図ったが、あまりにも非科学的であったから、その場の応急処置としても役に立たなかった。

ところでこの要素的機械観はどういう研究法をとったかというと、部分を抽象し、そしてその部分相互のあいだの関係を樹立していくということであった。これは事物の構造に関するものであるから、構造分析 structural analysis といわれ、そこでは部分がそれ自身で独立に存在するかのように取り扱われ、実体概念として考えられる。しかし、こうして得られた部分を意味する各実体概念相互のあいだの媒介関係は明白にされるところがなかったのである。これは致命的であった。この点についての反省がその後の心理学の出発点となった。そして現代心理学に共通に言えることは、その「有機的全体観」にあり、その研究の方法としては機能分析 functional analysis がとられているということである。有機的全体においては、全体は部分の総和以上のものであり、全体は部分を含むが、決して部分からは引き出し得るものではないと考えられる。全体は「場」を形成しており、したがって個々の部分は常にこの「場」のなかで一定の機能を受け持つことによって全体に依存し、かつ全体を構成する要素になっているものであると考えられる。この機能分析がめざしていることは、有機的全体の創出、つまり各部分を変数とするところの函数（全体）を導き出すこと、それは法則を発見することであり、本質的認識に到達することである。そこにいたる過程に構造分析は必要であるばかりでなく、不可欠のことでもあるのだが、それは機能分析によって止揚され、「場の法則」としてより高次の認識のなかに吸収されていくのである。読者はすでに、私が何のために心理学を引き合いに出してきたか、そして私がこれから何を言わんとしているか、だいたいご推察願えるであろう。私は、構造とか機能とかいう語の意味を明確に限定しておきたかったのである。「形態は機能に従う」とか「骨組と壁の機能的独立」とかいう場合の「機能」という語の意味が、先に述べた構造分析・機能分析という場合の「機能」という語の使用法と果たして同一であるかどうかを考えてみよう。「形態は機能に従う」について考えてみると、それは「機能的なものは美しい」とか「機能にしたがってプランをつくるやり方でなく、どんな機能をもってきても困らないような融通性のあるプランをつくるべきだ」というときの使用法とは同一のようである。この場合、機能という語の意味は、空間が何に使われ、どのように使われるか、という「使用」use、あるいは「効用」utility を意味していることは明らかであろう。しかし、「骨組と壁の機能的独立」という場合には、この柱は構造全体のなかで垂直荷重を地盤に伝えるものとして、つまり一つの静力学系の部分としての「働き」をしているが、この壁は単に間仕切りとして「働く」ことが目的であって、力学上の「働き」は負わされていない、というような意味で「機能的に分離独立」していると言われているのである。この場合は明らかに、「機能分析」という語の私の使用法と同じく、函数 function という意味を含んでいると考えてよい。

　したがって、現代建築に現れた「機能主義」という考え方あるいは方法が「機能が形態を決定する」という場合の機能に重きを置くという考え方を意味するのでなく、「機能分析によって有機的全体（函数）を導出あるいは組織していく」という考え方を意味しているとすれば、冒頭に引用したギーディオンの「機能的なものは有機的なものへ発展し得る」という命題は論理的にいって真である。弁証法を持ち出すまでもなく、形式論理的に成立し得るのである。それゆえに私は、このような意味で成立する機能主義に命名して「有機的機能主義」と呼ぶことにしよう。この有機的機能主義は、上の命題を満足させない機能主義から区別される。つまり、構造分析のない機能主義、この見かけの機能主義には、有機的機能主義と画然と区別する意味で別の名を与え、「機械的機能主義」と呼ぶことにしよう。このような分離は、そのなかにすでに多様な展開を見せてきた「機能的な建築」の動態を作家の個性に還元するのではなく、論理的に把握し記述し得る展開を与えてくれる。これは重大な意味を持っており、次のような思考をわれわれに可能にさせていくのである。

われわれの分析力が増大すればするほど、有機的機能主義は変数が増大し、次数が高まることによって、いよいよ複雑なそしてダイナミックな函数、ダイナミックなパターンを形成していくであろう。それとは逆に機械的機能主義は、有機的機能主義のダイナミックなパターンをある局面に固着させ、永久化ないし普遍化しようと試みることによってそれらをスタティックなパターンに変形してしまうのである。もちろん、この有機的と機械的との両極のあいだには、さまざまな中間的なパターンが存在し得るであろう。また、有機的機能主義として函数化し得ない、ある種の不連続な要素あるいは原理が、これらのあいだに介入し、全体の調和を攪乱してしまうということは覚悟しておかねばならないであろう。数学の世界でさえ、連続函数より不連続函数のほうがむしろ普通であること、そして現実の世界ではなおいっそうそうであることは、われわれのよく知るところである。

川添登[*10]はその著『デザインとは何か』において、機能主義に対して果敢な攻撃を試みているが、敵の本陣には一発の命中弾もなく、わずかに最右翼に陣取る「形而上学派」に若干の損害を与えているにすぎないようにみえる。どうも彼のレーダーは敵の本隊を捉えていないようである。機械は精密なほど故障を起こしやすいし、狂いを生じやすいものである。私の予想ではおそらく狂いを生じているらしくみえる。これからその原因を調べてみることにする。彼は言っている。「生田[*11]は、グリーノウ[*12]の機能主義に対する有名な定義『形は機能に従う』が、ミースにいたって『形に機能が従わせられる』と逆さまにさせられている、と指摘している。これは機能主義からの逸脱ではないだろうか。いや、逸脱どころか、機能主義を純粋に追い詰めた本来あるべき姿なのである。なぜなら……『機能主義の原則は、最小の手段を用いて最大の効果を生みだそうとする』ものであるから、あらゆる機能に耐え得る効果をこそ建築は求めるべきであるし、『最小の仮説をもって最大の結論をひきだす』ものでなければならないとするなら、建築のもつ種々の機能の根底に横たわる共通の機能として唯一のものは、『人がそこに入る』ということに包括されるはずであろう。そして、この共通の機能を雑多な要素に細分しようとするところに『らしさ』が生まれてくるものなのだから。」

ここでは私は次のことに読者の注意を喚起しておきたい。われわれは機能主義の原理として「最小の仮説をもって最大の結論をひきだす」を理解する場合には、これを「できるだけ少ない原理から、つまり可能ならば一つの法則から、できるだけ多くの多様な形態を導出すること」と解釈しなければならないことである。川添登と私のこの問題に対する理解は、ここで決定的な喰いちがいを生じていることがわかろう。彼はこの命題を「できるだけ少ない変数、つまり可能ならば一つの変数に置き換えて、最も単純な形態を導出する」と全く正反

＊10 川添 登
（1926〜2015）

建築評論家。菊竹清訓らとメタボリズムを結成したほか、林雄二郎、梅棹忠夫、加藤秀俊、小松左京らと日本未来学会を設立し、大阪万国博覧会開催に尽力した。1972年、日本生活学会を創設、会長・理事長などを務めた。著者多数がある。『デザインとは何か』は角川選書。

＊11 生田 勉
（1912〜1980）

建築家。「栗の木のある家」などにより戦後の木造住宅に新境地を開いた。ルイス・マンフォードの多くの著作の翻訳者。

＊12 ホレイショ・グリーノウ（生没年不詳）
19世紀のアメリカの彫刻家。「機能主義」の登場を予見した。

対の意味に変質させてしまっているのである。つまり、10人にやらせていた仕事を、一人でやらせることが「最小の仮説をもって最大の結論をひきだす」ということであるらしい。ここには、資本主義的経営者の経済原理・能率論のごときものが示されている。「最小の手段を用いて最大の効果を生みだそうとする」という命題のほうは、なるほど川添登が使ったように使うほうがよいだろうが、これは機能主義を生みだした力は資本主義社会であり、したがって資本家的原理に貫かれているとする見解であり、これならば話は首尾一貫脈絡がついてくるのだが、しかし、こうした見解は本質的な意味で機能主義思想を捉えていると言えるであろうか。私は断じてそうではないと言いたい。こうした芸術社会学的な理論はこんにちではもう力を持ち得ないし、意味を失いつつあるものと考えられる。

「建築のもつ種々の機能の根底に横たわる共通の機能として唯一のものは、『人がそこに入る』ということに包括されるはずだ」という操作は意味のあることだが、機能分析の特徴点はこうした包括的な概念に一気に走り出すこととは全く縁がないばかりでなく、さまざまな機能的な分離を行いながら、同時にそれら各要素間をつなぐ関係（法則といってもよいし、秩序といってもよい）を導出していくこと、たとえばル・コルビュジエ*13がかつて唱えた近代建築の五原則*14などはこうした機能分析の一つの典型を示しているといえよう。かくて「有機的全体」という、時代を支える「創造的観念」が新しい地平をひらく。新しい伝統が保持され発展せしめられる。機能主義に対する多くの人たちの誤解と非難にもかかわらず、新たな光に照らし出され、活力を得て生気を取り戻した「有機的機能主義」は再び力強い歩みを新たな地平に向かって歩み始めなければならない。

＊13 ル・コルビュジエ（1887〜1965）
フランスの建築家。著書『建築をめざして』で「住宅は住むための機械である」と宣言し、床と柱と階段のみが建築の要素だとするドミノシステムを「サヴォア邸」で具現化した。主な作品に、「ユニテ・ダビタシオン」、「ロンシャンの礼拝堂」ほか。

＊14 近代建築の五原則
コルビュジエが提唱したこれからの建築に必要なもの。①ピロティ、②屋上庭園、③自由な平面、④水平連続窓、⑤自由な立面。

二　構成の精神と象徴的機能

1　劇的構成の精神

ルイス・カーン[*15]の建築哲学と作品は、私たちにとって魅力のある存在である。すでに多くの紹介があり、いまさら私がここで解説を試みるまでもない。しかし、私は、彼に魅きつけられながらも他方では猛烈な反発をも感じていることを表明しておきたい。

川添登の著書『デザインとは何か』のなかにも引用されているのだが、カーンの思想を最も端的に示している次のような彼自身の言葉がある。「一つの大きなスペースの中に、廊下をとったとする。すると、広いほうのスペースが、そんなに廊下をとられちゃたいへんだ、それは俺の領分なんだ、とブツブツ怒るかもしれない。それじゃ5フィートでいいやと廊下が譲歩する。いままで建物の設計は、こういうやり方でゴチャゴチャとやってきた。こうしないで、両方別々の行動をもったスペースにしたら、どんなものだろう。」ミース流の分割方式に対して、彼は連結方式を提案しているわけだ。しかし、連結方式そのものは特に新しいものではなく、古くからあった建築のつくり方である。では、この方式の現代的な意義はどこにあるのだろうか。私の考えでは、都市構成の方法のなかに適用可能な原理として認め得るだろうと思う。しかし建築という領域内に限っていえば、分割方式よりも連結方式の方がよいという一般的な価値判断は少なくとも成立し得るはずがないのである。

建築における内部空間のドラマは、異質のさまざまな諸構成の要因を空間的には同時的に、時間的には継起的に衝突させ、しかもそれらが同質化と一元化への統一をめざす創作主体の努力の緊張から生まれるものだ。とすれば、カーン流のやり方のように個々の空間を別々に

*15　ルイス・カーン
（1901〜1974）
アメリカの建築家、都市計画家。コンクリートの素材と構造を表出させるブルータリズムの代表的建築家で、主な作品は、「ソーク生物学研究所」、「イエール大学アートギャラリー」、「バングラデシュ・ダッカ国会議事堂」、「キンベル美術館」など。

行動させることは、下手をすると「無葛藤理論」におちいる危険があるといえよう。内部空間のドラマを、スタティックな平面的な物語に変形しかねない危険が予想されるということである。しかし、また逆に言って、だから分割方式がよいということでもない。日本の伝統的な建築のなかにみられる分割方式が、現代の人間の内面のドラマを表現していく場合、適当であるかどうか、にわかに断定し得ない問題をはらんでいるからである。結局、分割という、連結というのも、これは建築の空間構成にとって二つの抽象的図式にすぎないようである。現代の建築にとって、特に日本の建築にとって、緊急でより本質的な共通の課題は全くこれとは異なる次元で開発せられるべきである。

日本の建築家が、近代建築の本質を究明して、ヨーロッパあるいはアメリカの単なる影響から脱却して自らの独自の位置を確立し、新しい伝統の方向を見定めなければならないこんにち、いまなお鮮烈な響きをもって私たちの耳朶をたたいているのは、ほかならぬル・コルビュジエである。

１９３６年といえば、フランスにおける人民戦線が圧倒的勝利（共産党73、急進社会党１１５）を議会において占め、人民的政府が樹立された年であった。少し長くなるが次に引用するコルビュジエの発言は、こうした社会的背景のなかで開かれた進歩的な芸術家たちの「レアリズムとは何か」を主題にした討論会で述べられたものであった。

……画家の援助を求めるには二つの方法がある。一つの方法は純粋に功利的なものである。私はこの道を発見するまで多年を要した。私は現代の建築技術の革命が、われわれを驚くべきほど複雑な家屋の内面的生物学に導くことに追々気づくに到った。この現代的プランの複雑さは昔の古典的な正方形の室とはまるきり違うものである。われわれがいかに造型的純粋性を熱望しても、プランや壁面や体積の生物学的必然性のために、カーヴしたり斜めだったりする間仕切が、どうしても避けられなくなることが屢々《しばしば》ある。これは建築作品の中に挿入される面倒な存在である。レジェ[*16]は先に色彩の恐るべき力学的な力について言及した。多色法によってこそ、住宅の中に人を感動せしめる遊戯、強くあるいは柔らかく色付けした史詩が導入せられ得るのだ。私はずっと以前から多色法の莫大な資源を上手に利用することに没頭してきた。そして私は一方では現代的プランの有機的必然性を正確に利用しつつ、他方では色彩によって騒々しい気分を静め、抒情的な空間を創り、分類を実現し、面積を拡め、建築感情を歓喜で爆発せしめることができることがわかったのである。……それは建築的な多色法なのである。だから私は、もし一つの壁あるいは間仕切が、その存在によって私に圧迫感を加えるとき、それを適当な色彩でもって爆破することができるのである。しかし私はまた、場所が適当ならば、画家に呼びかけ、その場所に彼の造型的思想を記し、現実的な深さが存在せぬ正にその場所に、夢の深さへ通ずる入口を一挙にして開くことを要求することもできるのである。……それは思想のためのカムフラージュである。これと同じように写真術、写真のモンタージュもまた同様な目的を果たすことができる。

ル・コルビュジエのこの建築思想は、彼のワイセンホッフ住宅展のための二戸建て連続住居にも、マルセイユのユニテにも、さらに近作ラ・トゥーレットの修道院にも、力強く実現されている。そこには「モンタージュ」という現代的な造型の技法が支配的兆候として徹底的に使いこなされているのを私たちはみるのである。

映画において、様式の仕事が始まるのはモンタージュにおいてである、といわれる。同様に建築においても、空間のドラマを構成していく現代的な様式は、プランや壁面、色彩と光、家具その他の配置等のモンタージュに基礎づけられている、形体と光と材質の多彩な複合的空間である。モンタージュの問題をつきつめていくと、それはもう、映画とか建築とか、あ

*16 フェルナン・レジェ（1881〜1955）ピカソ、ブラックらとともにキュビズムを代表する画家。ル・コルビュジエの設計した建築の壁画の多くをを担当した。

るいは絵画とかの技術の問題を超えて、人間の思考様式の過程の問題であることに気づく。詩は明らかに、言語的世界における単語のモンタージュによって生まれ、語のもつシグナルとシンボルの機能が複合して織りなすファンタジーである。

　ではモンタージュとは何であるか。それは、異なった画面として撮影されたフィルム断片をつなぎ合わせる技法のことである。個々の画面は、普通16分の1秒間スクリーンを占領するが、それは映画の抽象的単位にすぎない。それは一つの全体として知覚されないし、それ自身として感銘を与えるとはかぎらないであろう。日常の言語や文学の言語も、これと同じで、辞書の中から取り出してきて離れればなれの語で出来ているのではなく、文脈と他の語との連結、つまり文法がその言葉を生かすのである。

　日本映画の一般的な様式は、現在徐々に変貌しつつあるとはいえ、テンポののろいこと、モンタージュの組み立てのルーズなこと、ロングショットの多いこと、そしてさらにこれらの組み合わせからくる全体的な構成の平面的な低迷、劇的構成の弱さにあるといわれている。

　日本の映画に言えることは、日本の建築にも言えそうである。現実に対するダイナミックなイメージ、これは対象である現実に対する関心の弱さと分析的な追及の弱さから生まれた諦観、「わび」「さび」などの世界とは全く無縁な存在であろう。日本の映画、日本の建築、ともに日本的な低徊趣味[*17]がつきまとっている。私たちは、それを超えることにこそ現在の芸術的・思想的課題があると考えるものであるが、これはヨーロッパやアメリカの模倣をもっと続けよということではない。模倣はすでにやり尽くしたのだ。やり尽くしたにもかかわらず、事態はそれほど変革されなかったということである。岩崎昶[*18]も言うように、日本の低徊趣味は「対象にあくまでも接近し食い下がって解剖し分析する気魄のないままに、

＊17　低徊趣味
世俗的な労苦を避けて、余裕ある気分で東洋的な詩美の境に遊ぼうとする趣味（広辞苑）。夏目漱石がつくった言葉とされる。

＊18　岩崎　昶
（1903〜1981）
映画制作者、映画評論家。戦前、プロレタリア映画運動に加わり、戦後は今井正、山本薩夫らと独立プロ新星映画社をつくり「真空地帯」などを制作した。『映画は救えるか―岩崎昶遺稿集』（作品社）はじめ著書、翻訳書多数がある。

遠距離からの全景描写と、そこから必然的に生まれてくる長いカットと、非構成的なモンタージュと、弱々しく冗長なテンポとの様式」である。

日本の桂離宮を日本建築の一典型と考えたとしても（最近は「桂」を欧米の現代建築と同一のレベルで考え、その質的な差異を故意に無視しようとする傾向が強いが）、日本映画に現れているロングショットの長いカットのように畳のモデュールによる均一のパターンが平面的にひろがり、また障子やふすまを開け放つと、外部の自然、内部の全景が映画のフルシーンのごとく立ち現れる。海外の映画にはクローズアップして対象に喰いさがるカメラポジションが圧倒的に使われ、構成的なモンタージュによって画面の視覚的リズムがダイナミズムをつくり上げていく。

建築を見る場合、フォルムの類似性というアナロジーによって、その本質を誤認してしまう危険を多くの人が現在犯しているように思う。日本の桂離宮、そこには時間がないのである。無時間的な性格としての無常観のうえに養われた空間が存在しているのである。だからこそ丹下健三[*19]が、桂に「ヴァイタルなもの」「ダイナミックなもの」を発見し得たとしても、それは彼の現実に対するポジティブな姿勢から生まれた幻影であって、「桂」の実体とはたいへんな距離があることを知っておくべきである。また岡本太郎[*20]が「伝統主義ほど伝統について見当ちがいをしているものはない」と叫んでみても、日本の建築の伝統的な思考様式にはきわめてスタティックな無時間的な諦観があるという事実は動かしがたいのである。もちろん、私はそれを動かしがたい、変革し得ない現実だとして現実を固定しようと主張するつもりは毛頭ないし、丹下も岡本も、また多くの他の人たちも、そうだろうと思う。私たちは明らかにみな、現代社会のすさまじい変化、そのダイナミックな現実の運動に対して適応し、

＊19　丹下健三
（1913〜2005）
日本の戦後モダニズム建築を代表する建築家、都市計画家。主な作品に、「広島平和記念資料館」、「香川県庁舎」、「東京カテドラル聖マリア大聖堂」、「国立代々木屋内総合競技場」、「東京都新庁舎」など。

＊20　岡本太郎
（1911〜1996）
芸術家。1930年渡仏、ピカソを超えることを決意して帰国後、抽象芸術に打ち込んだ。縄文土器論や沖縄文化論を執筆するなど、日本の土着的なものに美を見いだした。主な作品に、大阪万国博覧会の「太陽の塔」など。

さらによりポジティヴに働きかけている人間の精神と感情を、それぞれのジャンルに固有の視覚的な媒体を通じていきいきとしたイメージに構築しようとしているのである。

ここではもう、後進国的なインフェリオリティ・コンプレックス*21について言うまい。ただこのさい、私たちは厳しい批判精神と、また若々しいバネのような柔軟なイメージによって、非構成的なモンタージュと劇的なリズムを生みだす構成的なモンタージュとの質的な違い、それを支えそれによって、表現し得る精神と感情の差異を峻別していかねばならないであろう。映画の創生期には、モンタージュは意識的な手法としては存在していなかった。そして運動の連続感を与えるために、撮影されたフィルムの断面を技術的に統一する方法としてはじめて意識的にモンタージュを取り入れ、使用したのはアメリカ人であった。しかしそのときはまだアメリカ人は、芸術的効果の独自の要因としてモンタージュを評価しなかった。モンタージュに対してより広い見通しを与え、映画芸術の要素としての正当な位置に引き上げたのはフランス人であった。モンタージュは、材料のリズミカルな組織の要因となったのである。ついで、革命期の若々しいソヴィエトの精神は新しい問題提起を行い、それをみごとに解決した。それはすなわち、観客に対する独特な心理的、生理的な働きかけの要因としてモンタージュを発見し、観衆に集団的な情熱的な効果を与えることに成功したのであった。モンタージュは、かくて映画の視覚言語にとって幅の広い演出効果の領域を開き、かつそれは映画芸術の原理的な法則性に高められたのである。

近代建築における鉄とガラスとコンクリートの素材による空間構成のモンタージュは、最初は無意識に、ついで意識的な操作として使われるようになったものであり、ヨーロッパにおいては「建築詩」を生みだし、アメリカにおいては、ライト*22にみるごとく国民的とも

＊21　インフェリオリティ・コンプレックス
心理学でいう「劣等感」のこと。

＊22　フランク・ロイド・ライト
（1867〜1959）「有機的建築」を唱えたアメリカの建築家。日本では「帝国ホテル新館」（明治村に一部保存）、「自由学園明日館」などで知られる。タリアセンで自給自足の共同生活をしながら建築教育を施す、というフェローシップで設計事務所を運営した。主な作品に、「カウフマン邸（落水荘）」、「グッゲンハイム美術館」など。

いえる「叙事的建築」をつくりだした。私たち日本人は、それを何回となく学習してきたが、伝統的につきまとう非構成的なモンタージュにわざわいされて、成果はいまだたいしたことはないように思う。素材が不足しているわけではないし、ボキャブラリーが少ないのでもない。私たちの欠点は、演出の幅と方法にこそあるのではなかろうか。モンタージュという技法のもつ本質的な精神がまだまだ把握しきれていないのではないだろうか。いまからでもおそくない。建築の方法におけるモンタージュ的な技法の位置、特に内部空間の「演出論」を建築家、デザイナー、画家、彫刻家、そして評論家の共同の作業によって編みだしていくことに努力しようではないか。そうすると、必然的に私たちは、諸芸術の総合という課題と「様式」の問題に不可避的にぶつかっていくのである。

2 様式の意味と意義

フィリップ・ジョンソン*23は「機能主義者」でなく、むしろ「スタイル」の概念を追う人である――とは、ジョンソンに与えられたヒッチコック*24の評であるが、この言葉ほど端的に、こんにちの現代建築の思想状況とそのなかでジョンソンという個性の存在がどのような意味をもち、かつどうかかわり合っているかを示す言葉はないであろう。

「形態は機能に従う」といういわゆる機能主導説は、確かに建築理論の正面入口から象徴的表現を追い出していたが、決して裏口からの侵入まで拒否していたわけではなかった。グリーノウからサリヴァン*25、アドルフ・ロース*26からワルター・グロピウス*27にいたる機能主義者の意識的な理論は、現代建築が過去の模造でも、また寄せ集めでもないという明確な事実を打ち立ててきたのであった。彼らのやったことがいわゆる「様式主義」という古い象

*23 フィリップ・ジョンソン（1906～2005）アメリカのモダニズムを代表する建築家。主な作品に、「自邸（ガラスの家）」、「シーグラムビル」（ミースと共同設計）など。

*24 ヘンリー・ラッセル・ヒッチコック（1903～1987）アメリカの建築評論家。インターナショナル・スタイルの定着に努めた。

*25 ルイス・サリヴァン（1856～1924）アメリカのシカゴ派を代表する建築家。鉄骨造の高層建築を手がけ、「形態は機能に従う」という言葉はサリヴァンによる。

*26 アドルフ・ロース（1870～1933）オーストリアの建築家。「芸術は必要にのみ従う」というオットー・ワーグナーの主張を進め、「装飾は犯罪である」とした。

*27 ワルター・グロピウス（1883～1969）バウハウスの創設者で、インターナショナル・スタイルの提唱者。デッサウの「バウハウス校舎」をその実例として設計した。

徴主義の否定であり、「装飾主義」の排除であったことは明らかである。新しい形態は機能を明快に表現したばかりでなく、機能に熱中し、機能を祝福し、さらに新しい環境を非人格的な数学的な秩序に構成していった。彼らの理論面から、象徴的表現の概念が姿を消していったことが事実であるにしても、彼らが実際に成し遂げたことは、まったく現代的な象徴主義のための基礎工作であったのである。未来派や表現派とともに、機能主義は時代の創造的な観念を形成した思想の一環となっていたばかりでなく、新しい時代の生活様式を特徴づける集団主義・協同主義の理想に関連しつつ、有機的な機能主義へと展開し進化していく豊かな源泉をなしてきたものであった。真の機能主義者と、こちこちの機能崇拝者とを区別することは、しなやかな感受性と鋭い直観を必要とするが、こんにちの建築思想の状況のもとでは、とりわけ重大な意味をもってくる。しかし、それにしても機能主義が人間の個性を軽く扱い、わけても人間の感情や情緒を純粋知性のもとに従属させてしまったことは誤謬であったと言わねばならない。私のように、機能的合理論を単に支持するだけでなく、さらにそれを新しい象徴主義と有機主義へと発展統合させようと試みている者にとって、この誤謬を素直に確認しておくことは確かに重要なことであろう。しかし、機能的合理論に対する私の執着は、断じて保守主義でないばかりか、見かけ上のいかなる進歩主義よりはるかに前進した場に立っていることを確信している。

　人間の個性を再評価するにせよ、感情や情緒のもつ人間的な貴重な価値を確認するにせよ、私はそこから、情念の理性の世界に対する優位を導き出すいかなる試みにも与《く》みするものではない。それとは全く反対に、もっと精密に、もっとしなやかに、この合理論をきたえ直してより包括的な論理体系の樹立へ向かって邁進するのみである。バウハウスはわれわれの基礎を与えたが、決して完成した閉鎖的な体系を残したのではなかった。バウハウスの意義は、圧倒的なテクノロジーの進展と増大していく社会的な必要に直面して、どうしたらこれらに対する人間的な克服・支配が可能であるかという果敢な実験的な探索を試みたことにあった。一部にみられた機械崇拝派の過失も、大きくみれば、こうした実験的な試みにはつきものの不可避のつまずきであった事柄とみて差しつかえないだろう。

様式という観念は非常に明白のようにみえるけれども、しかし実際にはそれほど単純なものではない。これにはきわめてさまざまな事情が関連しており複雑なものだ。機能主義の誤りは、この複雑な多義性と多価値的な観念をはなはだ単純な類型概念にしてしまったことにある。彼らの理論的な思索から様式概念はいつしか捨て去られ、かえりみられなくなったのもそのためであり、またそれ以外ではないと推論し得る。

一口にギリシャ建築といっても、そこにはさまざまな様式があり、歴史的に生起し変化するとともに完成され、そして死滅していった。そこには非連続と連続の歴史の弁証法が働いていた。中世におけるロマネスクからゴシックにいたる様式の展開過程、ルネッサンスからバロックにいたる近世史の歩みから、建築形態上のさまざまな類型を抽象することは可能ではあるが、それらを固定した一義的なモードに帰着せしめることはまちがいであろう。様式は、巨視的にながめたときには、時代の共通な人びとの、精神と感情の表現様式であり、歴史的に形成され、あるいは止揚されて新たな展開をみる、ある持続した歴史的形成力なのである。

様式は創造された。作品の創造とは様式の創造であった。しかし、芸術はある様式への適応ではない。初心者が模作するのは当然である。彼らが模作するのは、芸術が直接の目的ではない。そこにいたる間接的な過程として、芸術の表現活動のための基本的な技術の修得が問題となるのだ。彼らはやがて自らの表象のために、自らの表現様式を発見しそして創造していく能力を備えるにいたる。それが可能なのは、訓練によって獲得された技術のみがもたらす表現手段の豊かな力によるのだ。様式とは、巨視的なレベルでは確かに、歴史的様式概念であるが、視点をかえて微視的なレベルに下降してみると、それが個性の表現様式であることに気づく。様式とは、芸術家が自己の思想に刻みつける一種の刻印なのであって、一度この思想が技術によって具体化されると、作者が描く確乎たる個性をもっているか否かによって、作品の独創性が左右されるのを確認することができる。作品を生かすのは様式であり、作品が平凡なのは様式が欠除しているからだ。

様式はまた形式の様式である。二人の作者が、あるいは二つのチームが、それぞれ同一の構造形式、同一の平面形式を採用して作品を構成したときのことを考えてみよう。作品はそれぞれ、こうした形式の類似性に強く限定されるにはちがいなかろう。しかし、両者が彼らの個性に従い、作品の空間的な組成、オブジェの配置や材料の選択や光や色の扱い方において、ただ単に建物の使用別の形式（住宅とか学校とか美術館）に適応するだけでなく、自らの個性的な表現様式によって行うならば、作品に現れる質的な差別は得がたく貴重な価値を実現していくことになろう。

新しい形式の探求や形式機能の組織化はきわめて重要な課題であることを失わない。けれども様式の重要性は形式のそれをはるかに凌駕している、とさえいうことができる。これは決して単なる誇張ではない。様式は作品の価値、空間の質にとって決定的に重要なのだ。

そこでジョンソンを考えてみよう。ミースとの形式上の類似性は人びとが一様に認めるところである。それは彼が、建築の学徒として、何を選択したかを教えているにすぎない。歴史から、そして現代の巨匠の作品から、彼が何を選択したかをわれわれに告げているにすぎない。

では彼の個性的な特徴はどこに見出されるのであろうか。たとえば彼の住宅作品を取り上げてみよう。ヒッチコックの言によると、それらは――その様式の厳格な形式性にかかわらず、すべてよく働き、しかも心理的にも快適でさえある。そしてさらに家庭的でさえあるという。

形式の明快さや優美な仕上げなど、これらはまったく彼およびクライアントの嗜好からくるものであって、決して「機能主義的」なモラルからではないことをヒッチコックは指摘している。これはジョンソンの数々の明言に照らし、真実であろう。住宅といわず、事務所といわず、ジョンソンがこれまでずっと使い続けてきた裸のスチールは、工学的な意味で優れた材料であるなどという知的判断からきたのではなくて、もっぱら優美な仕上げ材として採用されたというわけである。われわれに対する彼のメッセージのなかに「金と大理石のオアシスを創りたい」という一節がみられるが、これも以上の事実とよく符合している。形式上の古典主義的同一性にもかかわらず、ミースとジョンソンという個性のあいだに横たわる違いは、崇高と優美のあいだにみられるいちじるしい特徴だと言わねばならない。心理主義美学のリップス[*28]流にいえば、美的感情の本質は深さの感情Gefühle der Tiefeにかかわっており、深さの感情が量の感情と結合するところに崇高の感情が生まれ、これに対し、優美の感情は否定的契機を含まず、自由な生の自己展開にともなってあらわれるものである。さらに比較上引き合いに出すならば、悲壮美があげられよう。これは、崇高または積極的な価値が、苦悩によって否定されるところに生まれる一種の混合感情である。ル・コルビュジエの作品に漂う深刻な表情はおそらく悲壮美のカテゴリーに入れられるであろう。叩きつけたような

*28 テオドール・リップス（1851〜1914）ドイツの心理学者、哲学者。経験的心理学の方法を論理学、美学に転用。この「心理学主義」に対抗して登場したのが、フッサールの現象学であるという。

粗面、削りとられたようなコンクリートの素肌、それを爆破したいと叫ぶ強烈な色彩、そして最後にこれらすべての葛藤を超越させる、突如射し込んでくる幻想的な光。かくして悲壮美を濃密に漂わせているル・コルビュジエの空間詩は、その難解さ、その深刻さにもかかわらず、社会的なストラグル（葛藤）の只中に置かれているわれわれにとって、こんにちもって最も魅力的な存在であり続けている。

ジョンソンにとって崇高や悲壮のカテゴリーは役に立たない。ミースの崇高な倫理性は、現代建築の非妥協的な純粋性を示しているとともに、普遍という観念に最高の価値を賦与している。コルビュジエの苦闘は、社会からの挑戦に対する現代建築家の応答を示すとともに、それを超越するものとしての創造に至高の価値を見出している。こうした意味では、ジョンソンに限らず、彼らの同世代にとって崇高や悲壮の観念は無用である。サーリネン*29にせよ、ルドルフ*30にせよ、ヤマサキ*31にもせよ、そうであり、わが丹下にしてもまたしかりだ。これらの世代のために、現代建築のパイオニアたちが果たした地ならし工事の意義はまことに巨大であると言わねばならない。若い世代はいまや自由に、生の自己展開を開始しているようにみえる。そこで、ふたたびジョンソンの個性的特徴の問題に帰らなければならないが、それはすでにふれたごとく、優美（grace または elegance）の一語に尽きるといって決して過言ではないようである。彼の作品は風景と微妙に釣り合い、ミースにおけるよりもはるかに高い調和を示し、精神においては、むしろライトだとさえヒッチコックは述べている。ジョンソンのアイデアは、彼自身率直に淡々と語るように、ライトの〈草原の家〉から、またパラーディオ*32、ソーン*33、シンケル*34などまでさかのぼるが、こうした彼の歴史的選択主義は必ずしも批評家的な教養主義的な博学からだけくるものでなく、むしろ彼の優美を求めて

＊29 イーロ・サーリネン（１９１０〜１９６１）戦後アメリカを代表する建築家。ジョン・F・ケネディ空港の「ＴＷＡターミナルビル」などコンクリートのシェル構造の表現主義的な建築をつくった。家具デザインでも多くの作品を残した。

＊30 ポール・ルドルフ（１９１８〜１９９７）１９５０〜60年代、「エール大学建築学部棟」などコンクリートの表現に新境地を開いたアメリカの建築家。都市デザインにおいても大きな足跡を築いた。

＊31 ミノル・ヤマサキ（１９１２〜１９８６）日系アメリカ人建築家。２００１年９・11で失われた「ニューヨーク・ワールド・トレードセンター」は代表作。

＊32 アンドレーア・パラーディオ（１５０８〜１５８０）ローマ時代の建築に範を求めた建築家。以降の新古典主義建築に多大な影響を与えた『建築四書』を著した。

やまぬ感覚主義的嗜好の論理からくるものだと推論し得るようである。彼の表現様式を特徴づけるものは、したがってこの感覚主義的優美としなやかな古典的構成法のなかに発見し得るものであり、そこにこそ彼の特質を見なければならないであろう。

様式概念についてもう一つ、ジョンソンがわれわれに指摘していることを付け加えておこう。彼の作品であるウィリーハウスについてジョンソンは次のように書いている。

統一しがたいもの(おそらく)を統一しようとするいま一度の試み。近代建築の純粋性とアメリカの家庭生活からくる要請と。なぜ人は、ルドーの窓のない円い家に住めないのであろう。またなぜ、ミースの純粋なガラスのプリズムに住めないのであろうか。確かに不可能なことであろう。彼らには、子どもたちがピアノを弾く部屋が、そして母親が近所の人たちとカルタ遊びに興じる部屋が必要なのだ。遊ぶとき以外には使うこともない、ヴィクトリアン・パーラーが要るのだ。こんな込み入った約束に縛られて、芸術家はどんな形を創造できるというのであろうか。ライトも成功しなかった。いかに彼の試みがすばらしかったとしても、子どもたちはそれでもバルコンで遊ぶのだ。これをオープン・プランとでもいうのであろうか! ル・コルビュジエの方がたくみだとも言えない。(2分半ほど、あの美しいサヴォア邸のベッドルームの計画を見てみたまえ。)

ジョンソンは、この文章でもわかるごとく、自分の表現したいものとクライアントの要求をどうしたら統合し得るかを真摯に考察し、そして追究する。彼にとっては、巨匠たちのこの問題に対する超越的態度は優雅ではない。そこにもまた、両者が調和にいたる釣り合いをもって、つまり優雅な解決法が見出されねばならない。彼の作品にみられる家庭的くつろぎ、しかも単調さを破って、静けさのなかにゆるやかに動く刺激の感覚性、あくまでもしなやかに、

＊33 ジョン・ソーン(1753〜1837)
イギリスの新古典主義建築家。古代の建築部材・彫刻のコレクションがサー・ジョン・ソーンズ美術館として公開されている。

＊34 カルル・フリードリッヒ・シンケル(1781〜1841)
ドイツの新古典主義建築家であるが、厳格で端正なデザインはモダニズム建築に通じると言われる。

そして優美にと求められる彼の視覚における感覚主義は、調和のなかに美的原理の最高の価値を見出そうとしているようにみえる。流動や激動、そしてさらに拘束的規律などは、ジョンソンにおいては注意ぶかく避けられている。彼の巨匠たちに対する批判も、これらの点に向けられており、そういう言葉が許されるならば、調和第一主義の美学こそが、すなわちジョンソン固有の表現様式を支えているものであるといってよいかもしれない。

様式は作者の個性から生じるばかりではない。それはまた形式のほうからも規定され、そしてあらわれてくるものである。材料や技術そして空間の形式からくるものがある。材料や技術の担い手たる人間的主体や、その空間を使用する主体の生活様式など、これは単に建築空間の形式に作用する要素であるだけでなく、時代の集団的な普遍的な一般様式を生み出していく力でもあるのだ。ここに作者は、厄介な一つの問題、つまり彼自身の個性的様式を、いかにしてこの一般的様式と釣り合った独自の様式へと導き得るかという問題に直面せざるを得なくなるのだ。ワーグナーは室内楽から遠ざかり、シューベルトは苦心惨憺したけれども、ついにすぐれたオペラを書くことができなかったといわれる。創作するものにとって、この問題はたいへん深刻な意味をもっている。

大邸宅の上手な設計者は、必ずしも小住宅の作者として適当であるとは限らないし、学校にすぐれた手腕を発揮した人が事務所建築でも成功し得る保証はまったくないのだ。また木造の名手、必ずしもコンクリートの名演奏者ではあり得ないのだ。単なる知識の不足やまた不馴れのせいにすることのできない問題が、そこには横たわっているのだ。賢明な作者は、だから、自分の気質、自分の様式に合わせて、形式を選び、またその形式に馴れることによって自分の表現様式を打ち立てていくのだということを明言しておこう。こんにちの建築教育、単に学校教育においてばかりでなく、設計事務所における後進の指導において、こうしたことが実際に即して教えられているかどうかははなはだ疑問なところだ。

3 様式発生の根拠と合理性

様式概念をただちに模倣や適応の概念と結びつける旧来の思考様式は排除していかねばならない。様式の究極の源泉は、われわれの心的機能の本質に根ざしているということは、こんにちではすでに論証済みのことである。

そしてまた、知情意の三分説にあくまで固執する人があって、様式概念を何か不動の実体概念としてとらえるかもしれないが、これは明白な誤りであることを指摘しておこう。表現様式の背後にはもちろん、作者の表現実体としての精神が存在することは、すでにみたとおり明らかなことであるけれども、表現様式とは、むしろその精神の動きであり、作用であり、また機能であって、たとえその結果が、静止した作品のなかに物的形式として定着されるとしても、それは精神の描いた鮮かな軌跡なのであり、また繊細な心の戦慄、そのリズムをたたえているものだということを、このさいはっきり確認しておこうではないか。様式という概念の形式概念に対する優越性は、このような意味においてであり、かかるすぐれた意味において、むしろ運動概念、有機的な機能概念としてとらえることはこんにち非常に大切なことと思われる。

機能的合理論の独創性は、古い哲学的思考における実体概念をことごとく解体し尽くして、それらを新しいしなやかな論理体系のなかに再組織したことにあるのであって、決して実体概念を否認したり無視したりすることにあったのではないことを想起しておこう。ウィリアム・ジェームス＊35は、流れのとまった状態を「実体的部分」と呼び、そして飛び去る部分を「過渡的部分」と呼んだ。ジョン・デューウィ＊36においては、主観と客観は、有機体 organism とその環境 environment に置き換えられた。カントにおいて知情意は三つの独立した体系であったが、コーエン＊37になると全体系が微積分的な連続概念となり、美も全秩序の連続として意味をもってくる。

マルクスの『資本論』がヘーゲル的語彙を使用しているとしても、そこに精密な微積分的な思考が表れていることは武谷三男＊38の指摘するとおり正しい。しかし武谷が批判の対象としたカッシーラー＊39にしても、その真意は機能概念の実体概念に対する優位、その本質的な意味での有効性を主張したにとどまるのであり、だからこそ彼は、新しい「シンボルの哲学」の創始者としての栄誉を勝ち得たのである。

「観念は疑いもなく印象から」とランガー＊40は述べている。

特定の知覚器官からの感覚通信とか、内臓からの漠然とした感じの報告からつくられる。だが、観念がつくられる法則は、観念を直接結合する法則ではない。近接や類似による連想のような原理を用いようとするどんな企てもたちまちにしてまったく理解しがたい紛糾と小細工におちいってしまう。観念化作用はもっと強力な原理によって進行するのであって、この原理はシンボルの原理として記述するのが最も適当と思われる。感覚によって供給される材料は絶えずシンボルにつくりなおされ、これがわれわれの基本的な観念となる。これらの観念のうちで、幾つかはいわゆる〈推理〉によって結合され、また操作することができる。また他のものはこうした用途には供されずに、自然に夢のなかにはめこまれたり、あるいは意識的なファンタジーとして発散する。（S・K・ランガー『シンボルの哲学』）

＊35　ウィリアム・ジェームス
（1842〜1910）

数々の名言を残したことで知られるアメリカの哲学者、心理学者。『哲学の諸問題』『プラグマティズム』（ともに『ウィリアム・ジェイムズ著作集』所収、日本教文社）など、著書多数がある。

＊36　ジョン・デューウィ
（1859〜1952）

アメリカの社会心理学者、哲学者、教育学者。ウィリアム・ジェームスとともにプラグマティズムを代表する思想家。

＊37　ヘルマン・コーエン
（1842〜1918）

新カント派マールブルク学派のユダヤ人の哲学者。カントの思想に基づきながら、『純粋認識の論理学』などを著し、独自の哲学へ向かった。

＊38　武谷三男
（1911〜2000）

理論物理学者。三段階論と技術論からなる「武谷理論」で知られる。終戦間もなく鶴見俊輔らと『思想の科学』を創刊し、科学史、技術論分野で論文を発表した。『武谷三男著作集』『武谷三男 現代論集』ともに勁草書房刊。

現代の心理学説および記号論理学説によると、われわれの最も簡単な感覚経験も一つの定式化の過程であるから、そこにわれわれの認識作用の源泉を求めることが可能になってくる。純粋な感覚の世界は複雑であり、流動的に充実しているから、もし単に感覚が刺激に対する感受性だけならば、そこにおそらく「混沌の世界」のみが表れることであろう。しかし人間の感覚は、その感覚の場を感覚与件《データ》のいくつかの群とパターンに編成して、流動する光の印象よりも、むしろ形式を知覚しようとする傾向をもっていることが明らかにされている。それはちょうど、数学や論理学を学ぶさいに働く、われわれの高度な神経中枢に内在する、形式に対する意識の鑑識作用と同じように、形式に対する無意識の鑑識作用がわれわれの感覚装置に内在しているというのだ。これはすべての抽象作用の原初的な根源をなし、また合理性の基調を形成する土台でもあるのだ。

人間精神は、それがどんなに高所に達するにせよ、それのもつ諸器官と、それらに特有の諸機能によって、はじめて作用し得るにすぎない。もし眼が形式をみないならば、それは決して人間精神にイメージを与えることはできないであろう。もし耳が有節的音声を聞かないならば、それは決して人間精神を語に対して解放できないであろう。もし感覚与件が、その最高の意味において、意味の容器でないならば、徹頭徹尾、シンボルを通して活動する人間の精神にとって、感覚与件は要するに無用であろう。

しかし意味は……本質的な形式によって生じてくる。形態化 Gestaltung こそ知覚作用の性格そのものであるという形態心理学者たちの信念が正しくないとすれば、知覚作用と表象作用との、感覚器官と心的器官との、無秩序な刺激と論理的な反応とのあいだの間隙が、はたしてどのようにふさがれ接合され得るのか、私にはわからない。（S・K・ランガー『シンボルの哲学』）

＊39　エルンスト・カッシーラー（1874〜1945）
新カント派のドイツの哲学者、思想史家。人間の世界を、思考のシンボル形式（＝象徴体系）によって構築されていると考え、文化に関する壮大な哲学を打ち立てた。『シンボル形式の哲学』（岩波文庫）。

＊40　スザンヌ・K・ランガー（1895〜1985）
アメリカの哲学者。カッシーラーの難解な哲学を学び、芸術に対する記号論的思考で『シンボルの哲学』（岩波書店）を書いた。

しかしおそらく、形態心理学者たちの信念は正しいものであろう。大脳の思考器官としての分析的なはたらき、また一方大脳の意識器官としての統合作用などは、最近の精神生理学によって、ようやく科学的にその全貌が明らかにされつつある事柄であり、これらの心的器官と感覚装置との連結作用の存在はいまやわれわれにとって明白な事実になったとみてよいであろう。様式発生の人間生理学的な根拠は、実にこの人間の感覚器官と心的器官の合理的な機能にあるのだとの結論は、いくらか性急にすぎるとしても、またもっと詳細に具体的に論証してゆかねばならない事柄だとしても、妥当にして有効な科学的仮説として、これからおそらく「建築空間の形態学」の成立を可能にしていくことであろう。

4　機能主義と象徴的機能

「形態は機能に従う」という教義が誤っていたのではないのだ。これまでの機能主義が過ちをおかしていたとすれば、それはマンフォード*41の指摘するごとく、まさにこの公式をせまく適用したところにあるとしなければならない。そして、われわれはマンフォードとともに、「表現機能」こそが、「建物」を「建築」につくりかえる力であることを確認すれば、昨日の機能主義はすでに理論的には十分克服される可能性が開ける。もちろん、具体的には実際の理論的な思索の展開とともに創作面におけるその成果がそれを論証していかねばならないことは言うまでもないことだろう。

昨日までの機能主義は実は一つの修正を受けるべきだとマンフォードは述べている。

第一にわれわれが機能を、建物の物的機能にのみ適用するといった機械的な意味においてのみ解すべきではないということです。たしかに、新しい機械的利便や機械的機能は新しい形態を

*41　ルイス・マンフォード
（1895〜1990）
アメリカの都市研究者、文明批評家。都市計画論を学んだ後、技術論を軸に、幅広い知識をもとに、『歴史の都市 明日の都市』（新潮社）、『ユートピアの系譜』（新泉社）など機械文明批判と人間の主体的な生存を想起した著書を多数著した。

要求しました。しかし、社会的目的や新しい心理的洞察も同じようにそれを要求したのです。建物のなかには、その物的要求のほかに使用者の健康・快適・歓びに影響を及ぼす多くの要素があるのです。人格全体が考慮に入れられるとき、表現と象徴化とが建築の重大関心事の一つとなり、そして用いられる機能が複雑になればなるほど、形態も多様で精妙なものとなるでしょう。換言すれば――そしてこれが第二の修正でありますが――表現こそ建築の最重要の機能の一つなのです。(マンフォード『芸術と技術』より)

そしてわれわれは、また彼とともに「機能は形に従い人間が自然に指図する」という公式の新しい意義を確認しておこう。しかしそれにしてもこの表現機能という概念は、もともと機能主義的思想にはじめから備わっていたものなのであって、ことさら新しい概念ではないのだ。にもかかわらずマンフォードさえもいまさらのごとく修正、二つの修正が必要なのだというのは、真の機能主義者(有機的な機能主義者)は同時にまた効果的な象徴主義者でもなければならなかったということ、しかし現実のこれまでの機能主義者の実践はこれに反し、物的功利主義にかたより、人間の精神を表現と象徴化に向かって解放し得なかったことを意味している。狭い意味での機能主義はその原理を、表現、人間の空間や形態に対する視覚言語の組織化に向けることによって、単に物理的機能、もしくは生物的機能に立ちどまることなく、さらに偉大な人間の魂の象徴的機能の充足をめざして進まなければならない。それでは形式は象徴的機能を果たすであろうか。形式はただそれだけでは象徴化の機能をなし得ないのであり、形式の様式化こそ象徴的効果を発揮し得るものであることを理解せねばならない。形式がどれほどプロポーションにおいて美しく、またその材料がいかほど美しい光沢や趣きのある肌理《きめ》をそなえているにせよ、それだけでは象徴化の効果が強く表れるとはいえないのだ。形式が作家の個性的様式、あるいはその形式の形成に働く集団的な力の表現様式などによって一つに統合されるとき、つまり形式がある一定の様式化によってある種の質的な重さ、味わいをそれに加えるときにのみ、いきいきとした生の躍動や歓び、愛や連帯や共感の象徴化の機能がそれらの形式のなかに表れてくるのだ。

フィリップ・ジョンソンが意識的に取り続けている古典的な構成原理、とりわけ最近異常なほど古代古典的な表情を濃厚に増大していっているのであるが、こうした傾向には私もいささか奇異に感じるところがあり、必ずしも全面的に肯定し得ない要素を含んでいるのではあるが、しかし、彼が独自の個性的様式をもつ類い稀な現代の建築家であることにいささかの疑念もあり得ようはずがない。私はむしろ彼を新しい象徴派に見立てようとしており、それゆえに、あくまで明快に、そして優美に自由な生の自己展開としての空間詩をこれからも高らかにうたいつづけていくであろうジョンソンの未来に、今後とも大きな期待を寄せているのである。

三　機能主義を超えるもの

いまからもう16年も前*42のことだ。『美術批評』誌に「機能主義を超えるもの」という一文を書いた。これは同誌で紹介された二つの論文、ヨージェフ・レーヴァイ*43の「建築の伝統と近代主義」およびH・A・ミーク*44の「モスクワへの退却」にあらわれたハンガリーでの建築論争に対する意見を求められて綴ったものであった。

*42　本稿執筆時。『美術批評』１９５４年3月号。

*43　ヨージェフ・レーヴァイ（生没年不詳）著作「建築の伝統と近代主義」が針生一郎訳で紹介されている（『美術批評』１９５３年10月号所収）。ハンガリー労働者党中央委員を務めた。

*44　H・A・ミーク（生没年不詳）イギリスの建築家。「モスクワへの退却」は、「東欧諸国に置ける建築事情の変貌」という副題の付いた論文。『美術批評』１９５４年2月号所収。

私は大学を出てから20年になる*45が、その「機能主義を超えるもの」は20年の編集者生活のあいだに書いた数少ない評論の一つであり、またはじめてのものであった。機能主義を全面的に肯定し擁護する気持ちは、建築についてまともに思考するようになった当初から、つまり学生のころからすでにもち合せていなかった。しかし同時に機能主義思想を真に克服していく道はそう簡単なことではないことも、もちろん自覚しているつもりではあった。ソ連流の社会主義レアリズムをそのまま受け入れる気持ちもまたさらさらなかった。けれどもやはり、社会主義レアリズムが提起している思想的・社会的な意味は受け止めなければならないと考えていたのは事実である。そうした私の当時の立場がよく表現されているのが、この文章であり、いまの立場からすれば根本的に書き改めなければならない箇所があまりに多いけれども、しかし捨てがたいところもあり、ここでは多少手を加えたのみで、その大半を再録することにしたい。

いまでも捨てがたいと考えるのは、根底に技術論をすえていること、また建築表現を言語のようなものとして考えたいという姿勢が未熟ながら表白されている点などのためである。そしてもう一つ、建築とは結局、社会の組織だという考え方も明快に指摘されてはいないが、やはりこの文章を支えている。

1　近代的建築の動き・機能主義修正派

近代建築は、第二次世界大戦を契機として、自己反省の時期に入った。イギリスの著名な建築評論家J・M・リチャーズ*46が言うように「戦いは勝利に終わったが、勝ってみると近代建築にとってそれが視覚芸術としての質を発展させるためには、まだまだ長い道程を前

*45　本稿執筆時。1969年。

*46　J・M・リチャーズ（1907〜1992）イギリスの建築雑誌『アーキテクチャル・レビュー』の編集者。建築評論家。著書『近代建築とは何か』は彰国社刊。

進しなければならないということがわかってきた」のであった。近代建築の基本原理であった機能主義について、いろいろ検討された結果、次のような結論が下された。すなわち機能主義は、そこから実利主義的思想を取り除くとき、その表現方法は冷たすぎ、かつきわめて貧しいではないか、ということになったのである。

実際、こうした結論に基づいて、たとえばスウェーデン、オランダ、スイスというような諸国では、新経験主義 New Empiricism *47 という考えが生まれ、かなりの支持者を見出し、あなどりがたい勢力を形成している。この新経験派は、機能主義のやや乾燥した冷たい非人間的な美学的表現的側面を潤いのあるものにする、つまり人間化することを要求する。具体的には、ガラス面を必要以上に大きくとることを避ける。雨が漏るのに陸屋根にしたりしない。しかしファンタスティックな伝統的な手工芸的装飾を壁にほどこす、などの事項こそ人間の心が切に求めていることなのだとされる。

もう一つの動きは、カリフォルニアのサンフランシスコ湾地帯に起こった新風土主義 New Regionalism *48 という一派である。この新風土主義派の考えによれば、近代建築を今後発展させるための唯一の可能な道は風土的性格の導入以外にあり得ないとされる。ここでは風土主義的性格の導入ということは方法としては、その地方に産出する木材や石材の伝統的使用法を意識的に持ち込むことであり、そのことによって原始民俗の生活や開拓者の生活をしのばせる野性的な情趣をつくりだすことである。

機能主義を克服するという二つの試みの背後に、民衆の建築に対する切実な要求が横たわっていることは事実として認めることが必要である。建築家が、この民衆の要望に応えるため、民衆とともに理解し合える共通言語の創造をめざすことはしごく当然のことであり、貴重な

＊47 新経験主義
機能主義、形式主義、国際様式とは一線を画し、風土的、絵画的なデザインを重視する建築作法。

＊48 新風土主義
チャールズ・ムーア設計の「シーランチ」に代表される、その土地の気候風土に根ざした建築をつくろうとする建築作法。

努力というべきであろう。ただそれが機能主義の真の克服になり得るかどうかは疑わしい。単なる表層的な修正、伝統との安易な妥協ではないのか。そこでは、機能主義が獲得した貴重な建築的な質が見失われて、人間化ということが単なる装飾要素の導入、地方色性の加味ですりかえられてはいないか。加味されたこうした要素が意味する親しい空間感情、それが温和で善良といった平凡な人間像に結びつくだけで自然を支配し、歴史を創造するものとしての積極的な人間像に結びついていかないとしたら、そのような方向での機能主義克服は創造的な発展の方向とは考えられない。少なくとも私はそう考える。

2　機能主義の積極面の確認

オットー・ワグナー*49の分離派に始まり、ル・コルビュジエの「建築は住むための機械」の原理・機能主義にいたる近代運動は、20世紀に入って開始されたものであるにもかかわらず、実はその震源地は18世紀から19世紀にかけての産業革命だと考えられる。つまり、建築における近代運動は、近代資本主義形成にともなう、絶えざる拡大と発展の一途をたどる物質的・技術的生産に基盤をもち、その基盤との結びつきを深め強めていく過程であったと考えられる。ところでこの物質的・技術的生産の驚異的な発展は、また一方では、自由から独占へと社会のしくみを変え、支配層と労働大衆という社会的分裂をまねく過程でもあった。そしてこの分裂の過程が次のような現象を生む。

人間が自然との闘いで勝ち得た膨大な富が、逆に「機械文明」の圧力という姿をとって人間にのしかかってくる。「機械文明」が人間を支配し、人間を圧迫する。人間はこの「機械文明」の克服を、「機械文明」を人間のもとに支配し従属させることの必要を痛感するにいたる。

＊49　オットー・ワーグナー
（1841〜1918）古典主義からスタートし、アールヌーボーの影響も受けながらウィーン分離派（ゼセッション）に加わったオーストリアの建築家。「カールスプラッツ駅」「マジョリカハウス」「ウィーン郵便貯金局」などの作品を残した。

しかしこの人間と「機械文明」の圧力との闘争は、プロレタリアと独占資本との闘争に転化していかざるを得ないものなのだ。

まさにこうした時期に、芸術における近代運動は始まるわけであるが、実はそこに近代運動の複雑な性格と矛盾がつきまとうことになるのだ。小ブルジョア・インテリゲンチャは「機械文明」の圧力によって、彼らの物質的基盤への関心を高める。

建築においては19世紀の後半、貴族趣味とブルジョア的偏見にみちた折衷主義の、その深い霧のなかから、建築の形式のエッセンス、構造が発見される（オーギュスト・ペレー[*50]）。構造力学的機能の追究、その率直な表現が新しいフォルムの創造原理となる。さらに進むと、空間の生活機能が分析し直される。構造の機能は空間の生活機能に媒介され統合されてメカニックな空間形態の美として結晶する。ここで建築は「機械時代」にふさわしい表現としての新しい美学を確立する。ル・コルビュジエ、ミース・ファン・デル・ローエ、およびグロピウスなどが、「機械時代」の芸術の巨匠として、その指導的地位を確固たるものにした。この確立された「機械時代」の美学が、建築における機能主義と呼ばれるものだ。

いま、私たちの問題は、機能主義の歴史的評価である。同時に実践的な評価の視点をどこに求めるかである。ここで私は、カール・マルクスの言葉を想起する。

人間的本質が多彩に展開されることによってはじめて、主観的な、人間的な多彩な感性が、音楽的な耳が、形の美に対する眼が、要するに、人間的な満足にあたいする感覚、人間的な本質力として確認される感覚が、一部ははじめてみがきをかけられ、一部ははじめて生みだされる。

（『経済学・哲学手稿』）

＊50　オーギュスト・ペレー（1874〜1954）「ランシーの教会堂」など、いちはやく鉄筋コンクリートで建築をつくった、ベルギー生まれのフランスの建築家。打ち放しコンクリートやプレキャストコンクリートも用い、大きな影響を残した。

私は、マルクスに従って、人間の生産的実践によって対象的に創出された「機械時代」という対象的世界が、人間に機能主義的なメカニックなフォルムの美しさに対する感覚を与えたのであり、さらにこの感覚は、建築家や技師たちによる建築的創作として、作品として対象化されることによって、高度にみがきをかけられ、人間的な本質的な力として、確認されるにいたる、と考えたい。

この感覚は、産業革命の前にはなかった新しいものであり、19世紀をとおして次第に獲得され、20世紀に入ってはじめて芸術的な質にまでみがきをかけられたものではないのか。だから、他の何ものかによって否定され止揚されねばならない運命にあるとしても、この感覚は、現代建築の創造の一つの積極的契機となってきたし、またならねばならないであろう。

3　機能主義の矛盾

ヨージェフ・レーヴァイによれば、しかし、この機能主義美学は「第一次世界大戦後のプロレタリア革命の退潮、ドイツ・プロレタリア革命の敗北」を社会的背景とし、「革命に対するうらぎりの地盤」に大きくなっていった精神的傾向を反映していた、と指摘される。前に私が述べたこと、つまり人間と「機械文明」の圧力との闘争は現実にはプロレタリアートと独占資本との闘争に転化せざるを得ないといったことと、レーヴァイの指摘とは関連してくる。

「機械文明」の圧力として現象しているものは、その本体は実は独占資本の圧力なのだ。機能主義は、「機械文明」の圧力、つまり独占資本の圧力に圧倒され、それとの闘争を避けてもっぱら眼を機械に向ける。機能主義が獲得したメカニックな空間形態の美に対する感覚は、そこでは固定され、絶対化され、幾何学的な形や空間を全体的な人間性の表出、あるいは宇宙的本質の表現だなどと意識するようになるや、先に述べたその積極面はたちまち消極的面に転落せざるを得ないだろう。レーヴァイの言うように、それはデカダンな機械崇拝へと堕落していく。こうした危険は近代運動にはじめからはらまれていた。人間の本質力として確認されたものが、非人間的なものに転化していく。積極面が真に積極面であるためには、非人間的なものへ絶えず転化してしまいかねない自己を人間的なものへと回復する努力が必要となる。この回復のモメントはむろん「機械文明」のなかで主体性を喪失した人間にはなく、「機械文明」の圧力を逆に支配し服従させようと闘う主体的人間の実践でなければならないだろう。社会主義レアリズムは、このような機能主義の矛盾の克服として、それに対する闘いのプロセスをへてこそ確立されるだろう。H・A・ミークのように、社会主義レアリズムを単なる政治的イデオロギーの外からの注入作用の結果とみるのは正しいとは言えない。僕にとっての社会主義レアリズム（ソ連流のそれとは区別したい）は、ミース・ファン・デル・ローエとライトのあいだに横たわる無機性と有機性の矛盾、ミースとコルビュジエとに分裂して現れている空間性と彫塑性の矛盾、などの克服および解決としてイメージされるものである。

こうした近代建築の内的矛盾は、新経験派や新風土派によって、少なくも意図としては克服がめざされているが、ここでもう一つの特異な努力の実験例を示しておこう。それはメキシコの新しい大学都市の建築群である。ここでは機能主義と古代エジプトの空間概念あるいは絵画形式とが一つに溶け合う。メキシコの古代文明が意識的に発掘され結びつけられる。機能主義はここでは抽象的形式であることを止め、民族的・風土的雰囲気をいやがうえにも発散させるものに変貌している。

4　伝統をどう評価するか

マーテー・マヨル＊51とヨージェフ・レーヴァイとの意見の相違点は、階級社会における建築の機能とその表現内容についてであった。マーテー・マヨルによれば、「階級社会の建築は人間に対する配慮の建築ではなくて、表現の建築である」。さらに「階級社会の時代には形式が内容に対して優先的意義をもつ。すなわち人間への奉仕という肉体的要素は多かれ少なかれ一般に形式という精神的要素の背景にしりぞき、その形式が支配階級のイデオロギー、権力、勢力、価値を告知するものだ」とされる。

こうした機械論的な考え方は、日本では浜口隆一＊52によって代表され、かなりの影響力をもっていると考えられる。浜口によれば、古代エジプトからギリシャ、ローマをへて、さらに中世のロマネスク、ゴシック、近世のルネッサンスそして最後に19世紀後半の折衷主義にいたる建築は、一括して国家の段階の建築と規定される。これらは神・王・国家などといった何かしら人間を超えた「権威」に捧げられる。建築様式はそのために意識的に、あるいは積極的にそのようにしたものとして「建築の構築的要素における造形的特異性」である。階級社会における支配的建築は、神殿・教会・宮殿などとして支配階級のイデオロギーと意志のみを表現する、と考えられる。

これに対してレーヴァイは、マヨルおよび浜口とは違った見解を述べる。すなわち「階級社会の建築が、被抑圧者に対して支配階級の権力と勢力のみを誇示するものだということは、真実でない」と断言し、さらに続けて「もちろんそうしたものを表現するが、同時代の社会のある進歩的努力をも同時に表現するのだ。それだからこそ、さまざまの階級社会の建築は、当該社会秩序の支配階級に結びついて、この階級とともに歴史から姿を消すような形式要素

＊51　マーテー・マヨル
（1904〜1986）
ハンガリーの建築家。詳細不詳。

＊52　浜口隆一
（1916〜1995）
建築評論家、建築史家。東京帝国大学建築学科卒業後、前川國男建築設計事務所に入るも、その後大学院へ進み建築史を学び文筆業に。戦後間もない頃に『ヒューマニズムの建築　日本近代建築の反省と展望』（雄鶏社）を書き、建築界に大きな影響を与えた。

だけでなく、この社会の消滅後もなお存続してそれに続く社会の欲求を満たすことができるような形式要素をつくりだし得たのだ」という。歴史の事実が示すところによれば、レーヴァイのほうが正しいことは明らかではないのだろうか。先に指摘したように、メキシコの大学都市シウダ・ウニベルシタリアにおいては、古代が継承され、現代人のある種の精神的傾向を満足させる。ギリシャの円柱はローマへ、ローマはアーチ構造をたずさえてゴシックへと継承され、ついに荘厳華麗なゴシック様式の創造にいたる。円柱とアーチの変化と発展は、こうした永続的な建築の言葉として幾世紀か継承された典型的実例と言えるだろう。そうした実例はこのほかにもいくらでも指摘できるであろう。そうした実例によって、そうした形式要素の連続性における変化と、それにともなう表現内容の変化とを統一的に明らかにしていくことによってのみ、建築芸術の言語が発見できるのだと思う。

レーヴァイは、階級社会の権力の誇示と同時に、民衆の進歩的努力をも表現する、という対立における統一という矛盾において捉えている。これは、建築創造における統一のモメントが創る主体に、工匠たちや建築家たちにあることを正しく摑んでいる証拠だと私は考え、そして支持する。建築創造にあっても、他のすべての芸術と同様に、感覚・知覚・表象・記憶・想像といったプロセスをとって現れる認識が、それにともなう感情体験とまじりあい、統一像が形づくられ、最終的には感情の形式のようなものとして物質に定着される。すなわち、構築要素を感情の形式に従わせるという、いわば奇蹟が成就されることになる。たとえば中世ゴシックの教会がつくられたころの社会は、たとえその内部に矛盾を内包しており、また支配者と被支配者との対立があったとしても、私たちの住む現代社会における個人へのアトミックな拡散化はなく、人びとはもっと親密な紐帯によって結ばれていたと思われる。そうした連帯性が共同体的な共感を支え、表現行為の統一性を形成していた現実的基盤であっただろう。ゴシック様式の展開過程を主導した原理は、したがって宗教的感情に満たされた共同体の生活組織であり、精神であったに違いない。それは、尖頭アーチ構造のつくりだす旋律効果とすべての形式要素を天へと志向させる垂直線のリズムの織りなす複合的空間組織にみごとに表現されている。中世の人びとの限りない願いと連帯がそこに託されている。

ルネッサンスに入るとこの中世の垂直感はあとかたもなく消え失せ、巨大なドームと力強い円柱の列に席をゆずる。ルネッサンスの建築はミケランジェロのダヴィデの像に連なるものだ。ルネッサンスにおいては、自然と社会に対して闘いを挑む積極的人間像が現れてくる。ここでは人為的な空間の規則性、明快さ、あいまいの排除、古典的性格の再興がみられる。こうした積極的人間像の反映は、19世紀の古典主義において再び現れてくる。これはいうまでもないが、フランス革命にその典型を見出すところの市民革命を背景にして生まれたものである。対立と衝突によって発展する物質の弁証法的運動の論理的な表現とみてよいであろう。建築は、屋根の荷重に対する柱の闘争として捉えられるから、その緊迫した関係の表出としてギリシャから受け継いだ円柱のエンタシスは重要な意味を帯びてこざるを得ない。

レーヴァイは継承すべき伝統の内容についてふれ、「理念や精神においてわれわれに近い様式傾向もあり、われわれにそう近くない様式もある」と述べ、さらに続けて「バロックやゴシックをたとえば古典主義と同様にアクティブな伝統としてあつかうことは警戒せねばならない。市民革命が古典的様式傾向に、すなわち何らかのかたちで人間を基準とする理念にたちかえってよりどころを求め……ゴシックやバロックに、すなわち人間を基準としない様式傾向をよりどころとしなかったのは、決して偶然ではない」と述べているが、しかしここで早合点して、社会主義レアリズムは古典主義への復帰だと考える人が出てくるわけだが、レーヴァイは続けて、音楽において「民謡にかえれ」と言わないように古典主義へかえれとは言わないことを強調し、「民衆の歌謡を活用せよ、しかし150年、200年前の農民の感情を表白するのでなく、こんにちの民衆の感情を表白するために社会主義レアリズムの詩や音楽にいたる道を前進せよ。こうして建築の領域においてもわれわれの古典的伝統が活用され得る」のだと強調していることに注目すべきではないのか。私流の解釈ということになるかもしれないが、私は、彼の言葉を、こうしてのみ、すなわち社会主義レアリズムにいたる道を前進してのみ、古典的伝統は活用され得るのであると言っているのであって、決してその逆ではなく、古典的伝統の活用の前提条件こそ社会主義レアリズムの方法なのだ、という主張と解したい。

ではいったい、社会主義レアリズムとはどんな方法なのだろうか？　レーヴァイの文章では、それは課題として残されているように思われる。私たちにとっては、なおのことそうであり、確立されるべきものとして可能的に存在しているにすぎない。

しかし、次のことだけは私にも言えそうな気がする。機能主義を全的に肯定することも、またその裏返しとして単純に否定することも避けねばならない。社会（物質）を変革する積極的人間像に結びつく限り、機能主義の成果を存分に活用し、発展させるべきである。しかし同時に、機能主義がその採用をいっさい拒否した伝統様式の再検討も不可欠の作業として重視すべきであろう。もしも伝統様式から積極的な意味を持ち得る形式要素が発見されるなら、そうした要素と機能主義の論理とをぎりぎりまで対決させること、そうすればそのプロセスのなかで機能主義の積極面、形態の合理的把握、組織づけの方法をすべて保持しつつ、しかもそれを超えたまったく新しいフォルムの組織化へと止揚され、そこに新しい質をそなえた革新的方法が編み出されるのではないかと予想する。こうした意味における機能主義の真の克服者こそ、社会主義レアリズムというに値するものとなろう。

四　空間の意味と価値

〈言語モデル〉への志向

「言語モデル的空間論」は、いまやっと緒につきかけたばかりの、いわば〈アイデア〉の段階にすぎない。しかし、独断のそしりを恐れずに敢えていえば、このアイデア自体がすでに現代の創造的な観念に導かれているのだということ、それゆえにこの理論化の方向の前途には多大の期待が寄せられてしかるべきだと考えられる。けれども、その作業の成功を保証するものは多くの人びとによる理論的・実践的な協働が必要である。私一人の力では、とうてい完成できるものではない。

この「言語モデル的空間論」というアイデアは、私の考えでは、明確な目的を持ち、また戦略の構想の確定へと向かう。それは、われわれの前に厳然と横たわる「建築」と「都市」の断絶を超えようと志向する。この志向は、政治革命、経済革命、文化革命のすべての水準を含む全体革命としての「都市革命」に対応して、「建築＝都市」という未来における市民的・共同存在的作品の可能的なる構造を論理的に先取りしていこうとするだろう。それはユートピアの構築になるかもしれないが、決して単なる虚構ではない。こんにちの工業化＝都市化＝情報化という現実の疎外された重層的な過程の深部で生成を求めてダイナミックに動きつつある構造の発見を可能にし、組織論の形成への努力を勇気づける契機ともなり得るはずである。

ここに「言語モデル的」と称する所以《ゆえん》は、その理論化の方法論的モデルが「言語存在」であるためであるが、またそれはそのことによって「機械モデル」ないし「生物モデル」によって定立されたこれまでの建築論、都市デザイン論の止揚への意志をはっきり表明したいがためである。言語的世界の構造は、近代の分析的理性では捉えがたいものであるという認識が最近ようやく定着し始めている。そしてその究明を通路にしてこそ近代を超える新しい世界観の視座が獲得し得るのだ、という構え方が広まりつつある。

「言語モデル的空間論」への志向は、そうした現代思想の動向に呼応するものであるが、しかし繰り返して言うのは恐縮だけれども、まだ〈アイデア〉の段階である。正直に言うならここ2、3カ月のあいだに、急速に私の内部に定着し動き始めた〈アイデア〉なのである。「言語モデル的空間論」の断片的な覚書に移る前に、4、5カ月前に書いた〈吹抜〉に関する文章の再録を許していただきたい。そこにはきわめて微弱ながら「言語モデル」への意識が働きつつあったことがうかがえるのである。

1

〈吹抜〉という言葉の意味について調べてみる。岩波の国語辞典をひくと、①吹流しの半月の代わりに全円の輪を使ったもの、②風が吹き通る所、という二つの意味があることがわかる。ところでわれわれにとって問題の〈吹抜〉は、建築の部分空間に関した慣用語だから、その言葉の直接的な意味は後者に違いない。しかし風が吹き通る所とは、風が水平に貫き通る所であろうから、建築に即して言えば〈壁〉の欠如した空間のはずである。たとえば、ピロティ空間などがもっとも典型的な〈吹抜〉であると言えるはずである。しかし、われわれが建築の平面図を読むときに出会うこの文字は、〈ゆか〉の欠如した部分に記入されている。そして、これがふつう〈吹抜〉と言われている空間なのであって、ピロティ空間に関しては〈吹抜〉という言葉は使用されない。

したがって、〈吹抜〉とは〈ゆか〉のない空間のことである。そして〈ゆか〉がないということが決定的な意味をおびてくる。

地球の重力圏のなかで生活する人間にとって、水平な支持面は極めて基本的であって、人間生活を支持するところが床だとすれば、床の水平性は基本的な特質ということができる。新潟地震における傾斜した建物に生活する体験の示すところでも、床の水平性は想像以上に重要なもののように思われる。

ほんのわずかの傾斜をもつ床でさえ不安定感を与え、人によっては船酔いのような症状を訴えているからである。

水平な床もしかし無限ではなく、有限である。その有限が生活を規定し、生活に対応して床は有限である。有限であることを床は意識させ、意識させることによって生活の場を表明することができる。したがってこの床の限定性は生活を限定するともいうことができよう。

これは菊竹清訓*53の「床論」のなかの文章だが、床が空間を限定する最も基本的なものであることをよく言い表している。つまり生活空間を支えるものとしての〈ゆか〉に対する強烈な意識がにじみでている。〈壁〉は生活空間にとって必ずしも必須の成立条件にならないが、〈ゆか〉がなければ生活空間は成り立たない。その意味で〈ゆか〉は生活空間にとって絶対であると言わなければならない。生活空間の実体は〈ゆか〉であり、〈ゆか〉に支えられて

*53 菊竹清訓
(1928〜2011)
村野・森建築事務所を経て、1953年に菊竹清訓建築設計事務所を設立。『代謝建築論 か・かた・かたち』(彰国社刊)を掲げて設計活動する。黒川紀章、槇文彦、川添登らとメタボリズムを提唱する。「スカイハウス」、沖縄海洋博「アクアポリス」、「島根県立美術館」など作品多数がある。

こそ、生活空間は実体を持つ空間と言える。

ところが、われわれの〈吹抜〉空間は〈ゆか〉を欠いた空間であり、その意味でこれを実体のない虚の空間、無効の空間、ボイド・スペースだと言うことができよう。それはあたかも実数に対する虚数のように存在するものだと言ってもよい。

2

〈吹抜〉とは〈ゆか〉のない空間であり、いわば宙に浮いた奇妙な空間であることがわかった。しかしほんとうに奇妙なのは、この空間が現在、世界の現代建築のなかで、ものすごい勢いで増殖しつつあることだ。

ここで〈吹抜〉のあり方を断面図を想像しながら描いてみよう。例として取り上げるのは、住宅であってもよい、オフィスビルであってもよい、市庁舎であってもよいだろう。ともかく多層建築の断面を頭に描いてみればよい。

〈吹抜〉の物理的な形としてのあり方は、どうなっているかがわかるはずである。それは建物全体としての基調をなす多層構成、つまり水平に走る〈ゆか〉の線によって上下空間を非連続的に区切り、積層性を強調している構成の全体を部分において突き破るものとして存在している。はじめは少なくとも控えめに〈ゆか〉を一つ突き破って二層分に広がり、ついでしだいに大胆になり、次々と〈ゆか〉を突き破り、とうとう最後には多層構成のすべてを貫いて膨張した垂直の空間連続体が建物の内部にはらまれることになる。小さな〈吹抜〉は大きな〈吹抜〉となり、内部空間の脇役からいまや主役にのしあがった。この劇的な変化が実はここ数年のあいだに現代建築のなかで進行したのである。実例はあげるまでもない。

発生当初の〈吹抜〉は、部分的に多層構成の均等・面一な規制力を破り、立体的な空間の流動化を少しばかり促進するという微妙な刺激効果にすぎなかったに違いないが、いまではその地点からはるかに高いレベルアップを成し遂げ、むしろ全体の空間構成に対する支配効果をつくり出すまでになってしまった。この目を見張らせる膨張力がどんな基盤から発生し、どんな必然性に導かれて、どこまで勢力を得ていくのだろうか。まさにこんにちの建築理論によって解明されなければならない課題がここにはありそうである。いかなる根拠があって、この虚なる無効の空間がかくも拡張し膨張していくのか、という問題である。

3

空間は、ものの〈かたち〉として見えているが、しかしものの〈かたち〉に、空間の本質があるとは考えられない。ものの〈かたち〉は同時に空間の形式を感じさせるが、直接には空間の構造を表していない。

空間は人間が意識的につくりだしたものとして、意味と、そして価値を持っているはずである。空間の意味とは、有用性にかかわり、使用目的に適うものとして企図された使用機能であるということができる。意味という言葉遣いに抵抗を感ずる人があるにしても、たとえば住宅において、それを構成している単位としての部屋に、居間とか、応接間とか、食堂とか、台所とか、浴室とか、納戸とか、寝室とか、使用目的を明らかに示す室名が与えられ、そしてそれらによって成り立つ全体が住宅であることは明らかであるということで了解に達するはずである。建築の空間の意味は人間の使用目的との関係において意味をもち、その意味とは使用機能であることは間違いない。ただ忘れてはならないことがある。空間は単に人間の生活機能を充足させる有用性にのみ根拠づけられない。空間は意味を持つと同時に価値を持つ。空間の価値の源泉は人間の自己表出行為にあり、空間は、「空間」意識の表現として客観的世界に対象化されて現在性を得た実体としての価値である。

マルクスは『経済学・哲学手稿』のなかで「人間的本質の対象的に展開された富」という言葉を使って、芸術活動の本質がすぐれて精神的な活動であることを指摘したが、建築の本質としての空間の価値が、人間の表現活動から生成してくるものであることは、疑い得ない歴史的事実である。

ここで使用機能がつくりだすものを使用価値とし、表現活動が生みだすものを表現価値とすれば、マルクスが商品の価値を使用価値と交換価値との二重性において捉えたのにみならい、空間の価値は使用価値と表現価値との二重性の構造的な展開によって生成するものと考えてよい。ともかく、空間の本質とは機能と表現の二重性を構造として展開された全体の関係であって、その全体を表現活動によって意識からしぼり出されたものとして見るところに、空間の価値は横たわっているのだと言えよう。

4

〈吹抜〉の空間は〈ゆか〉のない空間として規定された。〈ゆか〉がないということは、そこでは使用機能が発生する余地がないということである。それゆえにまた、〈吹抜〉は虚なる無効の空間であるとも宣告された。しかし、ここでは全体としての空間のなかでの〈吹抜〉の役割が問題である。

〈吹抜〉は所属不明の領域である。明快な輪郭をもたない。Aという機能空間の延長でもあり、

Bという機能空間の延長でもある。AとBとはこのあいまいな境界のない見えない空間を媒体にして完全に一体化された連続体を形成しているともいえよう。逆にいえば一体化され連続させられているから見えないのであって、AとBとのあいだに〈ゆか〉を導入するならば、たちどころに新たに使用機能を発生させる空間が現れてくるのだ。

すなわち、〈虚〉なる空間は〈実〉になる空間に転化する。しかし〈吹抜〉がたとえそういう可能性を秘めているとしても、そのことにおそらく意義があるわけではなかろう。むしろ、〈実〉なる空間にいつでも転化し得る構えの空間が全体のなかで〈虚〉なる空間として姿を消しているというところにこそ意義があるとみなければならない。計算の途中では姿を現す虚数が、答えのなかで姿を消すのと同じで、空間形成の過程で現れ、形成の後では消えるという奇妙な存在なのである。判明したことは、〈吹抜〉は空間の結合子であるということである。これこそ〈吹抜〉の固有の機能であり、唯一の機能だと言うことができそうである。

5

〈吹抜〉はここで空間の結合子と規定されたが、この結合子は全体としての空間構造の展開にのみ奉仕し、空間の使用機能に対しては直接には奉仕しないという関係を保つ。

この児童会館のように多様な空間によって構成される建築は、多くの場合それなりの広がりのある敷地の中で、異種の空間を平面的に分離することによって、機能的に適度な相互関係を保つとともに、異なった構造系の混在を防いでいる。この方法による建築は、機能的にも構造的にも個々の集合体であるということができる。

この児童会館の場合、敷地の広さと要求面積および容積からいって、多層化による方法を見出す必要があった。すなわち平面的なブロック・プランに対し、立体的なブロック・プランをつくることである。それは機能的には積層様式によって可能であるが、構造上の積層構成はそれほど簡単ではない。相異なる構造系を上下に重ねることは、平面的に接触するときの伸縮継手のごとく容易ではない。つまり構造は常に統一的な体系になろうとする傾向を持っているのであるが、この傾向を安易に受けるとき空間は単なる分割に終わり、空間の多様化は画一化に変質してしまう。市街地建築の高密度化が内容的な多様化にもかかわらず、画一的な建築をつくる理由も、内容の多様化が諸要素の単なる集積に終わり、高度の組織体をつくるほどのメカニズムを持っていないこと。

そして、それは、他方では構造システムの未開発によるものと思われる。——催し場を含めて展示場関係の空間は、各セクションに分かれているので適度の分離が望ましい。各セクションは中央吹抜けに架けられたオープン階段を介して、半階構成の関係に置かれている。これは視覚的な連絡と、各フロアーの独立性を確保するためである。

この文章は児童会館の設計方針について大谷幸夫[*54]が書いたものからの引用であるが、〈吹抜〉空間の発生事情をも伝えているので引用した。ここには市街地建築の高密度化への要請という外圧を、逆に空間構成法変革のための内圧に転化させることによって、空間の多様性を保ちつつ立体的なブロック・プランを可能にするという独特な積層様式への探索に乗り出した彼の姿勢が、よく言い表されている。この積層様式のなかの大きな焦点、あるいは一つの核として中央吹抜空間がある。この〈吹抜〉にはオープンな階段もあって、各フロアーの連絡路ともなっているが、しかし作者自身も言うごとく視覚的な連絡をも果たしている。この連絡という言い方は残念だがきわめて消極的な姿勢をうかがわせる。私ならば空間表現と言いたいところだ。視覚的効果が実はねらわれている。この効果はわれわれに空間のイメー

*54 大谷幸夫
(1924〜2013)
建築家、都市計画家。東京大学都市工学科で長く教鞭をとり、都市政策や建築家の職能・倫理について厳しい姿勢を貫いた。「国立京都国際会館」「金沢工業大学」「沖縄コンベンションセンター」などの作品がある。著書は『大谷幸夫建築都市論集』(勁草書房)など。

ジを喚起する。イメージは作者の表現（創造）活動の内側では、新しい積層構成による空間の多様性という構想のなかで、たえず働き続けたはずであり、全体としての空間イメージが凝集してくる中核に、この〈吹抜〉を位置づけていたはずだと思う。垂直に上昇し、また下降していく空間の構造は水平に広がる空間の構造よりも強烈なイメージを喚起するという事実はゴシックの空間体験がこれをよく示していると思う。

〈吹抜〉は児童会館の場合もそうであるように、内部空間の媒体空間と言われる領域に現れるのがふつうである。そしてそのような内部空間における媒体空間の内部化されたものとして認識されている。次に引用するのは槇文彦[*55]の「集合体について」という文の一節である。

> しかし、きわめて限定された場において、かなり空間の使用度の高い、いわゆる高密度の状態に達すると、単に集合されたものを一つの対象としてみるだけでなく、与えられた場のかたちとの関連性においての把握を強要されるようになる。
>
> 　ここで場とは普通、平面的には限定されていても立体的には天まで無限につづくものと理解されている。しかし建築法規による高さ制限、その他の環境、経済条件を考慮にいれると、実は場とはいちおう立体的にも有限なものとして考えなければならないことが多いことに気づく。使用密度が高まるほど、場のうちにおける内部空間と外部空間の対立概念は消失し、使用空間（この場合立体としてとらえる）に対応し、使用空間の構造を立体的に位置づける媒体空間との対応関係においてみていく概念がこれに代わっていく。すなわち媒体空間は単に広場とか、建物のあいだとかいった外部空間だけでなく、大きな吹抜にもみられるような、内部化された外部空間ともいうべきものをも含むものとして理解される。高密度の集合体においては、この場のかたちの規制力がきわめて強くなることは明瞭である。最近完成した山梨の文化会館は、この意味で、各種の使用空間が、媒体空間を立体的に持ったかたちで表されたものとして考えてよいかもしれない。

＊55 槇 文彦（1928〜）
海外にも多くの作品のある日本のモダニズム建築家の代表的存在。「幕張メッセ」「京都国立近代美術館」など作品多数がある。東京渋谷区の低層複合施設「ヒルサイドテラス」は、1969年の第1期竣工以来30年以上にわたって増築を繰り返して周辺のまちなみ形成を誘導し、代官山駅周辺の発展の核となった。

S・シビック・センターにおいては、きわめて限定された場のなかで、媒体空間が一つの骨格をつくりあげ、そこに与えられた機能の集合を求めようとする概念を基調にしている。

機能の異なるいくつかの施設が多層建築物にまとまる場合、共有する装置に関しこれまでのコアの概念とは別のものが工夫されなければならない。すなわち使用空間と支持空間という主従の関係から、使用空間と媒体空間との相対関係のなかで、それ自体存在と働きを持ったコア的空間としてとらえる必要がある。ここでいうコア的空間とはエレベーター、階段、ダクト、シャフト等、人と物あるいはエネルギーと情報を運びうる流動媒体を構成要素とした媒体空間と考えてよい。これらの要素は媒体空間のなかで位置に関してかなり自由度をもち、何らかの条件が与えられることによって定着するものである。また使用空間を含めた全体からみた場合、それ自体は変質しないで規制を受けながら他を規制していく「触媒的存在」でもある。媒体空間を二次元的に平面と断面から眺めてみると、それは「媒体ゾーン」というかたちで表される。これは、同時に媒体空間の垂直・水平方向での動きを明確にする方法でもある。垂直においてはレベルの違う使用空間相互の対応性を視覚的にも心理的にもより豊かなものとし、ときには象徴性のつよいものにまで発展しうるものである。水平方向においては、まわりの使用空間の構成内容に応じて変化し、ときには全体に対して支配的なものとなって逆転する。

媒体ゾーンは位置として、使用空間に対して内臓部分のような関係にあるが、単に内部に隠蔽されたものではなく、独自に外部にも表情をもち、外部からもその働きをのぞくことができるものである。支持的なものとして外にあったものが逆転して内臓化された、内部化された外部空間とみるべきである。

建築家たちの叙述は、対象的な世界のなかにいかにも客観的にある事態が進行中であり、彼らはそれを外から眺めているといった調子で書かれているが、実は彼らの創造的主体の内部で得体の知れぬ欲求につき動かされながら、現実に対して投げ出すべき新しい空間像の構築が現に営まれつつあることを如実に語っているものとみるべきであろう。

最初は高密度化を強要してくる現実の場のなかで、いかにして目的空間を成り立たせるかという条件との闘いであり、そして悪戦苦闘のなかから抽出したものであるに違いない内部化された外部空間という観念も、ひとたび建築家の内側の構成的精神のなかで占めるべき位置を獲得してのちは、自立し、高度化されて発展していくという過程のなかに入るだろう。もちろん、建築家たちは、新しい作品をつくるたびに、現実といや応なしにかかわり合わざるを得ないし、目的空間を構成する諸要素（諸要求）を素材としてすくい上げ、空間表現の言語の内側に内包させつつ構成的精神と合体させて新しい作品像を構築していくという過程を通るが、空間表現の言語本質のなかで自立し発展する経路のなかで、現実的目的を超えて現実から離脱して幻想の領域に突き進む。しかし現実から遠く距たれば距たるほど表現としての空間の美は閃光のように輝きを増し、現実との苛烈な緊張関係をつくりだしていく。

内部化された外部空間のつき進む極限は、中世の大伽藍よりもさらに巨大な姿をとることになるかもしれない。そのとき、〈吹抜〉などという言葉は、ほとんど意味をなさないものとして忘れ去られていることであろう。フラー・ドーム*56がメトロポリスをすっぽり包むというユートピアは、すでに内部化された外部空間の論理よりもはるか以前に語られていた。しかし、建築の宿命は、それがいかにはるかに具象的な現実世界から離脱したところでしか開花しない観念（表現されたものとしての空間意識）の美であるにしても、変動きわまりない現実世界との交渉のなかでの構成的精神による抽出作用なしには根を失った花のように枯れてしまうというところにある。

拡散しつつある世界、多様化しつつある世界のなかで、外部から胎内化された空間がどこ

*56　フラー・ドーム
「宇宙船地球号」の言葉で知られるアメリカの建築家、思想家であるバックミンスター・フラー（1895〜1983）が1947年に考案したドームをつくる構造。正12面体ないし正20面体をさらに三角形で細分割し、直線状の部材の集合で球体をつくるもの。正式にはジオデシック・ドームという。この構造でつくった建築としては、「モントリオール万博アメリカ館」が有名。

まで高度成長をとげていくのか。

原広司[*57]が「有孔体の理論」によって環境を形成する物質の統制をめざしていく過程で、それによってしぼり出されたもののごとく顕在化してきたのは「浮遊の思想」であった。特定の目的にのみかなうように設定される定形化された使用空間の集合形式をいくらこねくりまわしたところで、内部空間の質の発展には限界がすでにみえている。原の「慶松幼稚園」では内部空間よりも浮遊の空間としての屋上空間が、すばらしい緊張した構成力の焦点を形成している。おそらくは、今後、「有孔体」と「浮遊の領域」のこれまでのあり方はむしろ逆転されるべきで、浮遊の領域は有孔体という連環体のなかに拠点を築く方向をとるべきだろう。空間は、「有孔体」と「浮遊の領域」との二重性を構造にすることによって展開するものであろうし、それによってこそ劇的構成への道は切り開かれていくことになるだろう。

〈吹抜〉もまた、私に言わせれば原のいう「浮遊の領域」に関連した空間であり、これとていたずらに巨大化することだけが能ではないのであって、問題はいつにかかって〈構成〉にまで昇華し得るかにある。開放、自由、流動、連続という空間表現も〈構成〉なしには、ついに美に到達することはない。

五　芸術と技術

ルイス・マンフォードにおける芸術と技術、特に技術概念について

「救いの道は」とマンフォードは言う。「人間個性を機械に実用的に適応させることにある

*57 原広司（1936〜）
「有孔体理論」を掲げて建築家デビュー。その後「多層構造」「様相」などの概念を提起して設計の方法論としている。主な作品に、「慶松幼稚園」「田崎美術館」「梅田スカイビル」「京都駅ビル」など。東京大学生産技術研究所で教鞭をとり、学生たちと世界の集落調査を続けた。主な著書に、『集落の教え100』（彰国社）、『建築に何が可能か』（学芸書林）、『空間〈機能から様相へ〉』（岩波書店）などがある。

のではなくて、機械はそれ自身、生活の秩序と組織の必要から生まれた産物でありますから、機械を人間個性に再適応させることにあるのです。つまり人間的雛型、人間的尺度、人間的テンポ、なかんずく人間的究極目標が技術の活動と進行とを変革しなければなりません」と。

マンフォードは、現代社会における技術の疎外状態に注目し、そのあり方を変更すべきだと主張し、技術が人間の発達を危うくするときには、それを抑制し、必要なら中断すべきだともいう。(異議なし!)

けれども、続けて次のように発言するとき、せっかくの正しい提言の意義も、実践的には、その有効性が半減してしまう。

「慎重な世界的政治性をもってすれば、こんにちの原子エネルギーの発達を中断させ得たように、技術を人間的発展の道筋に導き入れるための適切な政治手段と社会制度とがつくり出されるまでは、暫しのあいだ中止を命ずるということもあり得るのです」と言いながら、適切な政治手段と社会制度を創出すべき主体をどこに見出し、またどのような実践としてそれを捉えるべきかについて、ついに語らず、「われわれの文明がいま芸術と技術の状態に現れている解体の状態にもうこれ以上深入りしたくないならば」、「非人間化された技術によっていまやまさに枯渇せしめられた生気とエネルギーとを、もう一度芸術のなかに注ぎ入れなければならない」と論点をずらせてしまう。

私は、マンフォードが芸術に期待をかけていることに反対ではなく、むしろ賛成するものだ。ただし、非人間化された技術を人間化された技術、本来の技術へ再生する力を、技術の担い手たる技術者・労働者という人間主体に求めるべきではないのか。この一点を飛び越えて芸術に生気とエネルギーを注入したところで、それを無意味とは間違っても思わないが、それだけでは非人間化された技術の状態を乗り越えることは不可能なことと悟るべきではないのか。問題は、マンフォードの技術概念である。彼は次のように定義する。

われわれは実用芸術の分野と、その作業と製品の体系的な研究との両方を言い表すために、「技術学」Technologyという語を普通使います。労働過程の精力的な組織によって、人間が自然力を自分の目的のために支配し、命令する人間活動のあの部分、この分野を言い表すために、明晰な点から、私は、ここで技術Technicsという言葉だけを使うことにします。

技術は人間がはじめて手の指をペンチとして、小石を弾丸として使ったときに始まり、芸術そのものと同じように、それは人間が自分の身体を使うことに発しています。

芸術を技術から区別できる意味だけからいえば、芸術はまず何よりも個人の領域にかかわるものであります。そして芸術の目的は、それに関連した多くの偶然的技術的機能は別にして、個性の領域をひろげることであります。……芸術とは、人間が単なる動物として存続するための必要条件をこえて、意味と価値のある世界を自分で創造しようという必要から生じます。

芸術の意味は、その起源と目的のために、科学や技術の操作的意味とは、全然異なる次元のもので、それは外的手段や結果に関連するのではなくて、内面的変革に関わるものであり、……人間の技術的な工夫考案は、他の生物が示す器官上の活動に相似点をもっていて、たとえば蜜蜂は工学技術の原理にたって蜂窩をつくり、南米の電気鰻は高い電圧の電撃をつくることができ、……ところが芸術は特殊な人間的要求をあらわしており、人間にきわめて独自の特性である象徴化《シンボリズム》の能力に基づいております。

芸術と技術とをはっきり区別するために、次のように言うことができましょう。すなわち芸術とは人間個性の十分な刻印を残しているところの技術の一部であり、技術とは、機械過程を促すため人間個性の大部分がそこから排除されてしまったところの芸術の表出であると。

芸術も技術もともに人間有機体の構成的な面をあらわします。芸術は人間の内面的、主観的な側面を代表しており、その表象的構成はすべてそれによって彼の心の中の状態を外に表現し投影することができるようになった語彙と言葉を発明しようとする多大の努力のあらわれであり、わけても人間の情緒、感情、生の価値と意味に関する直観に、具体的で公共的な形式を与えようとする努力でありました。これと反対に、技術は人間が生活の外的条件に対処しそれを征服し、自然力を支配し、そして人間の自然的な器官の力と機械的能力とを、実用と操作の面から拡張しようとする必要から主として発展するものであります。技術と芸術とは、いろいろな時代に効果的に一つに結びついてきましたが——それゆえ例えば5世紀のギリシャ人は、技術という言葉を美術と実用の両方に、つまり彫刻にも石切りにも用いたのであります——こんにちではこの表裏一体の二面は遠く引き離されてしまいました。

以上の引用文のなかに見られるように、マンフォードの技術概念は、かつて技術と芸術が一つに結びついていた時代の技術ではなく、技術と芸術が引き裂かれた状態のこんにちのますます操作的になっていく技術を意味しており、まさにそこにこそ問題があるのだ。もちろん、マンフォードは「現代の最上の建築家たちはいかにも十分な技術的利器と適切な能力とを持っております。しかし観客の側から見ますと、彼らは今なお技術的操作をやっているにすぎない。いわば観客は演奏が始まるのをなお待っているのです」とも言っているわけで、決してこんにちの技術の操作主義を是認しているわけではなく、それは芸術が指し示す意味と価値によって導かれ、一体となるべきことを主張している。しかし、操作としての技術の概念を内的に止揚する新しい技術概念を提出することには成功していない。人間的な新しい技術への志向性を持ちながら、必ずしもその技術を人間的実践として、立体的に、構造的に明らかにしない。ただ芸術との結合を唱えるにすぎない。

われわれがこんにちの時代のなかに計画しようと試みてきた状態は、芸術と技術がもと人間社会に現れたときの状態とは、ちょうど正反対にあることを注意しなければなりません。なぜなら、最初は人間は象徴を魔の力として崇拝し、その象徴が言葉であるにせよ影像であるにせよ、それは自らが人間であることの核心であり、いわば彼らが純粋に本能的な動物的知性の彼方に浮かび上がる条件であったのです。

長期にわたって、象徴は人間を尊大にし、道具や道具が促す方法を低評価したものです。しかるにこんにちでは正反対の状態が瀰漫《びまん》しており、象徴に対しては卑劣な誤解や辛辣な皮肉で満ちております。

この現状は歴史の危機の兆候であり、それは大きな危険の時であるとともに、輝かしい前途を約束するときでもあり、「新生という重荷が、まさにわれわれの双肩にかかっている」とマンフォードは言う。そして「それゆえ、われわれ人格のなかにあって新生を助けるもろもろの力を理解し、目的行動へとわれわれを促す計画や理想を喚起することがわれわれの義務であり……芸術と技術とがいまやわれわれの手に与えてくれるあらゆる工夫に助けられ、もってわれわれの生活を新しい型に形成しなおすこと」ができ、「芸術は形、構成、意味をとりもどし、機械は、いかほど高度に組み立てられるにせよ、生の欲求に答える」だろうと結ぶのである。

私たちは、このマンフォードの現状分析ないし、未来へのヴィジョンに敢えて反対するものではない。ただ、マンフォードとは違って、人間の技術的実践の内的構造を明らかにすることによって、技術の再定義を試みることによって、操作としての技術が思想としての技術に、人間的な技術に自己を止揚し乗り越えていく可能性を捉え直していきたいと考える。それは既成の技術概念をそのまま保存し、ただ技術に対して外から目的を与えればよいという態度とはまったく異なるものである。

マンフォードの技術論の弱点は、彼の次のような見解に端的に現れている。

> 人間とは、道具作りである以前に、まず影像を作る者であり、言語製作者であり、いわば夢想家であり芸術家であったろうと思われます。とにかく、人間の優秀な機能を指し示すものは、歴史の大部分を通じて、道具ではなくて表象でありました。この二つの資質が必然的に相並んで発達したことは疑う余地がありません。何故なら芸術それ自体がすばらしい運動《モーター》神経の協働と筋肉感覚の反応に依存しており、その表現のために身体の内外に、ある種の道具を必要としているからです。けれども、これが真実であるにしても、オルフェウスはプロメテウスと同じ高さで讃めたたえられなければなりません。

私がマンフォードに引っかかるのは、「必然的に相並んで発達したことは疑う余地」がないのに、なぜ人間は、「道具作りである以前に」言語製作者であったろう、と言わねばならないのかという一点につきる。「新生」のためには、敢えて〈技術〉と〈芸術〉の現代社会における位置を逆転せしめよ、と唱えるマンフォードの逆説は了解できるにもかかわらず、その主張のために、いつのまにか技術は道具であり、機械であるという技術観に与《く》みしてしまっているのは、批判されるべきであろう。

言語存在としての人間を重視することはよい。が同時にホモ・ファーベルとしての人間も同等に評価すること、むしろ「この二つの資質が必然的に相並んで発達した」歴史的・社会的事実を根拠に、われわれは、われわれの人間観、世界観を構築し直すときであろう。それは相互に関係し合い、作用し合って形成された人間世界の切り離し得ない一つの事実の二つの側面であるのだから。

結局、言語と技術は相互媒介的に形成されてきたものと思われ、したがって技術という人間の行為をその内側に入って眺めるとき、言語の問題を抜きにしては技術自体が成り立ちにくい事情を把握し究明しておかねばならないのである。

『ドイツ・イデオロギー』において、マルクスとエンゲルスは、言語の成立と発展が社会の物質的生活、人間の労働過程と解きがたく結びついていること、言語と人間的思惟が不分不離の関係にあり一体であることを強調し、あるところでは、「思想の直接的現実性は言語」であると言い、そして次のようにも言っている。

われわれは人間が「意識」を持っていることを見出す。しかしこれもそもそものはじめから「純粋」な意識としてもっていたわけではない。「精神」には物質が「憑きもの」だという呪いがそもそものはじめから負わされている。そして物質はここでは動く空気層、音、約言すれば言語の形式においてあらわれる。言語は意識と同じほど古い。——言語は実践的な意識であり、他の人間たちに対しても現存するところの、したがって私自身にとってそれでこそ現存するところの現実的な意識であり、そして言語は意識と同じく他の人間たちとの交通の必要、必須ということからこそ成立する。なんらかの間柄が現存する場合、それは私にとって現存するのであり、動物は何ものに対してもなんらかの「間柄を持つ」ということがないし、そもそも「間柄というものを持つ」ような主体では全然ない。動物にとっては他のものに対する間柄は、間柄としては現存しない。したがって意識はそもそものはじめからすでに一つの社会的産物なのであり、およそ人間たちが存在するかぎり、社会的産物であることをやめない。意識は当然まずはじめは、最も身近な感性的環境に関する意識、および意識的になりつつある個人の外に在るところの他の人間や事物との限られたつながりの意識であるにすぎない。同時にそれは人間たちに、はじめは一つのとことんまで疎遠で全能で不可侵な力……そういう力として立ち向かってくるところの自然についての意識であり、したがって自然に対する一つの純粋に動物的な意識である(自然宗教)。

この自然宗教、またはこの特定の、自然に対する態度が社会形態によって条件づけられており、また逆に後者が前者によって条件づけられているということである。どこでもそうであるが、ここでも自然と人間の同一性はまた、自然に対する人間たちの限られた態度が人間相互間の限られた態度を条件づけ、そして人間相互間の限られた態度が自然に対する人間たちの限られた態度を条件づけるというかたちで現れるからである。それは自然がまだほとんど歴史的に変改されていないからこそであり、そして他面、まわりの諸個人と結合関係に入らざるを得ない必須性の意識が、自分は要するに社会のなかに住んでいるのだということに関する意識の発端なのである。

この意識は、人間たちの生産性が向上し、必要が増加し、かつ生産と必要の原因ともなる人口の増加によってさらにいっそうの展開を見せ、新たな意識として磨きをかけられていく。そしてこの過程の進展とともに、労働の新たな分割が起こるのだ。マルクスとエンゲルスがここで言わんとしていることは、人間の世界は歴史的に形成されてきたものであり、それは言語と労働技術を現実的な土台にしているということなのである。言語と技術は人間の世界を形成している最も基本的紐帯なのである。言葉を変えていえば、われわれにとってのこの世界はこの二つの紐帯を基本にして複雑に結び合わされた共同存在的構造をもつところの歴史的世界だということである。したがって、われわれがめざす環境理論も、一つは技術論を基礎にして構築するという作業と、他方、言語論を媒介にして形成されるであろう一般記号論を手がかりにして環境の意味論的な解明へ向かわなければならないであろう。機能主義から象徴主義へと進んできた私の思考は、さらに進んでそのいずれをも止揚し得るであろう。「共同環境形成論」の確立へと前進しなければならない。

六　価値としての技術

山田慶児[*58]の技術論は武谷三男のそれを根底からくつがえしている。むしろ山田にとっては武谷のかの有名な概念規定――「技術とは人間実践（生産的実践）における客観的法則性の意識的適用である」――は、技術とは応用科学であるという俗論のいいかえにすぎない。山田にとって、乗り超えの真の対象はレオナルド・ダ・ヴィンチである。

「経験から生まれる認識を工学的といい、精神の中に生まれて終わるそれを科学的と称し、科学から生まれて手の操作に終るそれを半工学的と呼ぶ」というレオナルドの言葉を取り上げて山田は、武谷よりこのほうがはるかに柔軟な構えをとっているとして、次のように指摘する。「ここで工学・科学・半工学という言葉を、技術・科学・工学とおきかえてみれば、そのことはただちに明らかになる」と。

確かに、レオナルドは柔軟である。にもかかわらず、山田はレオナルドの思索のうちに、「技術とは経験から生まれる認識であるという貴重な指摘にもかかわらず、経験の豊かな内容をすべて科学に奪われ、技術がたんなる手の操作に堕していく論理的なすじみち」をも読み取る。

山田は、操作としての技術から思想としての技術へ、すなわち、技術の奪回をめざす。「わたしがあえてレオナルドを想起するのは、中世の職人的世界への憧憬によるのではない。科

*58　山田慶児
（1932〜）
科学史家。宇宙物理学を学んだ後、西洋史学を学ぶ。京都大学人文科学研究所教授を経て国際日本文化研究センター教授を歴任。著書に『混沌の海へ　中国的思考の構造』（朝日選書）など多数がある。

学と技術と芸術が単一の人間的活動でありながら、しかも分裂を内包せぬ思想的可能性を原理的に追求せんがためにほかならない」のであり、「おお万象の思索者よ、ふつう自然のおのずから導き出すものを知って自慢するな。おまえの頭脳によって工夫されたものの目的を認識することをよろこべ」というレオナルドの言葉を取り上げ、「ものを知ることでなく作ることに、それはこうであるという認識でなく、そのためにこれをつくるという実践に、自然をある原理から演繹することでなく、人間の手で自然を征服することによろこびをみいだしはじめた近代人＝技術人の、それはかがやかしい宣言であった」と考える。そして、「技術を明確な目的意識をもって頭脳によって工夫することと把握し、技術の本質の一側面をみごとに摘出して、それを一つの思想として観照者の思索のうちに位置づけた」のであり、「技術とよばれる人間活動の一領域の自立宣言でもあった」と評価する。

けれども、レオナルドが「科学を知らずに実践に囚われてしまう人はちょうど舵も羅針盤もなしに船にのりこむ水先案内人のようなもので、どこへ行くやら絶対に確かでない。常に実践は正しい理論の上に構築されねばならぬ」と言うとき、そこに、「実践をとおして得られる経験に対するまごうかたなき蔑視」を読み取る。「科学は将校であり、実践は兵である」「工夫するのは主人の仕事、実行するのは召使い」というレオナルドの言葉をそれに結びつけて考えるとき、その社会的意味が一挙に暴露され、職人階級が知識人としての高級職人とマニファクチャーのなかで単純作業をおこなう労働者とに分化し、高級職人が科学を生みだし始めたときの、高級職人の思想にほかならなかった」ことが明らかになるという。

山田慶児のきわめてユニークな、技術についての概念規定の要点をここに抜粋しておこう。

技術とは人間の行動の一形態である。もっと端的にいえば作るという行動の形態である。ただし、行動ということばには、それにともなう心的過程も含ませることにする。作る行動は三つの主要な特質をもつ。第一は、ある目的にとって最適なものを選択するという特質である。これを価値的特質と呼ぼう。第二は、選択的に決定した作るべき作品を、あらかじめ頭の中に作り上げるという特質である。これを構成的特質と呼ぼう。第三は頭の中に作ったものを自然の素材をつかって対象的世界に実現するという特質である。これを外在化的特質と呼ぼう。論理的にこの三つの特質を一連の過程と考えることはできる。

有効さと好ましさの組み合わせのうえに、最適性の概念が成立する。「技術の世界はなによりもまず価値的な世界である」。

価値的選択が技術の特質であるということは、技術そのものは善でも悪でもなく、使い方によって善にも悪にもなりうるようななにものか、ではないことを意味する。

技術はつねに生産様式のなかの技術であって、それを支える価値体系ときりはなすことができない。だから、技術の内包するマイナス価値の実現を公害と呼ぶならば、ブルジョア的生産様式のもとでは、技術は不可避的に公害をともなう。なぜなら、利潤追求のために作られるのであって、人間の生のために作られるのではないのだから。

技術の発展に普遍妥当性と客観的必然性などは存在しない。たかだか特定の生産様式のもとで価値体系によって選び取られたみせかけの妥当性と必然性が存在するにすぎない。作る行動が豊かさを回復するためには、作る目的を与える価値体系を、作る人間の手に奪回しなければならない。

さしあたって制作品は自己であり、構成過程は自己形成過程である。それがまさに創造的な過程であるのは疑いをいれない。

近代科学は自然の対象を把握する三つの基礎的な概念をつくり上げてきた。すなわち物質（実体）・エネルギー・情報である。いまや、情報の時代が訪れた。……自然および自然としての人間がその具体性と個体性に加えて意味性さえも獲得し始めたのだ。

技術は自然を総体性においてすくいとる。技術は物質を具体的な全体として取り扱う。その具体性と個体性と意味性をまるごと取り扱う。素材一般から制作品一般を作りだすのではない。この素材からこの制作品を作るのである。

技術から直接的経験の要素を消しさることはできない。科学が技術に代位しうるというあらゆる幻想にもかかわらず、技術を科学理論に基礎づけられた操作たらしめようとするあらゆる願望にもかかわらず、生産過程における技術は、直接的経験に満ち満ちている。経験を無視しては対象的世界に実現すべき制作品を頭の中に構成することさえできない。

作られるものに価値を置くか、あるいは、作ることないし作る人間に価値を置くかである。後者の立場にたてば、人間の外在化の過程としての生産過程は、技術における客観的な諸要素と作る人間とのかかわりは、今とひどく違ったものになるだろう。

わたしたちは作る行動の全過程を作る人間の手に奪回しなければならないだろう。そのとき、技術はたんなる操作ではなく、もろもろの人間的価値をふくみ、またそれを作りだす思想的ないとなみとなるだろう。外からあたえられる価値体系を実現するための手段ではなく、それ自体がひとつの価値体系となるだろう。科学技術と芸術が単一の人間的活動である展望が、そこに開かれるだろう。(「土法の思想」『デザイン批評』9号所収)

私は、デザインは芸術と技術の統合だと書いたことがある。また10年以上前に、丹下健三のデザインの欠陥が技術を手段とみなす思想に起因することを指摘し、前川國男設計事務所*59の〈福島教育会館〉における試みを、それとは対照的に、技術そのものを人間的に思想的に捉え返そうとしている、と評価したことがある。当時の私は武谷的な技術論に深くとらえられていたのだが、しかしデザインというものを考えれば考えるほど、そして批評という行動

*59 前川國男(1905~1986)東京帝国大学卒業後渡仏、ル・コルビュジエの元で学び、帰国後はアントニン・レーモンド事務所を経て1935年に自身の設計事務所を設立。戦後の日本のモダニズム建築を主導した。木造の自邸は東京都小金井市の「東京たてもの園」に移築保存され公開されている。

のなかでは、その理論、その概念規定を破り捨ててしまっていた。この矛盾に気がついていなかったわけではない。がしかし、すすんで自らの技術論を構築するという作業をば怠り、いわばマンフォード流に、芸術の強力な導入によって技術を再生せしめようという方向に、知らず知らずのうちに陥っていたように思われる。

山田慶児の理論は、私のかつていだいていた問題意識を想起させてくれた。技術がそれ自体の内包する力によって再生するという道が、彼によって切り開かれたことを認めざるを得なかった。

山田慶児の技術概念は、ほとんど私たちの考えているデザイン概念に近い。というより、むしろせまい意味でのデザインを含む、より包括的な概念である。建築について言えば、企画・設計（構造計画、設備計画を含む）・施工の建設の全過程を貫く、人間の行動を捉えるものである。われわれは、デザインの概念をそこまでひろげてもよいのだ。なぜなら、作品を指してデザインと呼ぶことも、ごく普通のこととなっているのだから。そのとき、制作する、あるいは建築するという行為を具体的な全体として取り扱うとき、それはデザインであり、同時に技術であり、それは同一の事業に対する二つの名づけ方であるというにすぎなくなる。しかし、この二つの名づけ方には微妙な差異が感じられてならない。

技術は自然を総体性においてすくいとる。そのとき物質（作品）は、人間の作品として具体性と個性と意味性を帯びてわれわれの前に現前する。われわれは、その作品を作る立場から享受する立場へと移行していることに気づく。目的が実現したのである。目的、それは意味と価値の創造であった。新しい世界、それは新しい意味の世界であり、新しい価値体系の実現なのだ。それは言ってみれば、「物か意識か」の二者択一には無関係な哲学的な直観を含み、メルロ＝ポンティ＊60の表現にしたがって言えば、「歴史的意味の理論」を含んでいるような、言語学によって構想されているような記号理論の世界なのではなかろうか。

デザインの世界では、視覚言語という言葉がはやっている。しかし、建築とか、都市とかを対象に考えたときには、視覚言語では十分でないのだ。視覚言語は、イメージ思考と関連しているわけだが、しかし人間の思考にはその他に身体的思考と観念的思考とがあり、それらの三つが相互に媒介し合い作用し合って、全体としての思考作用を構成していることを考えなければならない。ところがわれわれの言語、生きた言葉というものは、そのすべての思考作用を兼ね備えたすばらしい存在なのである。心的過程を含んだ人間の作るという行為、技術のあらゆる過程に働く身体的、イメージ的、観念的な思考は、言語による思考と不可分離に結びついている。さらに作品を享受する人間の行為について考えても、同様にすべての思考が参与することによってこそ、人間的な意味と価値の世界がわれわれの面前に開示されてくる。このような世界は、ほとんど「情報化された世界」であり、記号（象徴）化された世界であり、しかも言語的交通の媒介によって共同主観的に意味づけられ、ゲシュタルト的に分節化している世界なのである。さらに言えばこの言語的交通に媒介され共同主観的に意味づけられた〈なま〉の知覚的世界、つまりわれわれの環境全体を記号（象徴）として見るということは、言語を超えた非言語世界を言語＝記号として見る立場へ移行していることを意味するのである。われわれはそのとき、われわれの環境世界、生活世界をデザインの世界、意味の世界、価値の世界として見ているのである。環境デザインへというこんにちの動向は、意味と価値の世界の拡張と質的転換が、われわれにとって切実な要求になりつつあることを示すものとして捉えなければならないことを悟らせるのである。

＊60 **メルロ・ポンティ**（1908〜1961）フッサールの現象学に強い影響を受けたフランスの哲学者。精神と身体という対立を知覚における認識の生成にまで掘り下げた理論は、「身体性の哲学」と呼ばれる。『知覚の現象学』『行動の構造』（ともにみすず書房）などを著し、アートの分野にも大きな影響を与えた。

そこで今後、環境を記号（象徴）として捉える立場に立つとき、デザインという言葉を使用することにしよう。すなわちデザインは記号であり、デザインの世界は記号の体系・集合である。

山田慶児の技術論をデザインの世界に翻訳し、そして完成させていくためには、われわれは言語学を媒介にして構想されているようなモリス[*61]の一般記号論をも手がかりにしながら、環境の共同主観的な存在構造に肉迫していかねばならないであろう。

そのさい、マルクスやフッサール[*62]やハイデッガー[*63]の思想が、その言語学ではソシュール[*64]の業績が、われわれに多くの示唆を与えるものであることはいうまでもない。

七　記号と環境――言語モデル的空間論覚え書

1

われわれはしばしば思考と行動を切り離して、たとえば考える人間と対立する意味合いにおいて、行動する人間というものを想い浮かべる。思考が行動の延期であり、留保であるかぎりにおいて、この思考と行動の区別は現実的な根拠を持つ。しかし思考は、問題解決のための可能な行動のあり方を、頭のなかで下描きするのであり、あくまで行動を前提にしているのだ。決して行動を断念しているわけではなく、行動を前提にした行動の内化である。それゆえ、思考は行動の内化としての一種の行動であり、また逆に行動は、思考の外化としての思考でもあるということもできるものなのだ。

＊61　チャールズ・モリス（1903〜1979）アメリカの哲学者、記号論者。『記号理論の基礎』（勁草書房）などを書いて、行動主義的記号論を開発した。

＊62　エトムント・フッサール（1859〜1938）オーストリアの哲学者、数学者。数学理論の研究から論理学へ向かい、「現象学」を大成させ、サルトル、ハイデッガーなどさまざまな分野に大きな影響を与えた。著書は『現象学の理念』『内的時間意識の現象学』（ともにみすず書房）ほか。

＊63　マルティン・ハイデッガー（1889〜1976）ドイツの哲学者。フッサールの現象学、キェルケゴールやニーチェの実存主義に影響を受け、独自の存在論哲学を展開した。著作は『ハイデッガー全集』（創文社）、『ハイデッガー選集』（理想社）ほか。

＊64　フェルディナン・ド・ソシュール（1857〜1913）スイスの言語学者、哲学者。言語学を通時言語学と共時言語学に二分した構造言語学を

ところで、思考は言語と切り離して考えられない。思考がまずあってしかるのちそれを言語というvehicleで表現し伝達するのだ、という考えは批判されねばならない。なぜなら、この考え方の背後には、人間の知覚ないし知覚的世界は、言語活動とはまったく独立に存在しているという、暗黙の了解事項が隠されているからである。けれども、この了解事項は特殊近代的な世界観と結びついた言語観特有のものであり、言語記号は「外なる事物」をも写し出すが、直接には「内なる観念」とかかわるものとされ、対象的世界との関係はたかだか間接的だとされる。しかしそもそも「内なる観念」などというものは存在せず、「内なる観念」なるものが言語的表現・理解の構造にとって決して必要条件でないことは、「観念」をともなわぬ言語的交通が存在すること、またとても観念や心像を形成することの不可能な言語的表現が可能であることなどに照らしても、いい得ることである。

言語が歴史的に成立してからというもの、「思考」は無論のこと、現象的に与えられる知覚的世界そのものが、言語的交通と無縁なかたちでは存立し得なくなった。知覚そのものが記号（象徴）的なあり方を示し、言語的記号がそれを最も典型的に具現したものにほかならない。言語表現は記号であり、そのために分節的である。そして現象的世界は言語による媒介によって意味づけられた分節として、われわれに対して現前してくるほかないものとなる。

思考には、身体的思考と心像的思考と観念的志向がある、と前に述べたが、これは思考が知覚を前提にしてはじめて、可能になることを意味している。反射的行動では、刺戟に対して反応がただちに起こるので、知覚さえ生じないことがある。しかし知覚は、刺戟に対してただちに反応するのではなく、刺戟を比較考量し、適切な反応を選びとるものとして、刺戟と反応のあいだに介在する。知覚は、したがって行動の下描きを可能にするものであり、思

創始した。生前、著作は残さず、『一般言語学講義』（岩波書店）は講義録を復元したもの。

考の前提条件を整えるものである。思考は知覚に基づいて、その働きを開始する。しかしここで知覚は、純粋な感覚ではなく、むしろ記憶や想像力を内に包むものである。だから、記憶に基づく学習という行為がなければ、知覚は正常に働かないのであり、また想像力なしには知覚は発見的たり得ないのである。けっきょく知覚は心的・生理的な働きであり、知的作用であり、それはすでに思考の始まりである。そして、思考作用との相互作用によって、思考作用が歴史的・社会的に共同主観的な言語的交通によって形成されてきたと同様に、歴史的・社会的に形成されてきたのである。

マルクスも『経済学・哲学草稿』のなかに次のように書きとめている。

社会的人間の諸感覚は、非社会的人間のそれとは別の諸感覚なのである。同様に、人間的本質の対象的に展開された富を通じてはじめて、主体的な人間的感性の富が、音楽的な耳が、形態の美に対する目が、要するに、人間的な享受をする能力のある諸感覚が、すなわち人間的本質諸力として確証される諸感が、はじめて完成されたり、はじめて生みだされたりするのである。なぜなら単に五感だけではなく、いわゆる精神的諸感、実践的諸感覚（意志、愛など）、一言でいえば、人間的感覚、諸感覚の人間性は、感覚の対象の現存によって、人間化された自然によって、はじめて生成するからである。五感の形成はいままでの全世界史の一つの労作である。粗野な実際的な欲求にとらわれている感覚は、また偏狭な感覚しかもっていない。

人間にとっての直接的な感性的自然は、直接には人間的感性（同一のことを示す表現だが）であり、間接には彼にとって感性的に現存する他の人間として存在するからである。すなわち彼自身の感性は、他の人間を通じてはじめて、彼自身にとっての人間的感性として存在するからである。しかし〔他方〕、自然は、人間についての科学の直接的対象であり、人間の第一の対象——人間——は自然、感性である。そして特殊な人間的な感性的本質諸力は、自然的な諸対象のなかでのみ、みずからの対象的実現を見出すことができるように、ただ自然存在一般の科学のなかでのみ、みずからの自己認識を見出すことができる。思惟そのものの基盤、思想が生命発現する基盤、すなわち言語は感性的な性質のものである。

言語あるいは言語表現によって与えられる情報は、観念とか表象とかいった心像のかたちで与えられるわけではない。われわれにとって、それはさしあたり言語音声とか文字形象といった「感性的形象」にすぎない。ところが、この感性的与件がわれわれにとっては、それ以上のあるものとして意識されることによって、情報的に表現された世界が現前してくるというところに、情報によって伝達される世界が、ほとんど知覚的世界とほとんど同様な実在性をもつ所以があるのだ。このような事態が起こるのは、情報（記号）の伝達者と受信者が、ソシュール言うところの〈ラング〉*65を共有し、いわば「眼を共有」しているからにほかならないのであり、受信者も伝達者も、ともに当該記号体系の「ラングの主体」ともいうべきものに共同主観的に自己形成をとげているのが前提条件なのである。

「たとえば」とメルロ＝ポンティも述べている。「言語学によって構想されているような記号理論は、おそらく〈物か意識か〉という二者択一とは無関係な、ある『歴史的意味の理論』を含んでいます。生きた言葉というものは、そうした精神と物とのまことに困難な凝結なのです。話者は、話すという行為やその調子・スタイルなどにおいて、おのれの自律性に立ち会っているわけですが……しかし彼はその同じ瞬間に、何の矛盾もなく、言語学的共同体に向けられており、国語の支配下におかれています。話そうとする意志は、理解してもらおうとする意志と同じものだからです。このように組織の中に個人が、個人の中に組織が存在しているということは、言語学的変化が起こるような場合に、はっきりしてきます。というのは、

＊65 ラング
ソシュールは、社会に共有される言語上の約束事（言語の社会的側面）をラング、個人的な話し言葉をパロールと分け、「ラング」を共時言語学の対象とした。

一人ひとりの話者に対して、一定期間の国語の中にある弁別手段を新しい原理に従って使用するよう示唆するのは、しばしば、ある表現形式の消耗だからです」。またさらに続けて、「表現意志と表現手段との相互関係には、生産力と生産様式との相互関係、もっと一般的には歴史的諸力と制度との相互関係が対応します。国語が、互いに相対的な関係においてしか意味を持たない諸記号の体系であり、またそのいずれもが国語全体の中でそれに帰せられるある使用価値において互いに区別される諸記号の体系であるように、一つひとつの制度も一つひとつの象徴体系であって、各自は、自分で気づく必要はないにせよ、それを自分の活動様式とし全体的布置としながら、それにおのれを組み入れるわけなのです。その平衡が崩れたり、それが再組織される場合にも、国語の場合と同様、それが必要に迫られて誰かによって明確に考え抜かれた上で行われたものでないにもかかわらず、ある内的論理に従って行われます。その平衡の崩壊と再組織とがはっきり分極化してくるのは、われわれが同一の象徴体系への参与者としてお互いに他人の面前に存在しているという事実によるのであって、それはちょうど、国語のさまざまの変化が、われわれの話そうとする意志と理解してもらおうとする意志とによって分極化されるのと同じことです」と、われわれがさまざまな象徴体系を共有していること、歴史の諸形態や諸過程・階級さらには時代などが、まさにこうした「意味」として、また行動の論理として、社会的・文化的あるいは象徴的空間に存在していることに言及している。もちろんのことポンティは、こうした「象徴的空間は物理的空間に劣らず実在的」であるばかりでなく、「物理的空間に支えられている」ことを認めており、その理由として「〈意味〉というものは単に言語や政治的、宗教的諸制度の中を貫いているばかりではなく、血族関係・施設・風景・生産など、一般に人間的交渉のあらゆる様式の中をも貫いている」ことを指摘している。ポンティによれば「それらの現象はすべて、それぞれ一つの象徴系であり、そしておそらくは象徴系どうしの相互翻訳であってみれば、それらを互いに比較照合することも可能」ということになる。

ここにはポンティによるマルクスの思想の再生がみられる、と私は考える。ポンティは、「マルクスの新しさは、歴史の原動力を人間の生産力に置き、また哲学を生産力の運動の反映として取り扱うことにあったのではなく、むしろ哲学者の手管《てくだ》……を、あばいたことにあった」としながらも、「歴史はいっさいの意味がそこで形成される〈場〉、特に概念的あるいは哲学的意味が正当性を持つものとして形成される〈場〉」であるという彼の主張の中に、マルクスが〈実践〉と呼んだものを復活させるのである。彼によれば、マルクスの〈実践〉と呼ぶものは、「人間が自然や他人と取り結ぶ諸関係を組織していく場合のいろいろな作用の交錯によって、ひとりでに描き出されるその〈意味〉なので」あって、したがって、「実践が、最初から、普遍的ないし全体的歴史の理念によって支配されているのではありません」と主張されるが、このポンティのマルクス理解に共感をいだく人びとはおそらくは今後とも多くなっていくことだろう。

ところで、いまわれわれにとって重要なことはほかでもない。ポンティが〈意味〉というものを単に言語や政治的・宗教的諸制度だけでなく、血族関係・施設・風景・生産など、つまりありとあらゆる人間的交渉の様式の中に認めていることであり、言葉を変えていえば、それらをすべて一つの象徴系とみるばかりでなく、さらにそれらの象徴系同士が相互に翻訳し得る関係にあることを示唆していることである。この視点の獲得は、とりわけ建築や都市や風景、つまりわれわれが「物的環境」と呼ぶものの再組織を意図するとき、きわめて重大な意義をもたらし、新たな行動の論理へとわれわれを向かわせるものとなるに違いないのだ。言語学によって切り開かれた記号論は、非言語的世界、「生活の言葉なき象徴系」へと拡張されていく。血族関係・施設・風景・生産の領域がすべて一つの象徴系として捉えられることになると、当然のことながら、それはデザインの世界、グラフィックから工業デザイン、建築、インテリアから都市デザイン、けっきょくわれわれを取り巻く広大な環境デザインの対象領域が、新たな意味の世界として立ち現れ、それぞれの記号体系が相互に翻訳可能であるとすれば、その世界は複合的でかつ両義的な意味深長な存在として、われわれの前に姿を現してくる言語的世界より、いっそう広大な記号的世界に立ち会うこととなる。

2

ウルマン*66は、記号論の成立について次のように述べている。

今世紀の知的活動の徴候というべき大特色の一つは言語的なことに人が次第に興味を示してきたことである。W. H. Urbanがこの言語に対する関心を診断して、人間文化が〈危機〉に達するときいつも現れる、史上常に見る現象であるとしたのは人を肯かせる。今度は第5回目の再現のようで、ほかの4回は、(1)ギリシャのソフィストたちの時代、(2)中世スコラ派時代の後半、(3)18世紀の認識論、および(4)19世紀の観念論的反動がそれである。

この関心によって呼びさまされたさまざまの運動のうちで二つのもの（言語学的なものと哲学的なもの――筆者註）がSemantics（「意味論」）と自称するようになった。ただ両者のあいだにも、そのいずれかと意味の言語学的研究とのあいだにも、ほとんど関連はないのである。哲学的意味論は論理的実証主義の一部門である。……ウィーン学派*67の寄与やいくつかの行動主

*66 スティーヴン・ウルマン（1914〜1976）ハンガリー出身でイギリスで活躍した言語学者。著書『意味論』は紀伊国屋書店から。

義的テーマで内容を整えたりして、この新科学はチャールズ・モリスの手でそのいわゆるセミオティック（Semiotic）すなわち、一般記号理論のいっそう広い枠組の中へ統合されたのである。その見解はカルナップ*68（Rudolf Carnap）によって裏づけされてもいるが、この学者によればセミオティックは、三つの下位部門に分類される——(1)意味論（Semantics）は記号と対象との関係を研究する。(2)実用論（Pragmatics）は記号と解釈者との関係を論ずる。(3)統辞論（Syntoctics）は記号相互の形式的関係を研究する。

哲学者のうちにはなお歩を進めて、言語学一般は「記号論」（Semiotic）のうちに取り入れるべきだと論じたものもある。このことを示唆するにあたって、Morris 教授は、記号理論の三分野——意味論、実用論、統辞論——はまた言語学の三部門を成すべきこと、記号論はインド・ヨーロッパ語の偏見のない、世界のあらゆる言語の記述に用いることのできる一種の「代用言語」（meta language）、統一された用語を言語学者に与え得ることを示している。（山口秀夫訳『意味論』）

しかし、「このような希望は、あまり結構すぎるかもしれない。また、このような計画に内在する先験的な含意は経験論者には気にそぐわないかもしれない」としながらも「しかも否み得ないのは、その名にふさわしい記号理論がほんとうに成り立つとすれば、言語記号はほかの象徴や記号と同様に自動的にその限界内に含まれる」ことになろうとしている。そしてこのような一般記号理論の志向はすでにソシュールによって「記号学」（Semiology）が主唱されたときから予想されたことだが、ただソシュールの心の中にあったのは単なる社会的記号で「言語が文字、聾唖者アルファベット、象徴的儀礼、敬譲形式、陸・海軍・交通信号などと並んで表れる〈社会生活の中の記号の生命を研究する学〉だった」のであり、このなかにはたとえば記号論理学（Symbolic logic）などを入れる余地のあるものではなかったという。

モリスにあっては、記号論は、刺戟→生活体→反応という生物体の一般行動を論じる術

*67 **ウィーン学派**
20世紀前半に、ウィーンで繰り広げられたさまざまな学問、芸術領域の活動。

*68 **ルドルフ・カルナップ**
（1891〜1970）ドイツの論理実証主義の哲学者で、ウィーン学派の中心的役割を果たした。関心を科学的知識に向け、科学哲学論を推進した。著書は『意味と必然性』（紀伊国屋書店）など。

語体系の上に、厳密な科学として樹立されることが目的とされ、「セミオティック」という新しい名のもとに人間の思想・行動を記号使用の観点から包括的に捉えようとするわけであるから、論理・数学などの記号行動から科学的・神話的・芸術的、つまりありとあらゆる人間行動をその理論の射程距離におさめようとするのである。

そして芸術も、その如何を問わず、記号現象として捉えられることになる。細井雄介[*69]によれば、モリスの考える科学としての美学理論の原理は次の二点に立脚するものである。

一、芸術作品は記号であり、それゆえ美学は記号論の一部をなす。
二、美的記号は、記号論的概念と価値論的概念の併用によって、これを他の記号から区別することができる。
美的記号論は下位部門として次の三つの次元をもつ。
一、美学的統辞論は美的記号の記号相互間の関連を研究する。
二、美学的意味論は美的記号の意味と対象との相関を研究する。
三、美学的実用論は美的記号とその創造者および解釈者との関連についての諸問題を研究対象とする。

（細井雄介「モリスの記号美学」『講座・美学新思潮3＝芸術記号論』所収）

このようにして、「美学が記号論の広汎な視野のもとに捉えられるとき、科学・技術論・哲学・宗教などの記号形式と相まって主要な人間活動の相互関係の分類に新しい途が開けていくであろう。こうして美学への記号論的なアプローチは美学にとって意義あるばかりでなく、芸術が人間活動と文化の全領域に対して持つ関連に広い示唆を与えることができる。この観点をとると、芸術・科学・技術論は相互に補足的であって決して競合的ではない人間活動の諸形式として理解されるようになる。芸術は価値を呈示し、価値の意識的制御と再構成とを

*69 細井雄介（1934〜）
美学者。聖心女子大学で長く教鞭をとり、名誉教授。ベネデット・クローチェ『美学綱要』（中央公論美術出版）はじめ訳書多数がある。

可能にする。科学的価値の認識に重要な知識を提供する。技術論は価値を獲得する技術を供給する。」

モリスの記号論は、このようにして美的記号現象にまで及ぶわけであるが、構想自体はきわめて魅力的であるとはいえ、問題がないわけではない。それは細井雄介も指摘するように、行動主義心理学への固執が「おのずから知覚作用重視の立場をとらせ、その結果、人間行動の長期にわたっての考察すなわち歴史的考察が軽視されることになる」のではないか、ということである。それと同時に、私としては人間の記号的行動の最も典型的に具現されたものとしての言語活動の存在構造が、モリスの記号科学のなかでいかに位置づけられ、かつ比重をもつものとして考慮されているかが、気にかかるところだ。しかしともかく、このモリスの一般記号理論への志向は、われわれのデザイン論に対して、とりわけ大きな実践的な意義と新しい展望を開くものであることは確かのようだ。

3

モリスの構図そのものは、あるいはそのまま いただけるかもしれないが、しかし行動主義がしょせん「近代的世界観」の埒内に留まるものと断ぜざるを得ないとすれば、われわれとしては、そこにあまり長く立ち止まることは許され得ないことである。

記号、特に言語記号は多義的である。それは並列的な多義性ではなく、重層的な多義性をもっている。

言語の機能は、①陳述されるべき関心の対象を指示する機能、②その対象を、しかじかのあるものとして敍定する機能、③対象的事態に関する発話者の措定意識や感情状態を表出する機能、④聴取者に一定の精神的感応や身体的反応を喚起する機能、すなわち、指示、叙定、表出、喚起の都合、四つの機能をもつものとされる。しかもすでに触れたように、この四つの機能は、多重構造を示す不可分の有機的統一体をなしており、それに照応するように、記号の意味の多義性は多重性（重層的複合性）なのではないか、と考えられる。このように、意味の多義性という一点をとってみても、すでにきわめて複雑であるのに加えて、現実の言語活動は、歴史的・社会的に形成されてきた既成のラング体系の存在を前提にして成立するのであり、それはパロール的*70な意味交通の可能性の制約として立ちはだかる共同主観的な社会的体系である以上、パロール的意味限定は、ラング的な要素を外的に持ち込むことによってではなく、一般にはまさにラング的意味機能の総合として与えられるのである。しかし、もちろん、ラング的意味の総合の際に、新しい語彙が加わり、またさらに新しい文体の創造が意図されたり実現されたりすることは事実あったし、これからもあり得ることなのである。こうして言語活動は歴史的・社会的な場の状況のなかでは、複雑なニュアンスと様相をもった表出というかたちをとるのだが、しかもそれにもかかわらずそれが了解可能となるのは、共同主観的に形成されたラング体系の存在によるものなのである。

4

われわれの目標は言語論ではなく、環境論であった。言語論を媒介にして、つまり言語モデルを手がかりにして、環境を記号（象徴）系として把握することに向けられている。しかも言語は、ただモデルとして想定されるだけではなくて、環境（知覚的世界）を記号として意味として捉えていく際、どうしても不可欠の媒介項をなすものと考えられている。環境が

*70 **パロール**
ソシュールが理論づけた「個人的な話し言葉」のこと。⇩ラング（87ページ参照）

記号として見えるのは、言語的交通の媒介によって、それが共同主観的に意味づけられ、ゲシュタルト的に分節化しているからにほかならぬと考えられる。

ロバート・ヴェンチューリ*71の『建築の多様性と対立性』"Complexity and Contradiction in Architecture"は、建築空間の多義性とその機能の重層性に関してきわめてユニークな考察を示すと同時に、建築の創造が歴史的な場のなかで行われるとき、建築が豊かな意味性を獲得し得るためには歴史的伝統的、また慣習的な陳腐な表現要素をも包摂しなければならないことを主張している。私は、最後にこのヴェンチューリに触れながら、「共同環境論」を構築していくべき具体的な手がかりを示すつもりであった。しかし、それは新たな構想のもとに組み立て直さなければならないだろう。

「共同環境論」は技術論と記号論（言語理論）を二大支柱にして構築される。建築・都市の諸施設は総体として一つの社会的制度、社会的システムであり、それはさまざまな象徴体系（記号体系）として歴史的・社会的に形成され、しかもこんにち、崩壊と再組織の危機に直面している。この古い体系の崩壊のなかから生まれ出ようとしている体系がどのようなものであるのか、それを共同体的環境へと再組織するための変革は、どのような技術的行動と記号的行動によって担われ、そして成就し得るのであろうか。技術的行動と記号的行動を単一の行動として捉えていく視点だけは本稿で端緒的といえ、すでに獲得されているのである。

*71　**ロバート・ヴェンチューリ**（1925〜）アメリカの建築家。主著『建築の多様性と対立性』（鹿島出版会）などでポストモダンを提唱し、代表作「母の家」とともに現代建築家に大きな影響を与えた。

地域共同体への現代の視座

鼎談／伊藤ていじ[*1]・神代雄一郎[*2]・平良敬一

この鼎談は、雑誌『ＳＤ』[*3]誌上で１９７１年１月号から4号にわたり「コミュニティ建築は可能か」という連続特集を組んだ際、その巻頭で連続特集全体の問題提起記事とするべく行ったもの。本書収録にあたり、大幅に編集の手を加え、約半分のボリュームに縮めている。

1　なぜ、デザイン・サーヴェイか

平良　まずは、デザイン・サーヴェイ[*4]がどんなことから始まったのか教えて下さい。

伊藤　私がデザイン・サーヴェイの必要性を感じ始めたのは、１９５７年頃から3年間ほど写真家の二川幸夫さんと組んで民家の資料集めをやっていた頃です。１９６２年ごろになって、意識的、具体的に、デザイン・サーヴェイを考えるようになりました。

　１９６３年から65年までアメリカにいて、オレゴン大学を訪ねたときに、建築のリチャード・アラン・スミス先生が、社会学者、政治学者と協力して石川県の金沢でデザイン・サーヴェイをしたいと協力を依頼されました。国は違っても同じことを考えているなと思いました。概念の相違、調査員の組織的な訓練の仕方などとても参考になりました。日本に帰って来ると、生活の近代化、都市化、交通手段の発達、コミュニケーションの発達によって、都

＊1　伊藤ていじ
（１９２２〜２０１０）建築史家、建築評論家。日本の民家研究の第一人者。戦後間もない時期に、奈良今井町の町家調査を通じて、民家を重要文化財に指定する道筋をつくった。また、写真家・二川幸夫と全国の民家を旅し、『日本の民家』全10巻（毎日出版文化賞受賞）、『民家は生きてきた』（ともに美術出版社）を出版するなど、著書多数。工学院大学学長、理事長を歴任した。

＊2　神代雄一郎
（１９２２〜２０００）建築史家、建築評論家。近代建築史を専門とし、建築学科設立時から一貫して明治大学で教鞭をとるなか、崩れて行く日本の集落のコミュニティのゆくえに危機感を持ち、主に漁村集落の祭りを核にデザイン・サーヴェイを続けた。また、現代建築批評や建築家の職能についても多くの発言をした。『間―日本建築の意匠』（鹿島出版会）ほか著書多数がある。

＊3　『ＳＤ』
１９６５年1月、建築・都市・芸術の総合誌として創刊した月刊誌。発行は鹿島研究

市はもちろんのこと、農村においてもコミュニティが解体の傾向にあることをひしひしと感じ、伝統的環境に対する危機感は、いっそう増大していきました。デザイン・サーヴェイの理念を確立し、調査方法を研究し、調査の組織をつくっていかなければと思った。デザイン・サーヴェイはまだアカデミックな市民権を得ていませんからね。学会や文部省はあてにならない、つまり援助など期待できないと判断したわけです。同じコミュニティの調査でも、社会学者はわりあい調査していましたが、建築関係の私たちは歴史的調査に限られていたように思います。生態学的調査はやっていなかったのです。

　オレゴン大学の金沢の調査を通じて、社会学者との共同調査はうまくいかないんだなと思いました。オレゴン大は金沢の幸町だけをサーヴェイしたわけです。だから金沢の全貌がうかがえるような調査ではありません。社会学者、政治学者は、幸町だけじゃだめ、金沢市全体がわかる調査でないとだめだというわけです。とどのつまり両分野の調査地が合わない。それで、共同調査を続けることは絶望的でした。それぞれ勝手に調査して、勝手に発表しようということになったはずです。

平良　どういう人たちですか、その社会学者たちは。

伊藤　オレゴン大学東アジア研究会のファルコネリ教授たちです。彼らはその後にも追跡調査をし、幸町を横切る大道路ができて、物理的に町が分断されたばかりでなく、経済的にも社会学的にも変わった。いままであった住民の心理的一体感が極めて稀薄になったと教えてくれました。

平良　神代さんは近代建築史をやっておられて、デザイン・サーヴェイという実地調査に踏み込まれた動機は？

所出版会（現・鹿島出版会）。71年12月号まで平良敬一が編集長を務め、長谷川愛子が引き継いで2000年に休刊。以降は設計コンペ「SDレビュー」の発表媒体に形を変えて年1回刊行されている。

＊4　デザイン・サーヴェイ　ここでは、集落全域を実測調査し図面化することによって、その集落や民家の構成原理やデザイン、そこに暮らす人びとの生活意識や共同体としての原理などを導き出そうとする調査手法のこと。1960年代から70年代にかけて盛んに行われたフィールドワーク。

神代　伊藤さんはたいへん現代的な視点を持った歴史家であって、これから崩壊してゆくだろうその時期に民家をいち早く捉えて、大きい仕事をなさった。1戸1戸の民家の保存などということは、正統な建築史の中ではされていませんでしたが、そこからさらに踏み込んで、伊藤さんはグループ・クロノロジー*5と言われてね、民家はグループで捉えなければ意味がないと言われた先覚者。僕は非常に尊敬しています。

僕の場合はね、もともと設計者志望だったのです。戦争中だったから、いずれ設計に役立つことをやっておこうと思ったことが、近代建築史に取りついたはじめです。で、歴史というよりデザインのほうからアプローチしていく過程で、日本の建築デザインが、明治以来の欧米の形式模倣からちっとも脱けてないということを強く感じていたわけです。デザインのオリジンをどこに求めたらいいか。地方性に注目して、「日本のかたち」なんていうことで、建築に限らず民芸品、工芸品にまで手を伸ばして、何か日本のデザイン活動をやる人のデザイン・ソースを開発するというかな、そういうようなことをやりたいと思っていたわけですね。

そういうところで、ロックフェラー財団にフェローシップをもらい、アメリカ東海岸の植民地時代の集落の保存状態とか、古い漁村なんかを見てまわった。ちょうどチャールズ・ムーア*6がカリフォルニアのシーランチをつくって、認められて、ポール・ルドルフのあとを継いでエール大学の教授になっていました。アメリカの伝統的な建築といまのアメリカのデザインがどう結ばれているかを見たいという僕に対して、ムーアは、それは非常に難しくてなかなか簡単に結果の出るようなもんじゃないと、しきりに言ってました。

そしてアメリカの建築教育を見たんですが、都市の再開発という大きなテーマで製図課題をやっていたけれど、日本のような机上の空想みたいなものをやらせているんではなく、き

*5　クロノロジー
年表、年代記。出来事を年代順に記述すること。

*6　チャールズ・ムーア
（1925〜1993）
アメリカの建築家。サンフランシスコ近郊の太平洋岸の荒地につくった共同住宅「シーランチ」は、自然と人間の共存を追求したもので、自然風土と一体化したその姿は、「アメリカの草の根建築」と評価された。

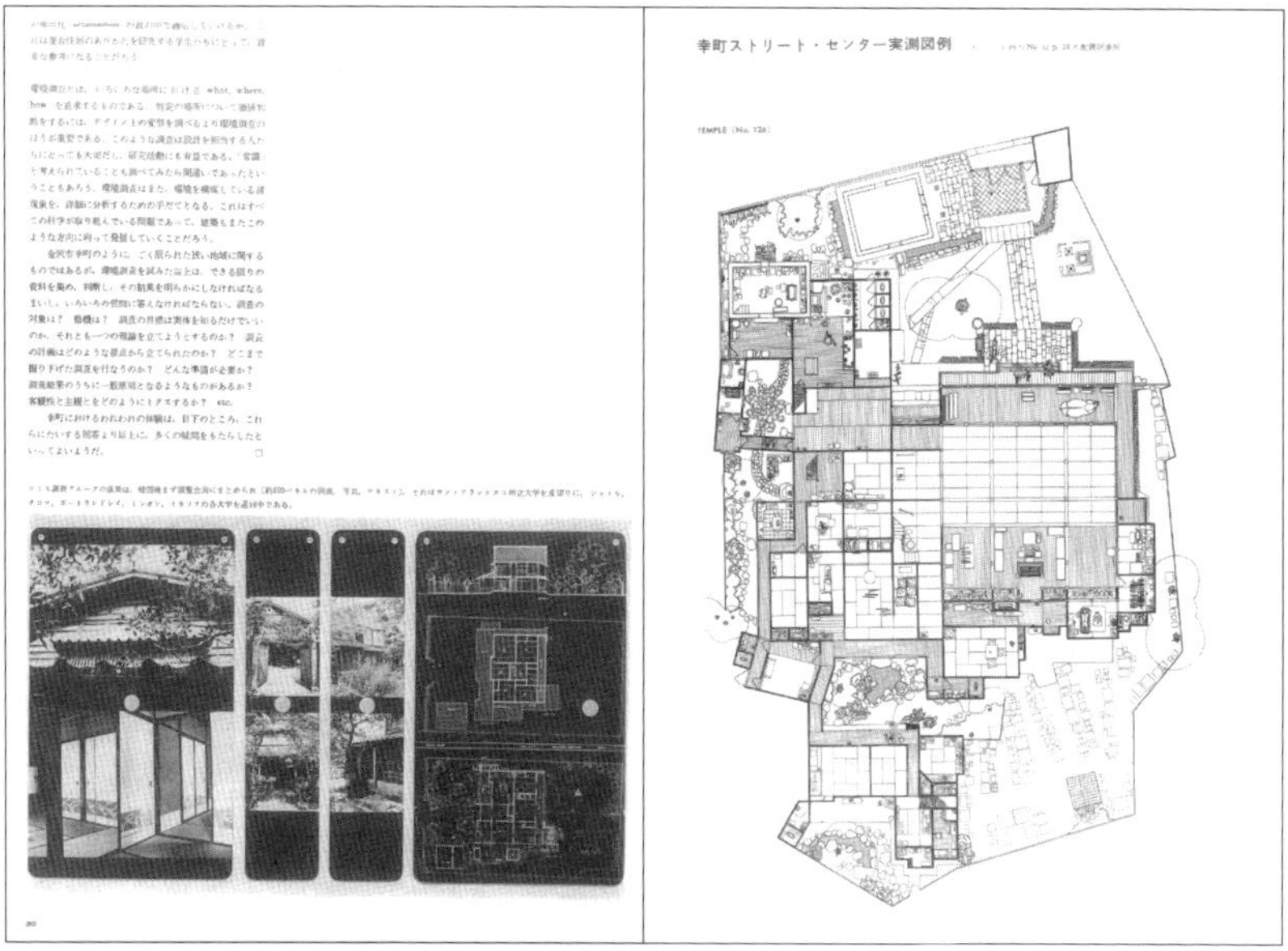

環境調査とは、いろいろな場所における what, where, how を追求するものである。特定の場所について適切な判断をするには、デザイン上の要素を調べるより環境調査のほうが重要である。このような調査は設計を担当する人たちにとっても大切だし、研究活動にも有益である。「常識」と考えられていることも調べてみたら間違いであったということもあろう。環境調査はまた、環境を構成している諸現象を、詳細に分析するための手だてとなる。これはすべての科学が取り組んでいる問題であって、建築もまたこのような方向に向って発展していくことだろう。

金沢市寺町のように、ごく限られた狭い地域に関するものではあるが、環境調査を試みた以上は、できる限りの資料を集め、判断し、その結果を明らかにしなければなるまいし、いろいろの質問に答えなければならない。調査の対象は？ 動機は？ 調査の目標は実体を知るだけでいいのか、それとも一つの理論を立てようとするのか？ 調査の計画はどのような観点から立てられたのか？ どこまで掘り下げた調査を行なうのか？ どんな準備が必要か？ 調査結果のうちに一般原則となるようなものがあるか？ 客観性と主観とをどのようにミクスするか？ etc.

寺町におけるわれわれの体験は、目下のところ、これらにたいする回答より以上に、多くの疑問をもたらしたといってよいようだ。□

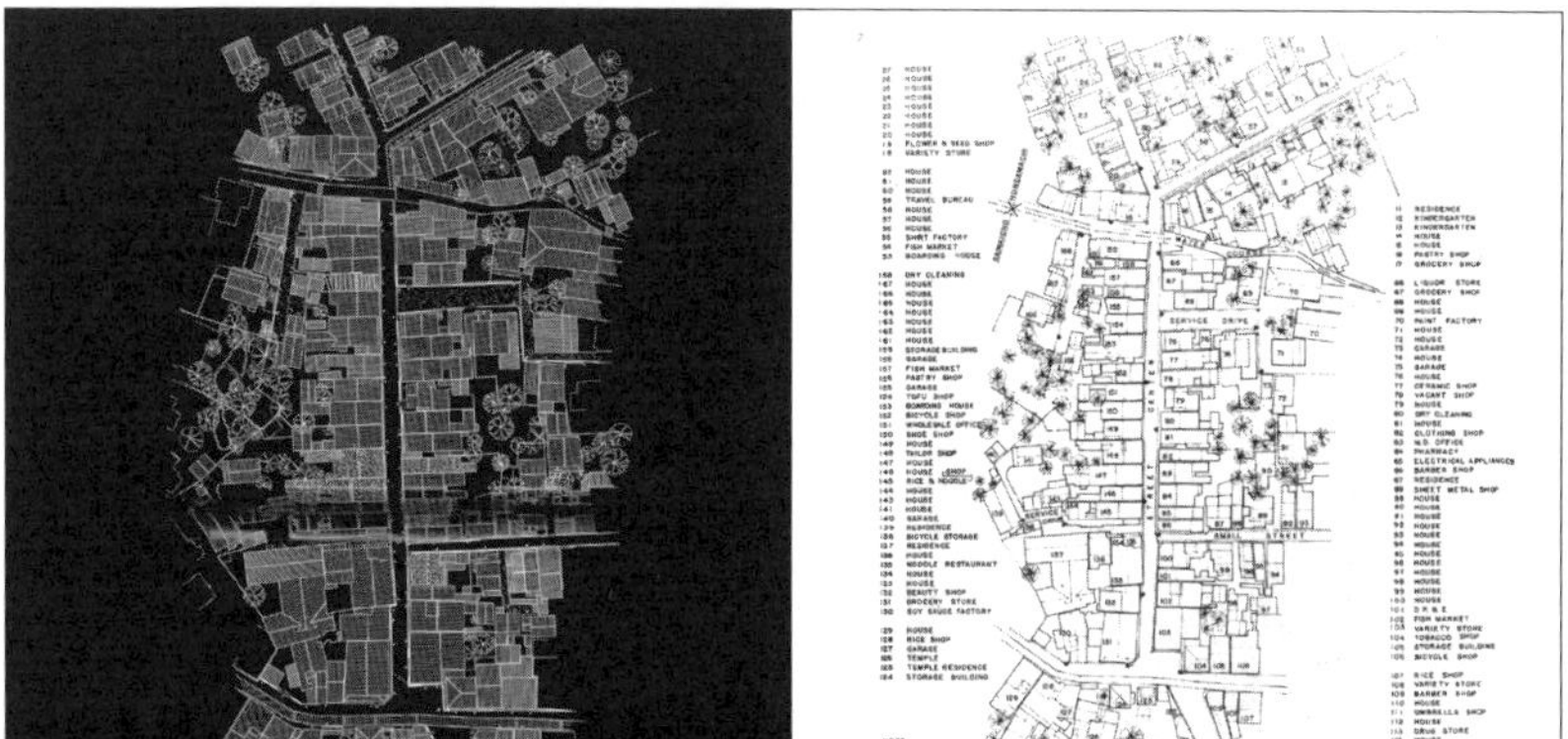

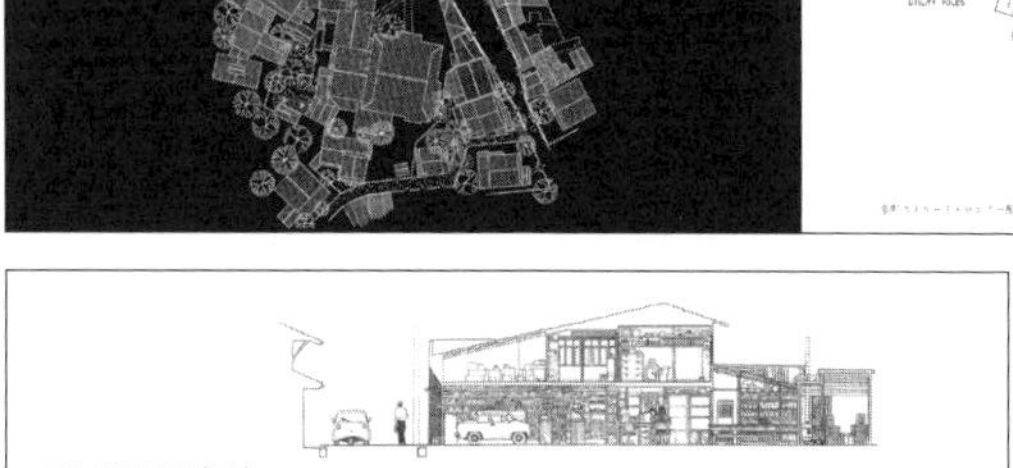

オレゴン大学による金沢デザイン・サーヴェイを紹介した誌面より
『国際建築』1966年11月号（美術出版社刊）。

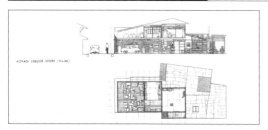

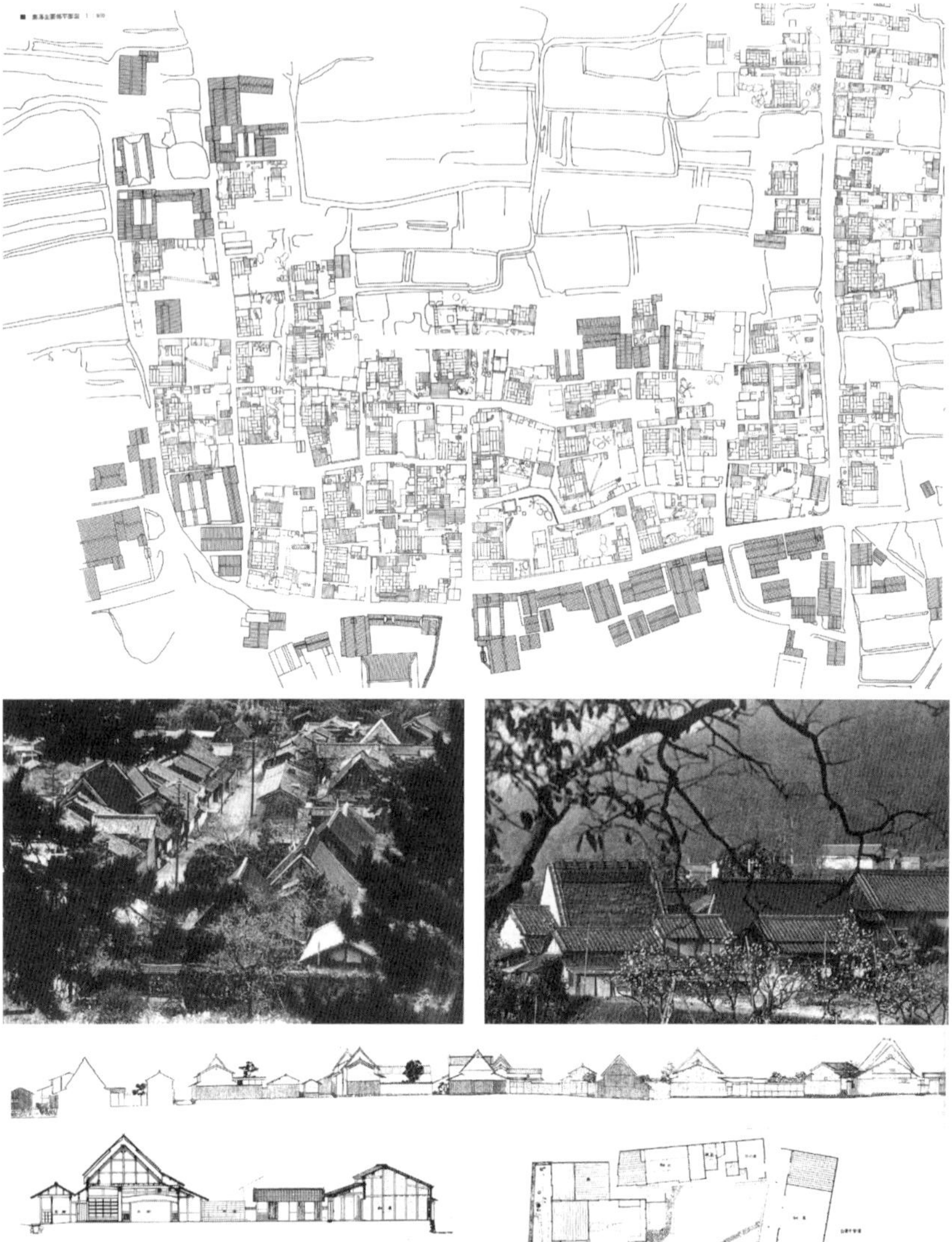

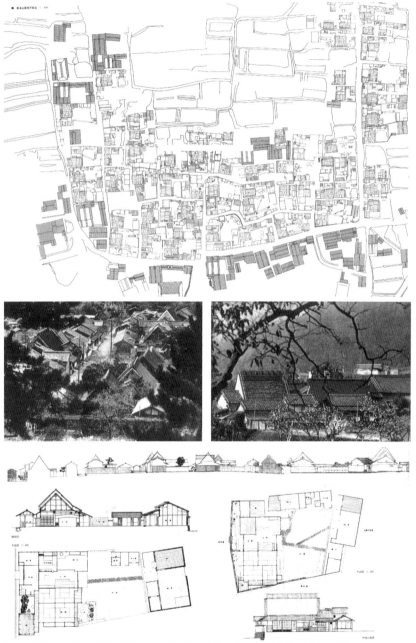

東京藝術大学建築科の学生たちによる奈良白毫寺のデザイン・サーヴェイを紹介した誌面より
『国際建築』1967年3月号（美術出版社刊）。オレゴン大学の金沢サーヴェイと時期を同じくして日本でもこうした動きが始まった。

びしい現実の条件を当てて、それから事前調査を猛烈にやらせてる。つまり、僕らがいまデザイン・サーヴェイでやっているような調査を、その課題の場所に対して実際にやらせているる。なるほどと。いくら僕がデザインの地方性というようなことを言っても、これは何か乗ってこれないんであってね。日本の古いコミュニティをつかまえていまのうちにサーヴェイしておけば、それがかなり直接的に今後の開発の仕事と結びついていく時期はくるのではないかと感じたわけです。それで、いちばん僕を引きつけたのは、漁村。日本の漁村というのはどこも密集形態をもっているんです。これは何か原理があるんじゃないかというようなこと。これから都市の住宅開発は当然ある程度の密集形態をとらざるを得ないですから、こういうものを調べておけば何か結びつきが出てくるんじゃないかということもありました。だから、伊藤さんとそんなに違った考えは持ってないと思うけれど……。

平良　都市の新しい住宅をグループとしてデザインすることは可能です。いろいろとアイデアも湧き出てくる。ところがそれが、地域の住民の集団的、共同体的な、人間の動きとマッチするものかどうか。エコロジカルな動きがはっきり捉えられていないのに、群造形だとか、地域に根をおろしたというようなことを言っても、人工的な群としての造形に終わるんではないか。建築家たちも何かズレを感じはじめて、これは具体的に調査して何かをつかみ取ろう、そういう意識がデザイン・サーヴェイにあったのでしょうか。

伊藤　宮脇檀[*7]さんは建築家でデザイン・サーヴェイを積極的にやってますから、そうかもしれないという感じがするけれど……。

僕がデザイン・サーヴェイやる理由は全然違います。どこを歩いていても被害者意識のほうが先だちますね。ついこの間まではとてもすばらしい景観の集落だったのにな、生活を近

＊7　宮脇 檀
（1936〜1998）
建築家。「プライマリー・アーキテクチャー論」を発表して、造形性に富んだ住宅や商業建築を数多く手がけた。後年は、環境配慮型の住宅計画を提案し、まちづくりを志す人たちに多くの影響を残した。法政大学建築学科宮脇ゼミで行ったデザイン・サーヴェイの記録は、『日本の伝統的都市空間』（中央公論美術出版）としてまとめられている。

代化するのだってもう少し手があったのじゃないか、なるほど便利にしたのだろうけれど、心は貧しくなり荒廃したな、という感じがするわけです。両者を両立させる方法がないとは少しも思わない。方法がないから壊れたのではなく、大事なものに気がついていないから、壊したのではないか。近代化とか資本主義というものが根底にはあるだろうけれど、それで個々の問題を一般化するのは、大事な点を落っことすという感じがしますね。既存のコミュニティの別の側面ですけれど、歴史的景観を持ち美的にも優れたコミュニティは記録をとっておいて、一種の文化財保存計画の一貫として、新しい国土開発のなかで生かす資料としてもよいのではないでしょうか。僕は美しいものを見ているのは好きですからね。そういったものは残すべきだという感じ方がまず先に立つわけです。

集落の景観は身分証明書

伊藤　とはいえ、こうしたコミュニティ景観保存にあたっては、その理念・哲学が、事業や行動や計画の出発点にあると思います。しかしそうしたコミュニティに赴いて、そこに住んでいる人たちに、理念・哲学などと難しいこと言っても通じません。

だから私はこんなふうに言うことにしています。「この村をあなたがたが残しておくのは、あなたがたが自分自身の身分証明書を持ち続けることだ」と。「会社勤めの人の身分証明書は会社が発行してくれる。大学へ行っている人は大学で発行してくれる。しかし地域の身分証明書は自分でつくらなければ誰も発行してくれません。恥ずかしくて人に見せられない身分証明書ではなく、誇り高く自慢のできる身分証明書を自分でおつくりなさい。それはあなた方自身にとってよいことですし、後世の子孫にとってもよいことです」と。その身分証明書というのは、つくるのには時間がかかるのです。いまある昔からの建物を全部壊して新しい建物で埋めたって、それが身分証明書になるかどうかわかりません。そういう気持が支配していると、10年、20年後にまた新しいものに取りかえてしまうかもしれない。それは身分証明書にならないでしょう。そういう意味で、「あなたがたの祖先が、何十年、何百年かかってつくってきた景観とか、それぞれの建物は、あなたの地域の、コミュニティの身分証明書です。それはただ漠然と残ってきたのではないのです。残す心があったからだと思います。そういう意味で大事にしましょうよ」と。

平良　それはいいことばですね。身分証明書とはね（笑）。コミュニティというのは、根本的にはやっぱりそれじゃないかしら。何々企業の一員としての身分証明書はあるけれど、それ以外何も持ってないというのが大都市のわれわれ生活者。それは本質をついていますね。

伊藤　その身分証明書というものは、その地域の誇りにつながっているのだと思います。この身分証明書は経済的にも引き合う場合が多くなってきました。たとえば、飛騨の高山がそう。1960年頃には観光都市という感じはなかった。いま観光客が押しよせる日下部邸や吉島邸など、ほとんど人が訪れていませんでしたし、日下部さんも、「あんな家には固定資産税ばかりかかってしょうがないから売ってしまおうと思う」などと、おっしゃっていましたからね。

いまでも自分の家を建て替えるかどうか迷う人がいますね。そういう場合、こう話すことにしているのです。一般的には話す相手は個人ですけれど、地域だって同じだと思います。「あなたは住みにくいからと言って建て替えたいとおっしゃっている。それはわかります。建て替えるとしましょう。でも建て替えてからあとは価値が減っていくでしょう。税務署の評価と同じです。ところがあなたが持っているいまのこの住居は、なるほど生活は不便でしょうけれど、持っていれば価値が増えていくのです。それは文化的にも学術的にも経済的にもそうなのです。なぜならばこんな建物は二度と誰も建てないですからね。数が少なくなればなるほど残っているものの価値は増大します。だから取り壊すより、現代的な生活に適合するように変えることに努力したほうがよいのではないでしょうか」と。

日本ならではのコミュニティ原理を見つける

神代　アメリカはヨーロッパから渡り着いた人たちが東海岸にコミュニティを築いて、そしてそれがだんだん大きくなって、西部のほうへコミュニティをつくりながら広がっていったわけですね。大都市に発展したところでも、そういう古いコミュニティの跡が、その真ん中の核に残っています。コミュニティのつくられ方が、アメリカと日本で全然違うんじゃないかと感じたんです。東海岸にたどり着いて、同じ気持の人が集まって自衛的にそこに自分たちの憲法をつくって、守りながらやってきたわけですよね。よそものが流れ着くと、われわれのコミュニティの中に入れるのか入れないのか、そのコミュニティの人たちが相談し合って決める。こういうふうに決めるという憲法をコミュニティが持っているわけです。

そういうふうにしてアメリカのコミュニティが出来て、そういうものが集まってシティが出来、そういうものがまたそれぞれ憲法を持っている。それらが集まって独立宣言のときに一つの憲法が出来て、合衆国が出来たわけですね。

ところが日本は、そういう形成過程は全然踏んでない。別の見方をすれば、日本はヨーロッパのような革命を踏んでいないということ。コミュニティが崩壊したり成長していく過程での革命を持ってないということがあって、じゃいったい日本のコミュニティはどう出来上がったのか。僕はそういう共同体意識に非常に関心を持った。日本では住宅開発をやって、どんどんコミュニティ意識が崩壊していく。そもそもそういうコミュニティ意識が出来てくる地盤があるんだろうかということを、つくづく感じたわけです。もし何かそういうものがいまも残っていれば、小さい集落であろうと、憲法といえるようなきまりや何かがあるに違いない。それをつかまえ易いのはお祭りだろうと感じたわけですよ。

僕のやっているデザイン・サーヴェイの特徴は、その集落での日常的な生活と行事的な生活——〈ハレ〉と〈ケ〉、そういう生活様態の周期的な変容、あるいはお祭りみたいな昂揚するなかで、そこの持っている人間的な、コミュニティを形成している生態を捉えなければいけないんじゃないかということ。そうすると事実非常にあるんです。具体的に規約がたくさん墨で書いた古文書みたいな格好になって残ってましてね。そういうものが集落の共同体意識を生き生きさせるもとになっている。その約束はあとで出来たんだろうけれど、そういう約束が文書になっていく前の段階の、そういう集落の人たちの気持のまとめ方みたいなところに、何かあるんではないかという気がしているわけです。

伊藤　アメリカの場合は、ヨーロッパから渡ってきてアメリカ大陸の原野の中にコミュニティつくっていく。それは封建時代の終わりごろ、近代の夜明け直前にコミュニティが形成されてきたわけです。だから封建時代の特性を乗り超えたコミュニティがつくられた。ところが日本のコミュニティは封建時代の真っただ中、封建制とともに形成されたわけです。農村に限っていえば、その形態や基本的な性格が出来るのは南北朝時代だと考えられます。14世紀頃からです。だからどうしても封建的な性格をそのコミュニティの中に強烈に反映してしまう。人間関係で言うとね、アメリカの場合、どの家でも対等という感じがあるでしょう。ところが日本の場合にはどの家も対等ではない。祭りでも役付きになれる家は決まっている。役付きになれない家がその下にある。さらにその下にはお祭りそのものにさえ参加できない家まである。つまり封建時代の社会的な序列が、お祭りの運営形式の中に反映してくるわけです。そうすると、そういう階級的な序列は、現代になると一つの足かせだと考える人がその一つのコミュニティの中では出てくる。もちろんその過程のなかで、お祭りの行事の運び方が多少変化してくるということはありますが、封建的な性格が内在するということが、逆に、共同の意識、共同の価値観、共同の行動規範を持つことを難しくしているということがあるのではないですか。

神代　おっしゃるとおりだと思います。ただ、僕らが調査しているような辺境な漁村集落になると、封建勢力がこんなものまで自分の権力下に掌握しておかなくてもいいというような、放ったらかされたコミュニティというのもあります。そこまでいかなくても、たとえば丹後半島の伊根では、封建的な関係のなかで、あの有名な伊根ブリを税金として藩主に納めるわけですが、ところがある時期に、憤慨して、ブリの頭をみんな切って納めるというようなことが起こる。一種の民衆的な反抗、革命的なエネルギーが見られる場合もある。また、いま観光的になっている大きなお祭りは封建的な力で形成されたものが多いのですが、もともとお祭りというのは、封建勢力に対する民衆的な一つの決起のようなかたちをとって発生したものが多いわけです。僕が調査しているような小さい集落の小さいお祭りになると、封建的な関係だけでは考えられない。それのもとがどのへんのところにあるのかというと、ずっと時代が遡って、弥生時代とか、古代初期の頃、南のほうから、大陸から、海を渡って日本にたどり着いた人たちの、原始的な集合体みたいなものの中に求められるものもある。

こんどデザイン・サーヴェイをした志摩の菅島は伊勢の勢力圏内ですね。伊勢神宮にあわびを奉納している。ところが非常に古い習俗の中には、鹿児島の南とか、そのまた前をたどると沖縄に続く民俗的なものを持っている。たとえば沖縄に「おがん」ということばがあるんですが、菅島にも「おがん」ということばがある。森信仰ということでつながっている。和歌森太郎先生などが調べておられるわけですが、表面的には伊勢に従属していても、それは表面だけのことであって、いまでも土俗的な神社が残っていて、神社の建築様式は明治期に神明造に変わっちゃったけれど、その前は神明造ではなかったという極めて土俗的なちっぽけな神社が残っているわけです。しかもそのお祭りが、驚くほど盛大に行われている。一方で伊勢との従属関係で出来たものもそれにまた加わったりしている。

漁村調査をやり出してみてわかったことだけれど、そういう封建以前の、かなりもとの日本の原形みたいなものがただ民俗的な断片としてでなくて、コミュニティの中につかまえられるということが、よかったという気がしているんです。

2　コミュニティの核になるものとは

平良　フィジカルに見ると、何か序列制といいますか、建物のスケールとか、配置のあり方とか、封建都市なら封建都市と、はっきりわかるのがありますね。それは、農村と漁村と非常に小さなものを例にとってみた場合にどうなんですか。

伊藤　物理的に現れた封建的な序列というと、民家がよい例でしょう。庄屋、組頭、自作人、小作人、その下に被官だの下人だのの住宅といったような、空間の序列はもちろんある。そしてその序列は、そこのコミュニティに住む人たちの統一意識の中では、一つの問題点なんだと思うんですよ。たとえば暴動が起こったような場合、庄屋や代官の家は打ち壊しの対象になる。ところが現在は、そういうフィジカルなものに封建的なコンプレックス、抵抗意識を持つことは、ほとんどなくなっているのではないでしょうか。実際は近代的な他の要素が入って、昔の地主さんはたいていは落ちぶれてしまっている。生活水準からいうと、自作農のほうが上かもしれません。いまは立派な屋敷を構えていることと経済的な水準とはイコールではない。だから伝統的なコミュニティに空間的な序列があっても、そこに住んでいる人の意識の中ではそんな序列の意識は相当なくなっているという感じがします。

平良　封建時代を支えていた機構的、権力的なものから必然的にそうなったんだろうと思うんですが、それを背景に封建時代の中世的なコミュニティがあるわけですね。その序列制とは違う意味の、言ってみれば共同性、コミュニティの規模とかかわりのあるもの、そういうものを神代さんは祭りという行事の中に手がかりを見つけたと。そのほかに、フィジカルな面に関係するような、調査でわかりつつあるようなことはどんなことでしょう。

神代　それは結局、その集落の持っている生産形態だと思うんですよ。僕の場合は漁村やってるから漁業ということになる。たとえば祭りのときいくつか組ができますね。そういう組とふだん漁業をしているときのグループ分けが一致するわけです。だから〈ハレ〉のときと〈ケ〉のときと別な現れをするけれども、そういう共同体意識みたいなものは、やっぱり生業ともお祭りともかかわっている。お祭りというのは元来、生業がうまくいくようにということであるのだし、原初的には生業とお祭りとは分化していないのだから……。

伊藤　施設として挙げるならば、寺院と、神社、いわゆる宗教建築と言ったほうがいいかも

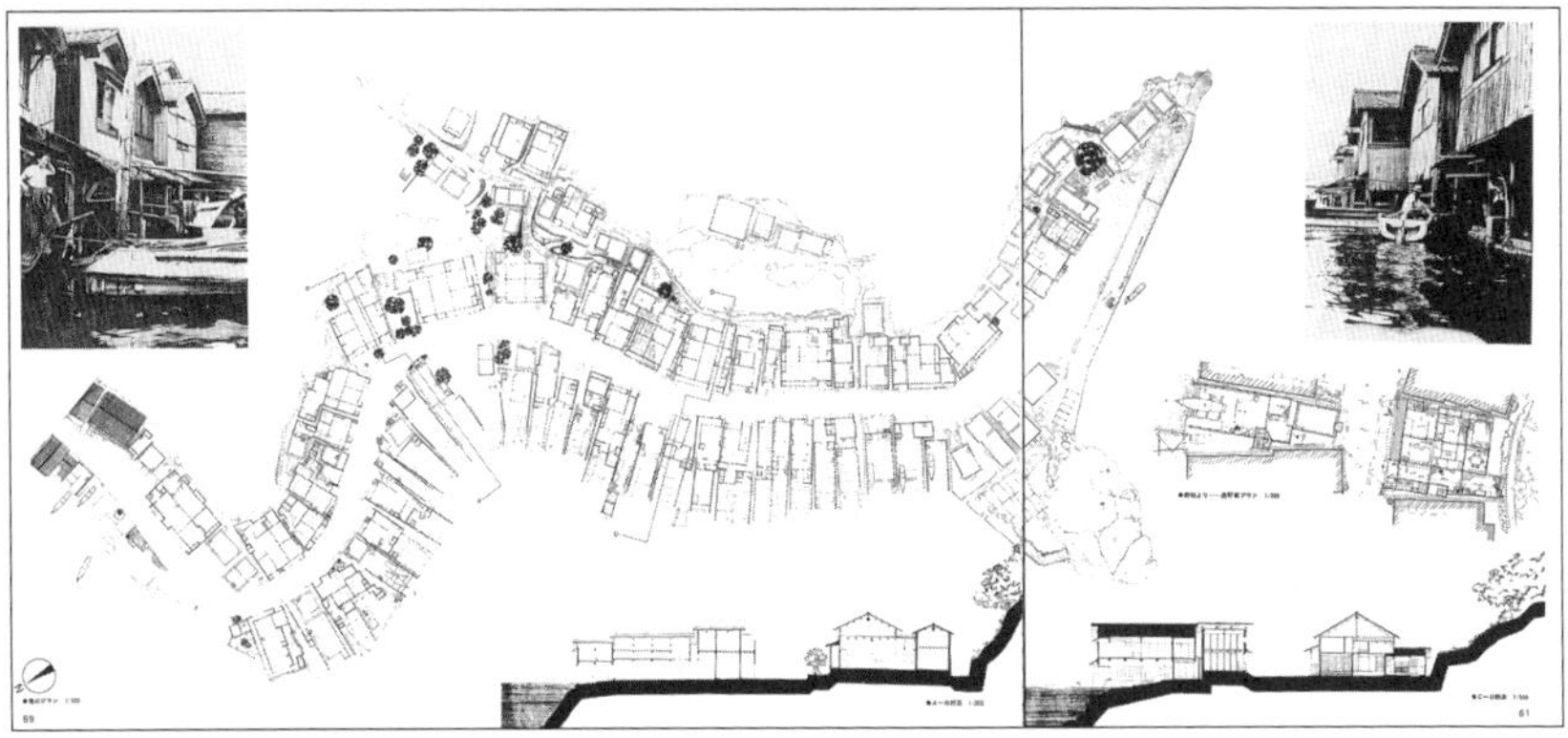

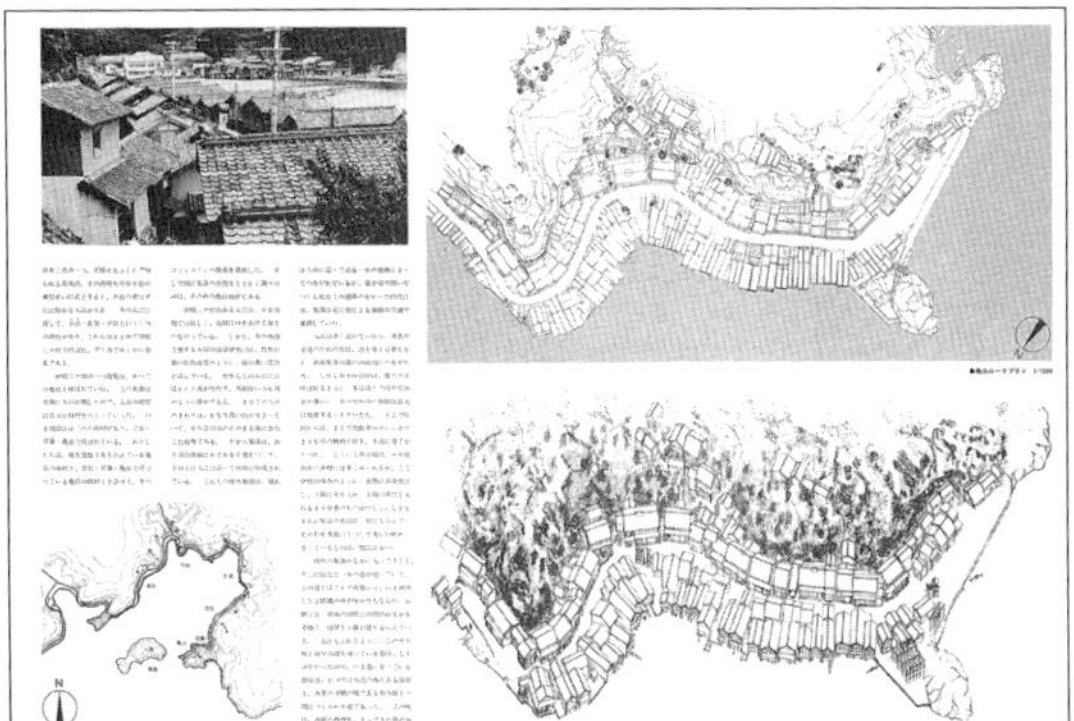

明治大学建築学科神代研究室による丹後・伊根のデザイン・サーヴェイを紹介した誌面より
SD別冊No.7『日本のコミュニティ』1975年（鹿島出版会刊）。

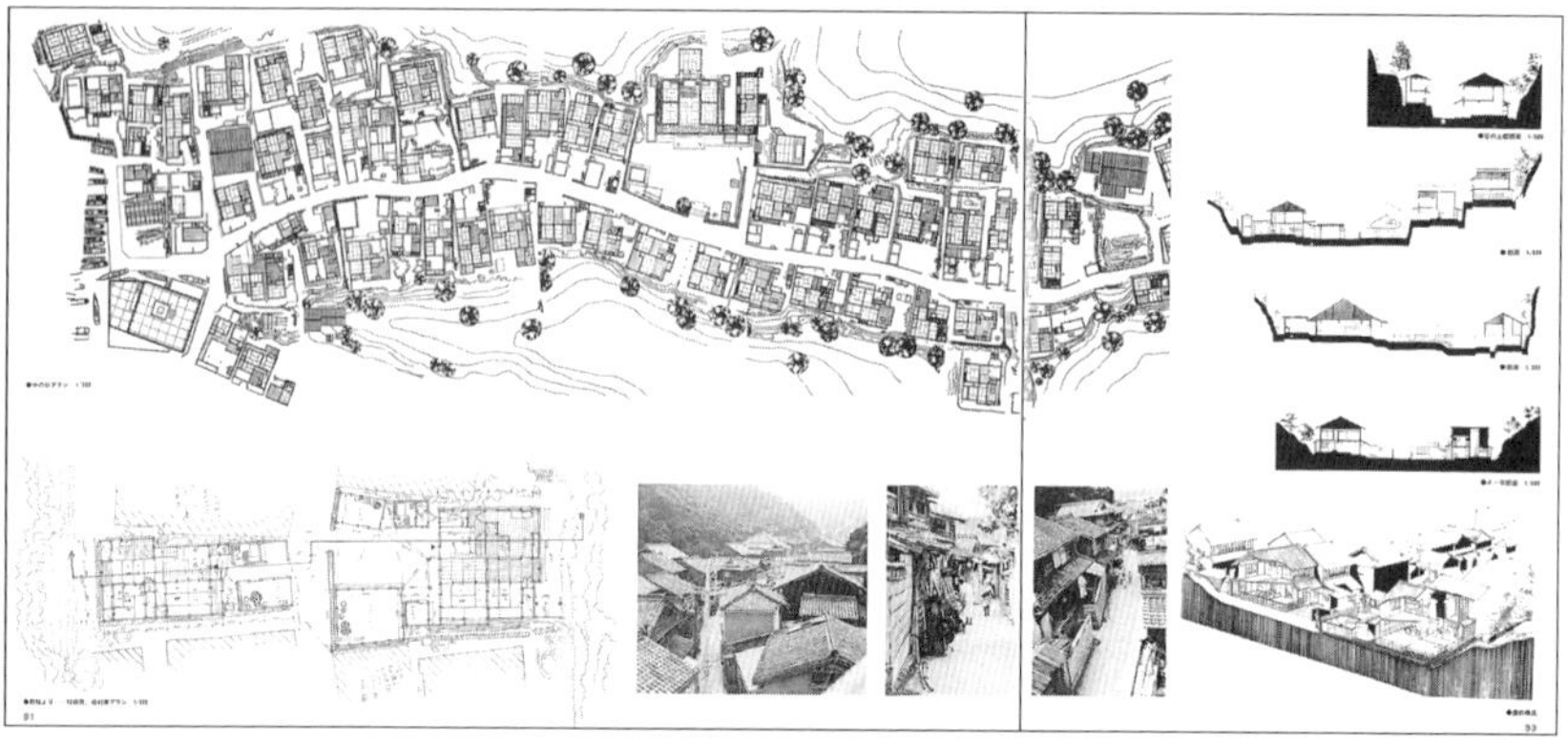

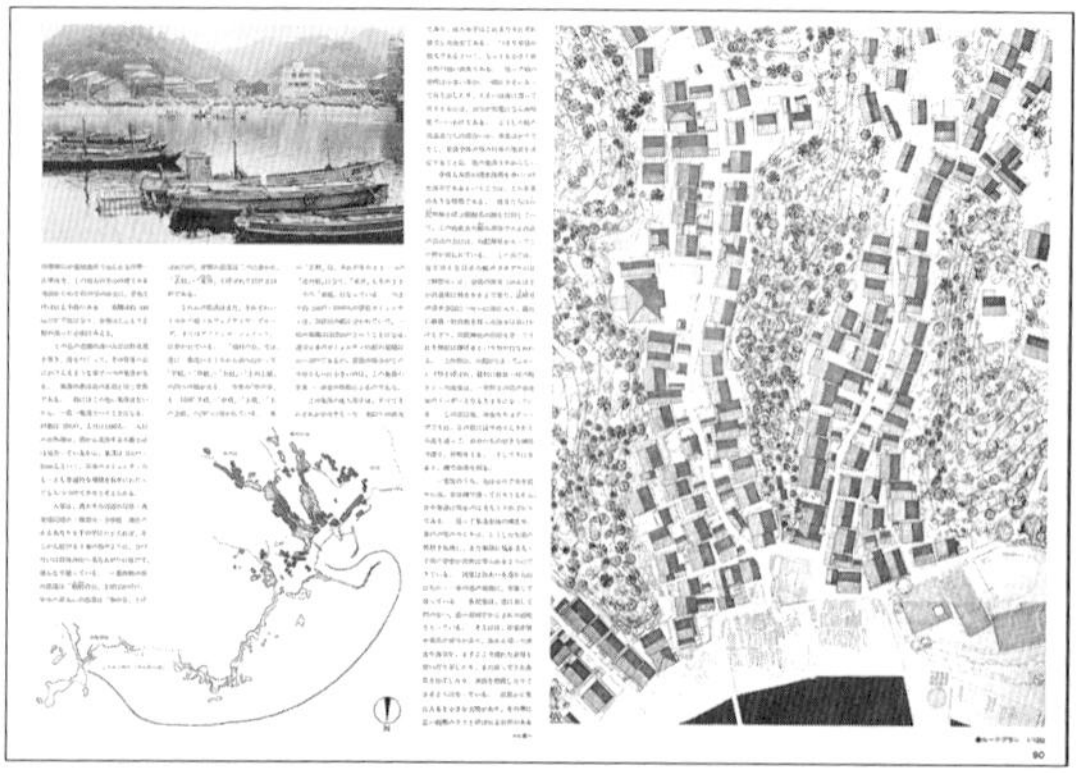

明治大学建築学科神代研究室による志摩・菅島のデザイン・サーヴェイを紹介した誌面より
SD別冊No.7『日本のコミュニティ』1975年（鹿島出版会刊）。

しれない。

神代　その場合にね、僕としてはむしろ神社といっていただきたいんです。お寺ももちろんあるわけですが、何か本質的には日本の場合、神社のような気がしているのです。寺が出てくるのは時期的にも遅れるし……。

伊藤　なるほど。寺では宗派によって地域的なつながりはかなり違いますからね。中世で土一揆がひんぱんに起きるでしょう。そのとき立て籠るのはほとんど神社です。

宗派によってお寺も地域的拠点になり得る例としては、一向宗関係がそうですね。奈良の今井町には春日社領時代の鎮守として春日神社がありますが、これはコミュニティのセンターではありません。今井町は一向宗の門徒が防衛の拠点としてつくった人工的な町で、一向宗の御坊、称念寺がコミュニティのセンターなんです。これはその集落の成立と非常に密接に関係しているわけです。しかし数からいったらお寺中心という集落はそんなに多くない。近畿地方はわりあいお寺中心があるほうだと思いますけれどね。

たとえば禅宗はそういうコミュニティのセンターにはならない。禅宗の施主、檀那は高級な武士ですからね。地域よりも個人的な家の色彩のほうが強い。民衆に基盤を置いた宗教の寺のほうが、コミュニティのセンターになりやすいわけです。たとえば六角堂は室町末期には京都の下京の町衆の寄り合い場所だった。奈良の猿沢の池の南の極楽坊の近くにあった薬師堂は、奈良の三条通り以南、つまり南郷の町衆の寄合場所でした。

神代　おっしゃるとおりだと思うけど、僕が扱っているような小さい集落になるとね、生産のほうが断然大切なわけでね、死に対してはそう重視しない。やっぱり神社だというわけですよ。ところが、菅島で、はじめて寺がかなり大きくクローズアップされました。菅島は両墓制といって、骨埋めるところとお参りする墓は別々というおもしろい形が残っているんです。あそこは主婦はみな海女なんです。海にもぐる。夫はみんな漁に出るわけでしょう。子どもの面倒みるのは老人なんです。幼児の死亡率が非常に高いわけですよ。海女は妊娠してても海にもぐるという極めてはげしい労働で、死の問題が非常に大きく関係している。もう恒常的に寺とコミュニティの関係ができてしまう。盆の精霊送りに百万遍やるわけだけど、子どもだけが数珠を持って回すというかたちが定型化して残っています。それから地蔵盆が盛大であるというようなかたちで、寺のお祭りとコミュニティというものは非常に密着しているんです。しかし、日本の場合はたいがい神社ですね。

伊藤　同じ地域に住んでいるために持つ共通の価値観、共通の意識というようなものがありますね。コミュニティ意識といっていいのだろうけれど、それと、封建時代だったら階級的な意識もありますね。果たしてどちらが強かったんだろうという感じがあるわけです。いろんな歴史の本読むと、いかにも階級的な意識のほうが強いんじゃないかと取れる書き方がしてあるけれど、どうもそうでない例もあるのではないかという気もするわけです。

コミュニティ意識をもてる規模

神代　だからそのへんでね、コミュニティの規模というのも一つある。規模が大きければ封建的な力関係も強いということになるけれども、それじゃどのくらいの規模のところで、たやすくコミュニティ意識がいままで続くことができたのかということ。

伊藤　神代さんのやられた調査のなかで、いちばん戸数の多かったのは何戸ぐらいですか。

神代　僕らのところは調査の労働力に限りがあるから、つまりはお金がないから、いままで

40戸とか、60戸とか、そういう規模の集落を調査してきたわけです。今年、大阪芸大と名城大が協力してくれたので200戸の集落をやったんです。これは一段階違うんですね。いままでやってた40戸、60戸というのは、200戸、1000人という規模の中では一つの「組」に相当する規模。お祭りのときに一つの組を形成するそのグループをいままでやっていたんです。だからこんどはじめてコミュニティという感じが強く捉えられたんですよ。結局、コミュニティ意識が発動しやすい、あるいは温存されやすい規模というのがありそうで、その原動力になっているのはやっぱり組じゃないかという気がするわけです。社会人類学の中根千枝[*8]さんが言っているわけだけどね、大体200戸、1000人ぐらいという規模の場合は、貧乏人も出なきゃ金持も出ない。乞食なんか絶対出てこないというような規模であって、この中には必ず組というものがある。それは専門用語で言うとエフェクティブ・グループとか、アクティビティ・ジョイントと呼ぶそうですけどね。そういう組の競い合いが、コミュニティ意識を高揚し形成するいちばんのもとじゃないかという気が、僕はするんです。

もう一歩すすめて言うと、そのくらいの規模のところを、いま都市デザインしている人たちは落としちゃっているということです。1戸の単体の建築設計というものは、いままでの建築教育の中でかなりやられてきた。ところがこれからは都市のデザインだということになって、とたんに東京のような非常に大きな巨大都市が対象になっちゃって、そしてあいだの本当にコミュニティと呼べるような、つまり、フィジカルなものと人間的な精神的なものとがまだくっついてとらえられるような規模が非常に大事だと思うんだけど。そのへんがいまいちばん大きい問題だと思うけどね。

伊藤　奈良の今井町は、俗に今井千軒というんです。実際1000軒はありません。700

＊8　中根千枝
（1926〜）社会人類学者。日本の農村社会の調査をはじめ、インド、チベットなどの社会調査を行った。日本人の社会的構造を解明しベストセラーになった『タテ社会の人間関係』（講談社現代新書）や『未開の顔・文明の顔』（中央公論社、毎日出版文化賞）などの著書多数がある。

戸台。町の広さがだいたい３００ｍ×６００ｍぐらいなんですよ。その中はいくつかのグループに分けられますが、コミュニティのセンターは、その今井千軒の中にたった一つ、さっき言った称念寺しかないわけです。ところがね、堺は同じように町として形態的にはたいへんよく似ています。同じように壕をめぐらし、土塁もめぐらしていた。堺の場合は、地域的にははるかに広い。北から南まで歩いたらくたびれちゃうほど。今井だったら私でもくたびれはしないんです。その大きな堺の場合は、大小路《おおしょうじ》という、東西通りを境にして南北二つに分かれていました。そういうのを見ますとね、人口数あるいは住宅戸数というか、ある規模があるんじゃないかなという感じはしますね。

囲まれた感じがコミュニティ意識を醸成する

神代　いま、あなたがその規模の説明をされるときに、壕をめぐらしたと言いましたね。規模が決まってくるのに一体どういう力があったかと考えたときに、「めぐらす」ということばでつかまえられるようなものが、非常に強く作用していると思うんです。たとえばヨーロッパの中世都市は城壁をめぐらしてということがあるし、環濠集落みたいな形のものもある。そういう人為的なものを除いても、日本の場合は自然の起伏がかなりこまごましています。島も一つの囲まれ方として捉えられるわけですね。岬の先っぽの集落というのも、自然の条件で囲まれているわけです。人為的には決して囲んでいないんだけど、そういう囲んでいるものというのがね、共同体意識を非常に強く支えているわけですね。島崎藤村が東京に出て来て、周りを見ても山がない、囲んでいるものがない。自分が生立ったところでは周りの山が見えるから、自分がここにいるんだということがわかった、そういうことがいかに強く文学の中で文学者の精神を支えていたかという話が、文学者たちの座談会でされていました。そして近頃の東京で生産される文学の中に、そういうものがなくなっちゃっているという話がされていてね。囲んでいるもの、自分が生立ったところで絶えず見ている風景、そういうものがコミュニティ意識とたいへん強い関係を持っているということが、あるんじゃないかと思いますね。

平良 そこでね、アメリカのムーアとか、ヴェンチューリ[*9]とかが書いたり言っていることのなかに、バナキュラー・アーキテクチュア[*10]と……。それと同時に、「プレイス」という場所的な概念、感覚、そういう意識がありますね。それはかなり重要なことではないでしょうか。いままで地域性とか、自然環境だとか歴史的な伝統だとか、言ってきたこととはちょっと違う視点があるようです。コミュニティ建築という場合にはかなり重要ではないかという感じを持つんだけど。

神代 そうですね。僕が言った伝統的とか、地域性というようなことは、厳密に現代的に捉えていくと、いま言われたような「プレイス」というような問題になると思いますね。

たとえばランドスケープという語感と比べると、非常に人為的な感じが強いわけですね。

伊藤 僕にはそのプレイスという概念はよくわからないけれど、『日本の都市空間』[*11]やったときには磯崎新さんは「フィールド」という言葉を使ってます。日本語では「場」と書いていたかもしれません。それは今いうプレイスとはちょっと違うように思います。「フィールド」は日本の空間を特徴づける言葉として使っているんですよ。フィジカルに物で囲まれていても囲まれていなくてもいい。一種の何かアクティビティみたいなもので限定されるスペースを考えているわけです。彼は物理学でいう磁場みないなものと言っていましたよ。そして

＊9 ロバート・ヴェンチューリ（1925〜）アメリカの建築家。主著『建築の多様性と対立性』（邦訳・鹿島出版会）などでポストモダンを提唱し、代表作「母の家」とともに現代建築に大きな影響を与えた。

＊10 バナキュラー 土地固有のもの、土着的、風土的などと訳されるが、そうしたものを肯定的に言う場合に使われることが多い。バーナード・ルドフスキーの『建築家なしの建築』での記述が元になって、地域性を重んじる建築について使われる言葉になった。

＊11 『日本の都市空間』 伊藤ていじ、磯崎新を中心とする「都市デザイン共同体」が、雑誌『建築文化』（1963年12月号）誌上に発表した都市研究。その後、同名の書籍として刊行されている（彰国社刊）。

それは単に日本的空間を特徴づける概念用語として使っただけではなく、現代の中でもそういう概念はかなり有効だろうということがあって、使ったんだと思います。

平良　プレイスという場合に、人工的なもの、人間のエコロジーが、自然環境を歴史的社会的に記号（意味）の世界へと転変させていく、それが場所の領有を通じてであることに注意しなければなりません。建築、特にコミュニティ建築を考える場合、場所的概念はきわめて基本的なものです。そこまで考え抜かれているかどうかは別としてね。

神代　いま僕のところでデザイン・サーヴェイをこれで4回目終わったわけなんだけど、実測して集落の図面つくるでしょう。非常に苦労してお祭りも調べて帰ってきて図面化するでしょう。僕らはあんなに一生懸命になって苦労してそれぞれのことを調べてきて、でも発表してみるとね、僕らのエネルギーをあれだけ投入したものがちっとも表現できていないんで、いつもがっかりしちゃうわけなんだ。

デザイン・サーヴェイでプレイスつかまえるんだけれども、ただ見たのではわからない。けれども何かじっくり見ていると、なんとなくその場所に対する、そこに住んでいる人たちみんなの見方に特別なものがあるということがわかってくる。それがたまたまお祭りのときに何かやる場所ということがわかって、そういうものがあるからこそプレイスというものが特徴づけられる。ところがそれを写真に撮ろうが図面化しようにも、全然これ表せないんだな。逆にそういうわからないところこそが、真に漁村や農村のプレイスなんだな。

伊藤　僕は日本的スペースの性格がコミュニティの外部空間に反映するんじゃないかと思うんです。通りでお祭りするとしましょう。倉敷とか、京都の室町あたりでは屏風祭というのがあります。いつもは出格子のところが境で通路のスペースが出来ているわけです。ところがお祭りのときはその出格子はずして、店の間のところにわが家の自慢の屏風を置くわけですよ。そうすると通りの人は、店の間とその奥にある中の間との境までが視覚的に及ぶ範囲になるんですね。スペースがそれだけ広がったわけですよ。これは日本の建築だからあり得たという感じがするんです。建築というより、日本の町家だからあり得たんであって、これがヨーロッパの祭りでは、そういうことないんじゃないかしら。つまり日本では上から下まで、格子や建具をすべて取り払えるから、こんなスペースを持てるわけです。

3　現代の建築・都市への課題＝コミュニティはデザインできるか

平良　最後に現代的な関心から。外部の専門家がコミュニティをデザインするということについて……。現代においてデザインされた住宅地開発＝新しいコミュニティが非常に秩序的であるのに対して、これまで議論してきた古いコミュニティは、無意識的、自然発生的、自発的なもので、秩序があるようなないような。その中に何かがあるというわけですね。

で、コミュニティというのは、デザインしたとしてもデザインをはみ出るようなものがやっぱりあるんだろうと思うんですね。デザインを与えればデザインに反発する、それを変えていこうとする力が絶えず働くだろう。そのへんのところは、デザイン・サーヴェイのときにどういうかたちでアプローチできるか、そういう意識があるのかないのか。

神代　それは、どこをデザイン・サーヴェイしようかというときに、どんな理由で僕らが調査地を選ぶかという問題で現れるんですよ。たとえば瀬戸内海の女木島には風よけの石垣がある。伊根には船小屋が並んでいる。壱岐はタナがずっと並んでいるからおもしろい。菅島は各民家が前庭を低い石垣で囲み、道と家との間に前庭を持っている。これがおもしろいじゃないかという、フィジカルな形態のおもしろさ、デザイン的に見ておもしろいのでそこを選ぶということをやってきたわけです。そこで見えている秩序というのは、機能的とか、合理的とか、いままでのデザインの歴史を尻尾にくっつけたデザイン側の考える秩序であって、この秩序と集落が持っている秘めたる秩序というのは全然違うもの。形態的におもしろいからというんでアプローチして、デザイン・サーヴェイして、最後にやっぱりこれだと捉えられるのは、フィジカルなデザイン秩序ではなくて、コミュニティの住人が共通してもっている意識や生活の骨組みであり、きわめて有機的、あるいは無秩序な秩序、こういうものをつかまえなければコミュニティなんてとても再建していくことはできないんだぞ、というようなものとしてつかみ上がってくる。それはたいへん表現しにくいものであって、デザイン・サーヴェイの成果の発表の仕方にもずいぶん手立てが必要だというふうに考えるんです。

平良　フィジカルなもの、形態的なものへの関心から、そうでないコミュニティのおもしろさがわかってくるというときは、フィジカルなものからノンフィジカルなものへいくのだろうけれども、そのノンフィジカルな点でおもしろさがわかったときに、フィジカルなものを見ていく目にある種の変化を引き起こすのか。そのへん、感覚的でもいいですが、何か言葉で表現できますか。

神代　それは、確かにそこで変わってくるわけですよね。その変わりようは、僕は何か教育的な効果なのだろうと見ているわけね。

それを説明するのは非常に難しいんだけれども。たとえば団地のベランダに洗濯物や蒲団を干しているのが無秩序で汚らしいと言うわけですよ。ところが集落調査をしてみると、そういう汚らしさ、つまり海女の着物が干されていたりということでむしろそこの秩序が捉えられてくる。デザイナーの目で見た場合、否定すべきようなものからむしろ逆に秩序的なものがつかまえられてくるというわけ。

内井昭蔵[*12]さんが「桜台コートビレッジ」をつくられたでしょう。あのたたずまいは、壱岐のタナがずっと並んだ感じとかなり似ているんですよ。内井さんは、これがすっかり蔓で蔽われたらよくなるだろうと書いている。住戸単位を見ると二つのテラスがつくられています。全戸入居して、各々の住戸が洗濯物を華々しく干し、それで内井さんが期待しておられるように、ほうぼうに蔓がからまったり、テラスに植木が置かれたりしたときに、有機的な相貌が現れるようならば、コミュニティをつくるという意味で成功したと言えるのだろうと思うんです。そうだと捉えられるような眼が、いまデザイン・サーヴェイしている者たちが育つとできてくる。これを、教育的な効果と言っているのです。

伊藤　デザイン・サーヴェイの現代的な効用を考えたときに、直接に何かコミュニティの計画の中に利用できるようなシステムでもエレメントでも見つかるのかどうか。あるとすればどんなかたちであるのかと言われてもね、僕はまだそういうふなところはわからないんです。

もう一つ言えるのは、デザイン・サーヴェイが目指したものは、デザイン・サーヴェイやらなくても、有能な建築家なら別のアプローチの仕方から同じところに到達するかもしれないという感じがするのです。内井さんはそういう関心持ってらっしゃるし、腕もたつ方ですから、考えてらっしゃいますよ。ただ同じ内井さんの設計した「桜台ビレッジ」について言えば、三つの棟に囲われた間に、コミュニティ・スペースがあるわけですが、コミュニティ・スペースになっているとは少しも感じません。人がいないんです。

＊12　内井昭蔵
（1933〜2002）「健康な建築」を自らの設計テーマに掲げた建築家。低層で階段状の「桜台コートビレッジ」（1971年度日本建築学会賞）、「桜台ビレッジ」などの集合住宅で注目を浴びる。「久遠寺宝蔵」、「世田谷美術館」ほか多数の作品がある。

内井さんの設計の趣旨では、どの家からもそこが見えて、子どもが遊んでいれば台所から見守りできる、というようなことですが、芝生に入ってはいけないと立札が立っているし、その中の道は歩く道で立ちどまっておしゃべりしたり遊んだりできるというふうには必ずしもなっていない。あそこの団地に住んでいる人にはそれが重荷らしいんです。どの人からも見えるというのは、逆に自分の行動がどこの家からも監視されていることになるからです。

神代　そういう意味で僕がもう一つ関心があるのは、槇文彦さん＊13の「代官山ヒルサイドテラス」ですね。この二人を僕は非常に注目している。コミュニティのための空間のつかみ方が、内井さんのほうがデザイン意識が強く出ちゃっていると思うんですよ。そのセンターみたいなところの感じがね。で、槇さんのほうはわりに内部的にとろけてきていて、そういうものがうまくできている気がするわけですよ。

伊藤　伝統的なコミュニティは、そのコミュニティの人が自ら手を下してつくったもの。ところが現代のコミュニティは、デザイナーが別にいて、そこにだれが住むかわからないけれど、その住む人をある程度予想して計画する。価値はすべて与えられてしまうわけです。するとそこに生活する人は、スーパーマーケットのマスプロの既製品ばかりをもらった感じでしょう。テレビ料理のように、ワンセット買ってきて温めればそれでよいならば、便利で時間も経済的だけれど、味気ない。そこで自分だけのもの、オーダーメイドのものが欲しいわけです。

　コミュニティ施設の場合だって、やはり昔のコミュニティが持っていた創造のよろこびは、欲しいのではないでしょうか。そうしたことがある意味ではギャップというかたちで、一つの抵抗になって出てくるんだと思うのです。大人は社会的な体面があるからやらないんだと思うんですが、子どもはやってしまうわけです。ある団地で見たのですが、子どもの遊び場

＊13 槇 文彦（１９２８〜）海外にも多くの作品のある日本のモダニズム建築家の代表的存在。「幕張メッセ」「京都国立近代美術館」など作品多数がある。東京渋谷区の低層複合施設「ヒルサイドテラス」は、１９６９年の第１期竣工以来30年以上にわたって増築を繰り返して周辺のまちなみ形成を誘導し、代官山駅周辺の発展の核となった。この鼎談が行われたのは、まだ第１期が完成したばかりの時点。

で遊ばず、土手に雨で崩れたところがあって、子どもたちは遊び場の水栓から水を運んできてせっせと土手を崩してましたよ。管理者からみれば破壊行為かもしれないけれど、子どもからみれば、これはたしかに創造的な遊びの行為です。

いまはそのようなかたちで、昔の伝統的なコミュニティが持っていた創造のよろこびを、回復しようとしているのではないでしょうか。反社会的とも見えるような行動によって設計の外れの部分を埋め合わせしているという感じがするんです。だからコミュニティのセンターというのは、ただ単に価値を与えるだけではなくて、何か創造するよろこびを与えるようなかたちでないといけないんじゃないかという感じがします。

平良　そこで僕は、「コミュニティ建築は可能か」という問題提起をしているわけです。

伊藤　農村集落では、生産はコミュニティ全体の共同の中で行われるわけですから、もちろんさまざまの面で一体性があるし、続いていく基盤もある。ところが兼業農家が出てきたり、都市化が部分的に滲透してくると、そうはいかなくなる。また町の中のコミュニティですと、心理的にも社会的にもコミュニティの一体化などないほうがいいと思う人がいるかもしれません。何か人間を近代人として解放するのには、コミュニティ意識の強調は足かせになるんじゃないかという感じを、私自身はじめは持っていたのです。ひところの私だけでなく、コミュニティの付き合いを重荷に感じている人はたくさんいる。だから町のコミュニティなんか解体したほうがいいという意見もあり得ると思います。私は、いまはもうそうは思っていません。むしろ地域的な一体性というのは、何か性格を変えてやはり回復すべきじゃないかと思います。ただコミュニティセンターの施設をもつことはできても、昔のコミュニティが持っていたような共通な価値観や行動規範や生活様式を持つことは、難しいなという感じがします。

昔はセンターの施設は必要があって自分でつくりましたね。ところがいまは、専門家がつくって与えるわけです。だから団地の住人は自分でつくったという意識はないし実感も湧かない。ただ使っているあいだにそうしたものが身についてくるわけです。こんにちではこうした分離があることは、地域住民の実体とかけ離れる可能性があるという意味では欠点ですけれど、より計画的に組織化できるという点では、よいと思います。

神代　僕は、コミュニティをつくろうとしているデザイナーの人たちは、フィジカルにつくるところでコミュニティが完結すると思いすぎていると思う。

伊藤　そうそう。

神代　わかりやすい例でいえば、コミュニティがあってまわりを山がめぐっているとすると、コミュニティ意識の形成に、その山の森こそがかかわっているわけです。ところが都市的な環境の中でのコミュニティには、まわりがない。まわりがあって、しかもそのコミュニティの規模が1万人などという途方もない大きなものでなく、200戸、1000人ぐらいの規模のときに、やっとコミュニティが形成される地盤があり得るんだと僕は思いますね。

平良　そのへんがデザイン・サーヴェイの効用かもしれません。その中から、現在の段階で得た何かをもっと思想化していくことが必要だろうと思うんです。

伊藤　個人でみると、人はコミュニティとアソシエーションの二つの社会関係にかかわりあっているわけですね。そういう二つの社会関係はコミュニティのセンターの計画などには関係があるのではないか。あるいはそういうアソシエーションを配慮したコミュニティの計画という立場もあり得るような気がするのです。

神代　そう。これからのコミュニティを考えていくのに、それは大事な問題だと思います。

都市計画批判の哲学へ

1971年5月号から12月号にわたり『SD』誌上で「環境計画思想の原像を求めて」という連続特集を組んだ。バウハウス、CIAM、マンフォードなどの思想や実際の都市計画手法などを俎上に載せるなか、その編集言として書いたもの（1971年7月号所収）。同時期に掲載したシリーズ「環境科学への課題」とも連動する企画であった。

都市の現実を分析する学問のなかには、さまざまな科学が介入する。これは周知の事実だ。歴史学、経済学、人口学、社会学、地理学、気候学、植物学、地質学、そして建築学と数えあげればきりがない。

しかし、都市の現実を分析し、かつ綜合的に捉えることをめざす《都市の科学》が現れる。そこに希望を託すことができるだろうか。そこに見出される綜合とは、はたして都市の現実を捉えていくだろうか。

環境という概念は、総体的であり、総体的であるがために漠然とした概念であることは間違いのないところだ。

だから、諸科学の専門家たちは、彼らに固有の分析的な手法にしたがって断片化し、それによって確かなものを手に入れる。

しかし、考えてみよう。

都市の現実というものは、はたして、そのようにして手に入った確かなもの、つまり諸断片の関係、あるいはそれらの関係の総和なのであろうか、と。

分析的な裁断が、厳密性を欠いている、というわけではない。むしろ分析的な裁断というものが厳密性を志向すればするほど、部分的なもの、諸断片にしか到達しない、というところにこそ問題が横たわっているのだ。

よく言われるように、現実というものは〈厳密性に住めない〉のだ。

〈厳密性に住めない〉というこの人間的な現実が提起する疑問、これこそ現在ようやくにして明るみの真っ只中に立たされている諸科学への一般的な疑いと全く合致するところのものであろう。

《都市の科学》、これとて一つの科学であり、むしろ一つの科学であろうとしているのだ。なぜなら、他の諸科学と同じように、厳密性へと向かう分析的な裁断、これを超越するような手続きを決してとろうとはしていないのだから。

しかし、他の諸科学と一つ違うところがあるかにみえる。というよりも、違うところがあると見せかけているところがある。

そこに《都市の科学》の特徴を見てとることは可能である。

《都市の科学》は、都市の現実の総体性に接近したいという欲求を隠してはいない。

しかし、にもかかわらず、その方法は依然として、《諸学問間》にまたがる諸分析の結果の収集という綜合以上のものではない。

繰り返しになるが、そのような綜合が、部分的でより確実なものを手に入れることは間違いないが、目的であるところの現実の総体性の把捉に至り得ないこともまた明らかであろう。

しかし、《都市の科学》は無効なのだろうか。そうとは決して言えない。それは諸々の確実なものを手に入れていることにおいて、きわめて大きな有効性を発揮するものとなるのだ。ちょうど、細分化された他の諸科学がそうであるように。

それは利用の対象を提供するものとなる。何が、利用するのか。

一つの企図である。一つの支配的な戦略が、それが提供する諸々の確実なるものを収集し、役立てる。

つまり、実際的な綜合が、一つの戦略に導かれつつ、実現するわけであり、《都市の科学》の〈綜合〉は、この戦略に吸収されることでその有効性を確認することになる。

《都市の科学》の専門家たち、彼らは決して、知識の総和で満足したり、あるいは都市の現実の分析的な裁断で満足できるわけではない。〈綜合〉へと進まずにはいられない。彼らは《諸学問間》にまたがる試みを通過して、最後に、《綜合の人間》であろうとする。そのかぎりで何と〈建築家〉に似ていることか。

彼らは都市を、そして社会を一つの〈有機体〉として考える。あるいは都市を、そして社会を、〈進化〉、また〈歴史的発展〉として考える。しかし、この進化説、この有機体説は、はたして科学だろうか。科学的な厳密性とどのように関連しているのだろうか。それらが、総体的な表象であることは確かだが、いかなる手続きによって正当化し得るのだろか。

専門家たちが綜合へ向かうとき、彼らは自分ではそれと知らぬ間に、いつしか科学から哲学へと跳ぶのだ、というアンリ・ルフェーブル*1の指摘は、まさに専門家の矛盾したあり方の的を突いている、といえよう。

それでは専門家たちは、なぜそのように、科学から哲学へ、部分的なものから総体的なものへ、事実から権利へと跳ぶのだろうか。

一つの実践が、跳ぶことを要請しているからだ。一つの実践とは何か。それこそ、都市計画と名づけられたものの存在なのであり、さらにいえば、〈ことは実践についての哲学的な見解に関しているのではなくて、都市計画と呼ばれる思惟が総体的な水準における実践へと変貌しているという事実〉に関連しているからなのだ。

〈何年か前から、都市計画は、技術やその部分的な応用からはみ出して、社会の総体に関係し、それに関心を抱く社会的実践となっている〉ということは、ここ日本でもまさしくそうであって、自治体の首長選挙に都市計画あるいは都市構想なるものが一つの争点を形成しはじめているという状況にもきわめて端的に表れているといってよい。

したがって社会的実践として見うるかぎりでの都市計画は、すでに、専門家たちがいうところの《諸学問間》にまたがるものという状況を乗り越えている。

専門家たちよ、君たちが厳密性に固執するのはよくわかるが、しかしそれでは間に合わな

＊1 アンリ・ルフェーブル
（1901〜1991）
フランスの社会学者。若い頃シュルレアリスムに参加するなど芸術活動への傾倒を経て、近代を乗り越える手段として「空間」という概念を提起し、芸術を通しての都市革命を謳った。『序説日常生活批判』（現代思潮社）、『空間の生産』（青木書店）、『都市への権利』（筑摩書房）、『都市革命』（晶文社）などの著書がある。

いのだ。跳べ、跳べ、そしてもっと跳んでほしい。

そこに《都市の科学》の専門家とはまだ決して言うことはできない都市計画家が登場する。いや都市計画家というより、都市計画家に変貌した建築家が綜合人間としての伝統的技術をひっさげて登場する場面が世界的にいたるところで立ち現れることになる。

実践が先行せざるを得ない。そして、先行する実践の後を追って《都市の科学》の綜合化の試みが行われていく。

しかし、都市計画は、その実践のなかで、部分的な知識から着想を得た諸々の仮説や企図を実行に移していく。同様にまた都市計画は、総体的な現実の水準（とりわけ国家的な水準）において、諸々の仮説や企図を実行に移していく。

だから、むしろ当然のことながら、それらの結果には、欠落した部分が、あるいはまた、失敗や成功がともなう。

《都市の科学》における綜合化の試み、それらが決して無効なのではないけれども、しかし、都市計画という社会的実践の諸結果が示す欠落や失敗をも含めて、都市計画という活動自体の批判的検討こそ重要であることを強調しないわけにはいかない。

都市計画は、明らかなことだが、効果をねらっている。これは間違いない。しかし問題は効果があるかないかではない。効果は間違いないのだ。その効果がどんな効果か。誰に対しての、何に対しての、どんな効果なのか。それは効果をもたらすだろう。しかしその効果は同時に非効果ないし逆効果をも、計画の欠落部分のゆえに、また計画の前提をなすイデオロギーのゆえに、惹起することはとても蔽い隠すわけにはいかないものだ。

敵対的な矛盾が、批判によって、たぶん前面に現れるだろう。現実の批判は、しかしなによりもまず住民の抵抗というかたちで現前してくるものだ。この批判を隠蔽するイデオロギー（理論）と闘う都市計画批判のなかにしか、そういう都市計画批判を通してしか、おそらく都市の現実の総体を捉えていくことはできないであろう。

しかし、その批判の武器は科学、専門分化された諸科学、あるいは《諸学問》にまたがる綜合科学に求められるのだろうか。

それらには部分的な有効性しかないとすれば、そしてそれを否定するのではないが、やはり総体的なものにかかわる哲学こそが武器でなければならないのではないのか。

仮にそうだとしても、この哲学は、主観性の内部に閉じこもるそれではないだろうし、また主体性（個人の）という名の情念のそれでもないであろう。

この哲学は、都市の飾りものではなく、都市のなかに、都市の現実のなかに実現されていくものとしての哲学である。ということは、この哲学は都市のために役立てられるのであるが、それはちょうど芸術を都市のために役立てるということが、何ら都市空間を芸術品で飾り立てるということを意味しないのと同様の意味においてなのである。

以上はルフェーブルの思想の一端を示す粗雑な私なりの要約的雑文にすぎない。しかし、ここで正確な引用をしておきたい。

哲学に関しては、三つの時代が識別される。そして、これは、生成の連続体を画する諸々の時代区分のなかの一つの特定の時代区分なのである。第一の時代においては、哲学は「都市」について、宇宙とか世界とかいう全体性のただなかにある全体（部分的な）として、思索する。第二の時代においては、哲学は、都市を超越する全体性、すなわち歴史とか《人間》とか社会とか国家とかを考察する。哲学は「全体的」の名において、いくつかの分裂を受け入れ、さらに認可しさえする。哲学は、分析的把握を反芻し克服していると思い込みながら、それを聖化するのである。第三の時代においては、哲学は、都市的合理性や都市計画的実践へと変貌するところの合理性や実践の格上げに協力する。

ギリシャ哲学は、その当初から、偉大さや悲惨さをもち、諸々の限界、すなわち奴隷制度とか「都市国家」への個人の従属とかをもったギリシャの都市に結びついた。二千年後に、ヘーゲルは、これだけの世紀にわたる考察や思索によって取り出された哲学的合理性の実現、ただし、「国家」のなかにおいて「国家」による実現を予告した。

この予告は、しかし、工業生産によって打ち砕かれた。しかし、

二千年の哲学は、墓場へと向かいつつあったのであろうか。そうではない。工業は、諸々の新しい手段をもたらす。工業は、それ自身のなかにその目的や意味をもっていない。

すぐれた作品である（芸術や芸術作品とともに）哲学は、……工業生産の意味を語る。

もちろん、工業生産の意味を語るとは、工業生産によって引き起こされた都市化の意味をも、またさらに都市化という現実のただなかにおいて可能的なるものの意味をも語ることであり、その可能的なるものの実現への権利を語ることでもあろう。

哲学の実現は、……歴史や現在に意味を与えるという意味を、ふたたび獲得することができる。理論的思惟は、生産力の低い社会の人類とか生産主義的社会の人類とかとは別の人類の実現をねらう。古い限界——希少性の限界や経済主義の限界——から解放された社会や都市生活においては、技術や芸術や認識は、日常性に奉仕し、日常性を変貌させる。哲学の実現は、このように規定づけられる。

こんにちの都市計画がこのような哲学の実現としてあるのではないことは明らかであろう。こんにちの都市計画という実践は、いよいよますます新資本主義と呼ばれあるいは国家独占資本主義と称される体制へと絶えず組み込まれていく日常性をつくりだしていくものであり、日常性のなかで、日常性を越えて新たなる都市ないし都市社会の実現に向かう運動としては存在していない。

どこから、われわれは哲学の実現であるような実践、社会的実践とともに理論的実践の契機をつかみとっていくべきなのだろうか。

3

空間から場所へ　技能の復権

雑誌『住宅建築』[*1]創刊にあたって

この文章は、雑誌『住宅建築』の創刊のことばとして第1号（1975年5月号）に掲載したもの。出来上がった住宅（デザイン）をテーマにするのではなく、建築家の設計思想、住宅をつくる技術・技能、建主の生活、三つを総合して住宅を考え、取材することに徹するという宣言文であった。

住宅がつくられていく社会的な環境は、ここ十数年のあいだに驚くほど変わりました。なかでも人びとの生活の洋風化は著しく、生産の様式もまた近代化が急進展して、それらが住宅建築のあり方におよぼした影響は計り知れないほどです。

住宅建築の形もその住まい方を示す平面（プラン、間取り）の構成も設備のありようにも、すべてが変化のルツボに投げ込まれています。そのありさまをみると、必ずしも喜ぶべき変化ばかりとは言えませんし、悪しき混乱ともいうべき現象もまた相当に見受けられるというのが実情であることは確かです。

われわれは形だけの近代化や進歩を住宅建築に求めないで、これからは住宅建築の質の向上を大衆的な生活の基盤のうえに築きあげていく一大方向転換を成し遂げる時期だと考えます。

転換の目標は大衆的な住宅建築の新しい様式の確立であります。そのためには、あらゆる

*1　『住宅建築』
12ページを参照。

技術と技能の結集が必要ですが、何よりも重要なことは、誤った近代化のためにさまざまな障害に悩んでいるわれわれの生活自体の健康をとりもどし、新しい生活を再建していくことへの情熱と知恵の結集ではないでしょうか。

大衆的なわが国の住宅建築の新しい様式は、おそらくそのような活動の一環としてのみ実現の可能性が開けてくると思われます。

すぐれた住宅建築にはもろもろの技術・さまざまな技能が注ぎ込まれており、それらすべての見事な総合化が見られます。すぐれた総合化の成果は誰が見ても明らかです。完成した住宅建築に住む人びととのすばらしい生活のあり方を想像させる雰囲気が家のたたずまいから感じられるものです。それはプランやカタチからも読み取ることができます。しかし、このようなすぐれた総合化は、単なる専門知識の修得だけでできるものではなく、経験、つまり住宅建築をつくる場合には、それをつくる建主、設計者、大工、工務店等々のあいだに成り立つ知恵の交流と共感と信頼関係の体験の積み重ねがあって、はじめて成就できるものなのです。住宅建築は誰か特定の個人の制作品では断じてありません。それはその建設のために結集された人びとの共有の制作品であり、ことばを変えていえば、人びとが相互に生活の場をつくりあげていく活動が生み出す集団の共同作品であり、集団の生きざまや心のありようを人びとが意識するとしないにかかわりなく表現しているものなのです。

とにかくわれわれは本誌を新しい住宅建築づくりの広場に育てあげたいと考えております。住宅建築業に携わる方がたのご指導とご協力を切望している次第です。

もう一つの前線
永田昌民[*1]——N設計室の仕事

この文章は、『住宅建築』1986年5月号で永田昌民の設計した住宅を「N設計室・近作6題」と題して特集した際、彼の設計思想を読者に解説する目的で、彼と以前に設計事務所を共同で持っていた益子義弘の設計思想と対比的に論じたもの。

1

〈時代の感性〉とやらで世は猫も杓子もあげてポストモダン[*2]のごとき風潮がある。けれどもよくよく吟味してみれば、多くの実作者の仕事がポストモダンであるわけでもなく、新しい若々しい時代の感性が芽ぶきはじめていることを確認して、さてそれらをポストモダンと言ってよいのかどうか、まだまだこの名づけにはどこか胡散くさいところが感じられて仕方がないというのが正直なところで、モダンの新しい段階での展開と見たほうが適切ではなかろうかと思うことしきりだ。しかし、そうはいっても、モダニズムがもともと内在していたセンセーショナリズムが象徴的表現の長い空位時代（とはいえモダニズムにも機械あるいは有機体の直喩や隠喩としてレトリカルな表現がなかったわけではない）の果てのルサンチマンの一挙的な炸裂としてアナクロ的歴史主義や折衷主義の再生があり、そうした現象への命名としてポストモダンなる言葉を使うのならたいへん明快なのだが、しかし実際にはもっと

＊1　永田昌民
（1941〜2013）東京藝術大学建築科、同大学院で吉村順三に学ぶ。1976年、益子義弘とM&N設計室を設立し（のち、益子義弘の東京藝術大学助教授就任にともないN設計室に改組）、住宅の設計に心血を注いだ。生涯で164軒の住宅を設計。奥村昭雄のOMソーラー（屋根が受ける太陽熱で床暖房するパッシブソーラーシステム）の開発にも加わり、後年、OM研究所の所長も務めた。

＊2　ポストモダン
近代的な文化や価値観を是とすることに批判的な姿勢で創作活動すること。チャールズ・ジェンクスが『ポストモダニズムの建築言語』（1977年）で初めて用いた。

もったいぶった使われ方もしており、こちらにはなかなか理解しにくい代物らしいのははなはだ厄介至極だ。しょせん「ポスト産業資本主義的状況」に見合った知的流行と軽く見過ごすことができたらどんなに気が楽になってよいかしれないのだが、ポストモダン、ポストモダニズム、レイトモダニズム、いやネオモダニズムなどと、歴史的様式がともかくも登場してくる表現論のレベルでの差異化競争花ざかりの観を呈しつつある。その渦中に表現論のレベルにおけるモダニズムの真正なる超克をめざす戦線が形成されている可能性もなきにしもあらずとしても、いったいモダニズムを超えるとはどういうことなのか、抑圧されていた表現欲望を充足する造形にすぎないのか、大衆社会状況に見合った消費の快楽としての形態感覚ということなのか、もっと別の社会的文脈に沿う変革を構想するべきなのか等々、論議は少しも尽くされてはいない。

ポストモダン論議に揺れる世の中の動きとは別の次元で、私はモダニズム批判の視点を二つ設定しようと思っている。それが〈もう一つの前線〉を構成する相互に緊密に結びつけて考えていきたい二つの視点と言ってよい。

ひとつは、〈設計者〉と〈住まう者〉との住文化創造にかかわる主体間の関係を考えることである。モダニズムはこの二つの主体間に伝統的に設けられてしまった固い垣根を取り払う努力において熱心でなく、むしろ設計という行為を純粋にスペシャリストとしての建築家のもとに特権的に取り込んでしまい、〈建築〉は花ざかりでも住文化の開花はたいへんおくれてしまう結果を招いている。この垣根を取っ払う作業、これがモダニズム乗り超えのひとつの戦略拠点と設定したい。

もうひとつの視点は、これまでの《時間・空間・建築》論的視点には、人間生活の具体的経験の場に定位しての〈場所論〉が決定的に欠如していたという考えに立つ。ポストモダンの引用論議で問題があるのも、〈場所論〉抜きの〈引用〉の恣意性にあるといってよいだろう。場所の意味は、その場所のおかれた環境《コンテクスト》ぬきには全くリアリティを欠くものとなる。ポストモダンを気楽に観望してもいけない理由がそこにあるのだ。

2

設計者と住まう者とのあいだにある固い垣根は取っ払うに越したことはない。しかし垣根を取っ払うということは上下・優劣・一方交通を取っ払っていわば人間対人間の同位対等性と立場の交換可能性を実現することであり、そのことで個性にかかわる個人間のさまざまな差異、また専門家と素人というあいだの能力・役割の差異が消去されるわけでなく、両者が直接相互の交流を深めていくなかで顕在化してくるであろう相互主体性（共同意思）の対象化行為としての作品化に向けて、その差異は貴重なものとして、消去されるのではなく、新しい構造のなかに活かされていく。これは設計者と住まう者とのあいだに、〈住まうこと〉の共同作品化を可能にする場の構築を課題にすることであり、私が想定する〈もう一つの前線〉であり、ポストモダンの前線とは全く位相を異にする所以《ゆえん》である。私が勝手に仮設した舞台のように見えるかもしれないが、実は家をつくる現場では設計者と住まう者とのあいだで日常たたかわれている営みであることに思いあたるはずである。

〈住まうこと〉の共同作品化ということは、文化の根源はあくまで生活のためのたたかいにあり、ライフ・スタイルの創造にこそあるという視座に立てば、〈住まうこと〉のスタイルを自覚的に創造していく共同作業ということになる。繰り返しになるようだが、モダニズムはこの共同作業という場の設定・創造に本質的なところではあまり関心を示すことはなかった。確かに設計者同士間の共同作業は熱心に推進されてきたし、新しい住まい方に見合う空間のありようについても活発に提案がなされて、実効ある結果を生みだしてきたのも事実である。けれども〈住まう者〉は、建築家にとって啓蒙の対象にしかすぎず、建築家の方法論を軸とした設計思想に包摂されていく存在、いわば受動性の存在であったにすぎない。

問題はこの受動性に積極的に変換していくことをもくろんだ設計過程論がどのようにして可能か、ということだろう。ともかく、ひとつだけ断言しておくべきは、〈住まう者〉もデザインできるということの一事の確認が大事なのであり、それからことははじまるべきである、ということだろう。このことはこれまでのデザイン概念の変更をもたらさざるを得ない。つまりデザインはデザイナーというスペシャリストの仕事だというデザイン概念の枠組から大きく逸脱していくことを許容することにつながっていくし、事態はそうならざるを得なくなるはずである。それでは無制限なデザイン概念の拡張がおこり、拡散してしまうのかといえば、おそらくそうはならない。生産の論理の制限下にあった既成性のデザインが、住まう者の〈住まうこと〉のデザインに向けてひろがると同時に生活の根のほうに深められ定着していく収斂《れん》性をもつのではないだろうか。

そしてこの方向について、私の勝手な妄想として言わせてもらうならば、これは「建築」の復権でなく、むしろ脱・建築として、地域の具体に即し、土俗的なものを止揚しつつも吸収して、アノニマスなもののほうへ向かう場のベクトルを内蔵したものになるはずである。そして、私は夢を見るのである。

現代における民家の再生、現代的民家創造のルネサンス、住文化の全面的開花、夢の名づけにこと欠くことはない。長い長い〈住文化連続革命〉の構想のなかでは、住まうことの文化のなかに〈建築〉など埋蔵させてしまうだろう。

3

〈もう一つの前線〉、この仮設舞台はすでに架構されている。私はこの仮設舞台にすべての設計者が登場することを期待するだけでなく、すでに登場し演技しているものと想定して観賞し評価していくつもりである。なぜなら、先にも指摘したとおり、設計者と住まう者との第一次的関係は、同位対等の関係性には今のところ隔たること遠いとはいえ成立しているのであり、相互行為の場の構築をめぐるたたかいは、日々具体的に設計の現場で営まれ、それなりの成果を挙げていること、これを確認しておきたい。

ポストモダニストのイデオローグからみると、本誌に登場する設計者たちの作品は、あるいは〈流行おくれ〉のモダニズムと一括して評されているかもしれない。そのように見ているふしがないわけではない。それはそれでよいのだが、しかし、私に言わせれば、モダニストはモダニストでも、もうすでにただのモダニストではない。モダニズムに対する批判の刃を自己の身体に確実に内蔵しているツワモノも多く、ポストモダニスト諸君の後方よろしく惰眠をむさぼっているわけでは決してない。ポストモダニズム諸君の来し方行く末までもとっくり見届けんものと腰を据え、肚を固める一方、自らの後衛的位置をはっきりと自覚的に捉えかえし、生き続け、生き抜くために、地味な後方戦線の保持に耐えている。しかし後方とて、なにもつらいことばかりあるわけでもなく、つくる者と住まう者とのあいだに発生する相剋性を乗り越えての共同性の地平が共感のなかで見えてくる。その得がたい瞬間に立ち会うとき、まさしくここに創造の最前線があるのだと喜び合う姿も見られるのである。

4

戦線にはもう一つの仕事があった。〈場所論〉的課題である。

いままで場所論的考察が皆無であったわけではない。また、実践主体たる設計者の具体的経験のなかには、おそらく多かれ少なかれ場所論思考が蓄積されているはずなのだが、空間論、形態論に比べてことがかなり地味であるばかりでなく、必ずしも形態になって可視化し得る現象ばかりでなく、むしろ眼には見えない、形態としては消えてしまう、移ろいやすい不在を問題として取り込むことであるために顕彰しにくい側面があった。ただし、すぐれた古典、時を経て味わいを深めた作品の鑑賞の際などには、単なる形態論的評価に留まらず、ごく自然に情景描写にともなう場所論的認識がはたらく事実はむしろ周知のことと言わねばならない。それがしかし、設計過程のなかで場所論的思考というか、感受性というか、そのようなものがどのように作動して、どう結実していくものなのか、そのへんのことはそれほど明らかにされているとはいえないのが現状であろう。

しかし、ここに〈場所論〉への貴重な手がかりを提供する素晴らしいエッセイが現れた。住宅建築1986年2月号に載った益子義弘[*3]の《私の設計作法》というのがそれである。〈方法〉と言わずに〈作法〉と言う、そこに実は〈場所論的思考〉の特質が含意されていること

＊3　**益子義弘**（1940〜）
東京藝術大学建築科、同大学院で吉村順三に学ぶ。1976年、永田昌民とM&N設計室を設立。のち、東京藝術大学助教授就任にともない、益子アトリエとして設計活動を続ける。東京藝術大学名誉教授。住宅、山荘のほか、主な作品に「金山町火葬場」「裏磐梯のホテル」など。『建築への思索—場所を紡ぐ』（建築資料研究社）などの著書がある。

は読み進むにしたがって理解することができる。設計過程のなかではたらく場所的認識の作用は、場所のミクロな諸局面で微分的思考としてはたらくものである。微分的思考は場所の諸局面で微妙な差異をある情景として析出浮上させる。それはそのまま不連続に表出されモノの表面に影を落とすこともあり、積分的に採取され呼び集められた総体がある種の情景として記憶に留められて場所の固有性の読み取りのために、家の構造の選択の際に、ディテールの仕上げのための参照準則になり得る。それはある特定の場所の上で、場所に即して、あるいはその場所の背景であるもうひとつの場所をも見透かしながら、モノと人の振る舞いの関係性をイメージとして構成していく肌理《きめ》の細やかな感性なのである。

ここで益子の文章から断片的にではあるが少しばかり拾いだして、いくらかでも彼の場所に寄せる感性の機微に触れてみたいと思う。樹木を想い浮べるとそこから場所が見えてくるという彼は次のように語る。

——ぼくは樹木の好きな人間である。平常の生活のなかで身近に樹木や緑をほしいと思うひとりである。それは、たとえば街の環境に対する配慮からというような理性的なものではなく、多分に本質的なものであり、花木の色や姿をめでるという類のものとも少し違って、季節を宿らせ息づく自然の存在《かたち》がわずかではあれ欲しいのである。

——ここ数年来、ぼくはこのかなり個人的な思い入れではある一本の樹木を頭に描いて計画に入る。それは設計作法というべき以前の、一種の計画の守り札のようなものであり、それを土地に据えることでこれをきっかけとして不思議に場所や空間が見えはじめる。

彼は土地の中に〈場所〉を読み、〈場所〉をその土地から引き出したいのだ、という。

——むずかしいのは既成の住宅向けにおよそ効率よく加工されてしまったような土地。それでも目をこらせば、かすかに残る地形の力や太陽の方位、あるいはひとびとが集まるかたちを見通すことで、人の住まう場所としてのなにがしかのきっかけを捉えることができる。

——土地には隅の隅に至るまで〈場所〉がある。〈場所になる芽〉が潜在しているのだという視点をぼくは大事にしたいと思う。具体的にたとえていえば、敷地をひとつの部屋として見ること。ひとつの部屋として見るというたとえは、これをそのまますべて建築化するという意味ではなく、土地や敷地に〈場所〉を読む目の肌理に関わることであり、土地も隅々までが活き得る場所としてあるのだという視点である。

個々の〈場所〉と、場所の〈関係〉について、

——ぼくはよく住みこまれた家を見るのが好きである。それは建築的に優れているとか、必ずしもそこに生活と空間の調和のとれた状態を見るということではない。

——これらからぼくが学ぶのは、〈良い場所の力〉とでもいうものだ。場所のネットワークとしてのぼくらの考える機能的な諸室の〈関係〉よりも、そこにはたとえば日当たりの良い〈場所〉、風の通りの良い〈場所〉、という場所の固有性が結構な力を持っているのを見届けることが多い。

——ぼくらの設計の上での努力は、個々の〈場所〉と、場所の〈関係〉を共に満足させようとするところにあるのだが、ともすれば場所の関係の図式にひきずられて場所に固有の力を見失ってしまう場合が少なくない。

場所の関係の図式にひきずられて過ちを犯しやすい建築家が多いのは事実で、こんなに率直に自己反省的な言葉を聞くことができるのも、この建築家が抽象的な空間図式に捉われずに、どれほど場所に即した具体的経験的思考に慣れ親しんできているかを示していると思う。

同時掲載の作品〈美しが丘の家〉*4は全体として端正で上品なたたずまいを見せているが、各部分の場所場所への想い入れの細やかさは十分に評価されてよい。

5

永田昌民は、1984年までM&N設計室として益子義弘と共同の事務所を組んでいたわけで、吉村順三*5を師と仰ぐデザインの系譜のなかに位置づけられ得る点で、その作風にはたいへん共通点も多い。

象徴的表現の強い造形、日常的な意味合いから離れすぎた抽象性の高い空間は、おおむね強い形式性をもっているが、それは益子と同様、永田の好むところではない。モダニズムが結果的につくりだしてしまった均質化という名の画一主義への反動としてさまざまな動きがあるが、益子そして永田もだが、むしろ彼ら自身の〈住まい〉の原風景にこだわり、それを大事にしていくことで、モダニズムによる人間疎外の克服を志しているのではないのだろうか。永田は彼の原風景について次のように語っている。

——ぼくにとって「いえ」に対する原風景はおぼろげで断片ではあるが具体的である。やけに広い玄関、その横にある擬似西洋の応接間、チャブ台のある茶の間、そして暖かい電燈の下での団欒、茶の間に続く広いが少し暗い台所、低い流し、カマド、柱にはってあるへっついの神様のお札、入ることを禁じられていた客間、陽なたぼっこのできる縁側、お化けが出そうで夜中の用足しを我慢した離れた便所、木の香りがプンプンするお風呂等々、合理的でもないし、近代的でないかもしれないが、「いえ」そのものを五感で感じとれる。何となく素朴で、おおらかであたたかい。そこには家族がいる。団欒がある。住むという実感がある。細かな生活の襞がある。

*4 美しが丘の家
設計＝益子義弘
『住宅建築』1986年2月号所収。

*5 吉村順三
（1908〜1997）
東京美術学校（現・東京藝術大学）で建築を学び、卒業後はアントニン・レーモンドに師事。レーモンドからモダニズム建築を体得し、レーモンドへ日本建築を伝授した。1941年、吉村順三設計事務所を設立。「池田山の家」「浜田山の家」などモダニズムと和とが調和した数々の名作住宅を設計したほか、「愛知県立芸術大学」「八ヶ岳高原音楽堂」など作品多数がある。

そして綿々として続いてきた生の証しがある。そこには目に見えない何らかの力が働いている。それは「いえ」の神様ともいうべき「いえ」のスピリットがそこに住んでいるからであろう。

これが永田の「いえ」に対する原風景であり、ここで語られているのは、まさしく彼の身体に記憶として残留している棲家としての場所のもつ力、独特の雰囲気、気分づけられた情景なのである。それは淡い憧れといったもので、どろどろした情念ではない。だから原風景へのこだわりをもち続けているとはいえ、情念の復権として表現性と住まいの空間に希求する方向へ向かわせるものでなく、場所性への感性のリアリティを設計行為のなかで見失うことのないような持続力としてのこだわりなのだろうと思う。

永田の手がけた家は、本誌に掲載されたものに限れば21軒*6であり、そのうちの過半を私は見ているけれども、全体としてその空間は明るく軽快で広がりを感じさせるもので、住み心地の良さを旨として設計していることが伝わってくるものであった。

目につく特徴から挙げてみよう。まず家の表面仕上げである。その種類は驚くほど少ない。少なければ少ないほどよいという思想であろう。仕上げ材料もベニヤやプラスターボードといったきわめてありふれた材料が好んで使われている。必ずしも経済的な理由によるのではない。何よりも素材自体が主張しないその素っ気なさがよいというのである。素材自体があまりに強い主張をもっていると、もうそれだけで空間の性格を決定的に色づけてしまい、むしろ住まう人びとの生活こそがゆっくりとその空間の色合いを染めあげていくべきものだとすれば、そういう願いを抑え込んでしまうものであってはとの危惧が抱かれるのであろう。素材は素っ気ないのがよいとするその考えと同じように、人の住む空間は、そこに住み手として登場する人びとの自由な振る舞いのための舞台なのだから、あまりに強い造形性や意味

*6 原稿執筆時の1986年時点で。

性濃密な象徴的効果はむしろ極力抑制したほうがよいとの考えであろう。そこにはあくまでも生活を主とし造形を従とする生活派的な価値意識が働いているのだ。

素材の選択と関連して、その最終仕上げによる表現についてみてみよう。ベニヤの木肌と白い表面仕上げの明快ないわば二元対比の構成が多く見られる。こういう構成は吉村順三系の作品に典型的に現れてくるものである。このような二元対比の構成からさらに進んでついに木肌による一元化、白い表面仕上げの一元化が現れる。これは極端な単純化であり、空間の均質化への危険な道なのだが、永田の最近の仕事は表面仕上げの一元化への偏愛が著しい特徴となっている。とりわけ「白」一色の空間への傾倒ぶりには驚かされる。ところが、この偏愛する「白」の空間にこそ、かえって永田の場所に対する並々でないしなやかな感性が生きづいているのを見ることになるのである。危うい瀬戸際で均質化を破る多焦点の空間構成の手法が現れるのだ。

とりわけ印象の強かった2軒について述べる。住宅建築１９８３年11月号の〈百草《もぐさ》の家〉と本号の〈吉祥寺の家〉における眺望への配慮とその効果は全く素晴らしい。しかしここで語りたいのは外の景色のことではない。むしろ南への大きな窓による開放が人の視線を外なる景色へと誘うまさに劇的な焦点となり得ていること、それに言及することなのである。まず平面形について言えば、両者とも矩形と三角形の合成から成るやや異形ともいえる平面のために、居間・食堂・アトリエ（百草の家）あるいは居間・食堂・和室（吉祥寺の家）というこれら住まいのひと続きの主空間には、出っ張ったり凹んだり屈折したりの壁面が出現して多くのコーナーが生じ、視線を惹きつける多くの焦点が形成されて、視線の変化と空間の奥行とが生まれてくる。しかもすでに指摘したように南への大きな開口による劇的な開放感の強

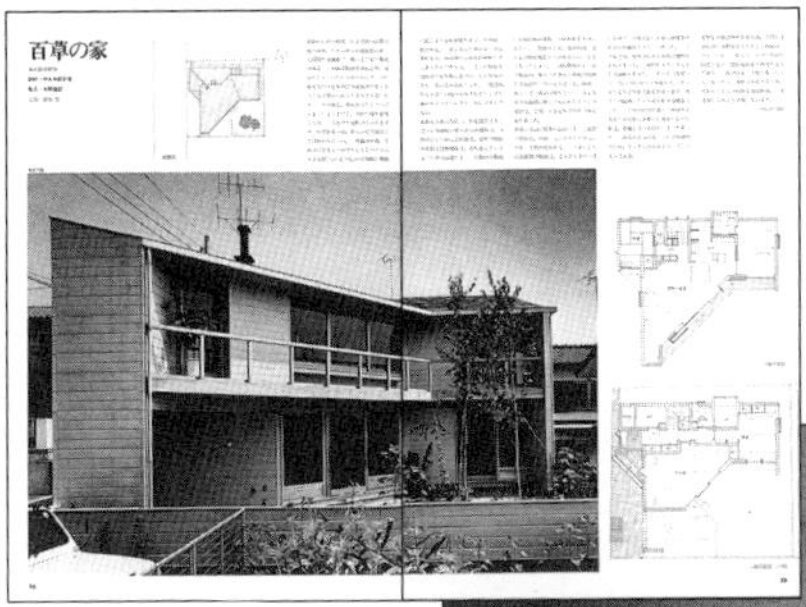
百草の家

永田昌民設計「百草の家」のレイアウト誌面より
写真＝鈴木悠 『住宅建築』1983年11月号(建築資料研究社刊)。

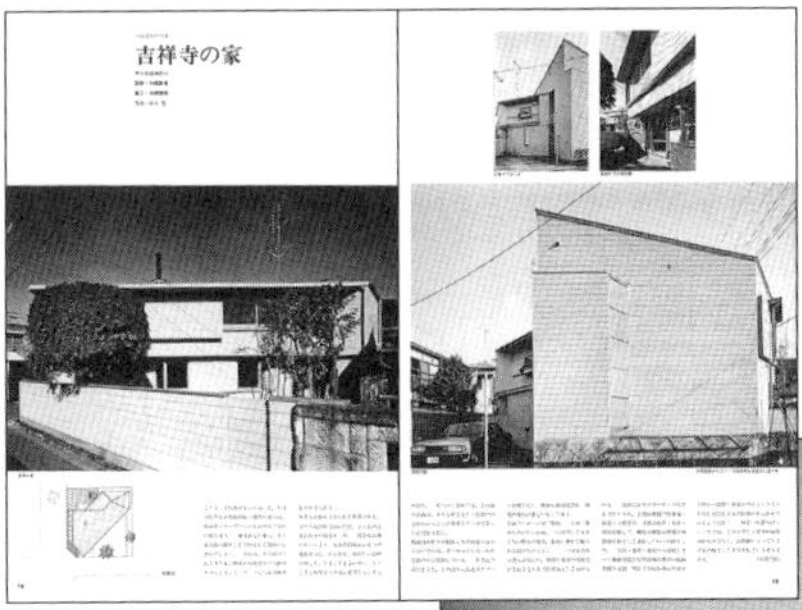
吉祥寺の家

永田昌民設計「吉祥寺の家」のレイアウト誌面より
写真＝鈴木悠 『住宅建築』1986年5月号(建築資料研究社刊)。

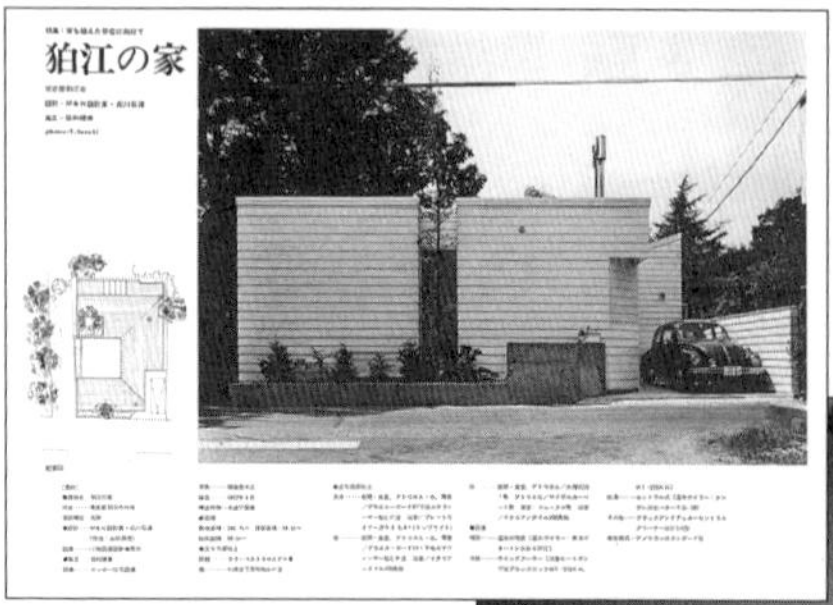

狛江の家

永田昌民設計「狛江の家」のレイアウト誌面より
写真＝鈴木悠 『住宅建築』1977年11月号(建築資料研究社刊)。

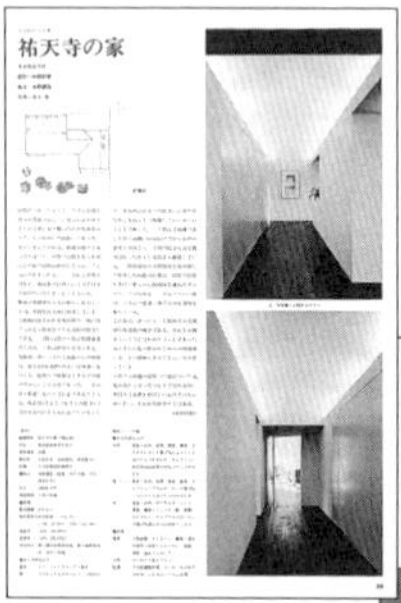

祐天寺の家

永田昌民設計「祐天寺の家」のレイアウト誌面より
写真＝鈴木悠 『住宅建築』1986年5月号(建築資料研究社刊)。

調がある。並々ならぬ設計者の場所的感覚がもたらしたものとはいえ、一種独特の、街なかの窮屈な敷地に対して〈住まい〉の空間をどう位置づけ適合させるかを構想するとき、とり得るユニークな反応の「型」を私は見る思いがするのである。異形の平面にもかかわらず、というより、異形をとったからこそのユニークな「型」と言うべきかもしれない。

1977年11月号の〈狛江《こまえ》の家〉における中庭を核にしたワンルームに近い構成の部屋の配置も、外への眺望の不可能性を内部の眺望へと反転し返すユニークな手法であったし、一見、均質化空間への危険をともなう白い表面仕上げの一元主義をやはり視覚の多様性をひきだす多焦点創出法で破っていた。

〈祐天寺の家〉も白一色であった。しかし1階食堂・台所から階段を上がって居間へ向かう長いトンネル状のギャラリー、居間と書斎を仕切る円を描く壁面、緩やかにカーブする居間の天井、その天井が北側の壁に落ち込む壁際に沿って走るスリット状のトップライトの鋭い直線、その手前を走る階段状下がり天井の陰影のリズム、西側の壁の中ほどに設けられた暖炉、等々のいくつかの焦点がこの家の空間に活気ある変化をつくりだしているのは注目してよい。

空間のなかに場所をつくりだす、場所性を発見していく、そんなしなやかな感性が、均質化への空間の危機を瀬戸際で救っているのを私は見たのである。

永田はここからどこに向かうのか、私には見当もつけかねるが、持ち前のしなやかな感性が保たれている限り着実な歩みを続けていくことであろう。

永田昌民を語るために、たいへん回り道をしてしまい、もっと多くを語らねばならないのに意を尽くせぬまま筆を置くはめになった。永田についても、〈もう一つの前線〉についても、いずれまた言及する機会もあろうかと思う。一見平穏な場所、ありふれた事象のなかにも、たたかうべき前線があり得るし、事実あるではないかを示したかった。

〈住み家〉への権利

『住宅建築』1988年10月号から1989年3月号まで、バブル期まっただ中の建築状況に警鐘を鳴らす目的で、「シリーズ現代」と冠して、藤井正一郎、布野修司、松山巖らに巻頭論文を依頼し、また議論を交わして対談記事とするなどの一環として、自ら書いた論。

「人類は、人類が解決し得る問題をしか自らに提起しない、とマルクスは書いた。ある人びとは、こんにち、人間たちは解決不可能な問題をしか自らに提起しない、と考えている。彼らは、理性を否認しているのである。しかしながら解決の容易なさまざまな問題が存在する。その解決は、そこに、すぐ近くにあるのだが、人びとがその問題を自らに提起しないのだ」

——アンリ・ルフェーヴル[*1]

狂乱の地価暴騰

他人の土地の上に〈計画図〉が描かれる。その地区内の土地や家を買いあさる地上げ屋の横行がそれに続く。東京の地価の暴騰は前代未聞の異常な水準に達する。

都心の土地の買いあさりは、ビル用地取得のためである。国際情報化時代を支える東京国際金融市場の発展が、この高い地価を可能にし、それに引きずられてオフィス・オートメーションと通信革命の便益を計画的に利用するために、分散しがちな事務所を一カ所に集め広い事

＊1 アンリ・ルフェーブル（1901〜1991）フランスの社会学者。若い頃シュルレアリスムに参加するなど芸術活動への傾倒を経て、近代を乗り越える手段として「空間」という概念を提起し、芸術を通しての都市革命を謳った。『序説日常生活批判』（現代思潮社）、『空間の生産』（青木書店）、『都市への権利』（筑摩書房）、『都市革命』（晶文社）など著書多数がある。

務面積を確保しようという衝動が多くの企業を捉えたのである。

このような動きは東京だけではない。ニューヨークが先行し、ロンドンが続いた。われわれ建築雑誌でみる巨大ビルの林立する風景のなかに、その表現がある。

ここで注意しなければならないのは、国際金融市場は世界で数カ所、それを支える各国のそれもアメリカを除けば一国一都市であること。日本では東京であり、これが東京一極集中の波をいっそう加速させていることは言うまでもない。分散の掛け声などはどこかへすっ飛んでしまった。そして建設のブームが巻き起こって、建設業は総体として潤っているのであろうが、東京の土地付きの不動産を買うことができる者は不動産を売った者だけになり、庶民にとって東京に住居を取得することはほとんど不可能に近い状態になった。

「従来までの東京は、人口の首都圏集中により、マイホームを求める人たちの土地への実需要が郊外の限界地に集り、この上昇が中心部に波及する」というパターンを示していたが、現在は「まったく異質な需要が都市中枢のビル需要を大きく作り出し、それが買い換え需要の波として都心から郊外へと庶民の生活をおそった」[*2]のである。農地の宅地並課税によって新規の宅地供給源をつくりだそうという対策は、もうすでにまったく効果がないであろう。民活という名の、解決を市場の力に任せる方策の結果が、この狂乱地価を招き、〈マイタウン〉というのは言葉だけで、大企業だけが傍若無人に跳梁する市民不在の都市化が東京都政の都市政策なのかと疑いたくなる。いや都市政策などないに等しいのである。

アークヒルズ[*3]のインテリジェントビルは丸の内のオフィス街の賃貸料の2倍、坪当り3万円程度からはじまったフロア料金も、1987年1月現在、権利金は100万円を超え、月4万2千~4万5千円の家賃となり、経営的には大成功であったという。ちなみに高層ア

*2
伊東光晴「静かなる狂乱」(『世界』1987年7月号所収)。

*3 アークヒルズ
東京都港区赤坂1丁目と六本木1丁目にまたがる低層高密地域を再開発して生まれた、高層ビル群。オフィス、ホテル、マンション、コンサートホール、放送局などの複合施設で、「ヒルズ」という言葉の元となった。

パート部分の家賃は、１戸18坪、家具、冷暖房、ベッドメイキング・サービス付とはいえ月50万円を超える家賃。どんな人たちが入居しているのか知らないけれども、さらに驚きなのは、もう40坪月１３０万円というマンションも現れているのである。こうした家賃を支払ってもなお成り立つ特殊な職業とビジネスが東京に集中してきていることを示すものである。

アークヒルズの成功は、それに続く既存市街地の再開発、インテリジェントビル計画の多発に道をひらく象徴的出来事だった。

都市の中心は、企業戦略が遂行される戦場であり、都市住民は中心から周辺へと限りなく弾き出されていく。

現代世界の危機は、〈スタグフレーション〉*4や〈資源問題〉〈公害〉〈環境破壊〉といった諸現象に表れているが、地価暴騰現象にみられる〈空間の生産〉〈商品化〉の矛盾こそ危機の中心に据えなければならないのではないだろうか。

矛盾は累積して〈危機〉は深まる。これにどう対応すべきか、われわれの課題を設定していかねばならないだろう。

日本的風土の問題

自然風土、社会風土、文化的風土すべてにかかわる〈風土〉が主題化される。オーギュスタン・ベルク*5の著書『風土の日本』がそれである。たいへん刺激的内容で大いに勉強になった。〈風土〉は、日本文化を読み解くキーワードである。ベルクは日本の文脈と西欧の文脈とから〈風土〉という言葉を定義する。

風土とは本質的にひとつの関係である。自然的であると同時に文化であり、主観的である

＊4　スタグフレーション　停滞とインフレーションの合成語。景気が低迷し、物が売れないにもかかわらず、物価が上昇していく状態。

＊5　オーギュスタン・ベルク（１９４２〜）フランスの地理学者。来日して教鞭をとるほか、１９８４年〜88年、東京日仏会館学長を務め、「風土学」という領域を確立した。『都市のコスモロジー』（講談社現代新書）、『風土の日本—自然と文化の通態』（筑摩書房）ほか多数の日本学関係の著書がある。

と同時に客観であり、集団的であると同時に個人的であるという性質をもつ。

風土をこのように考えるとき、そこに固有の次元が存在することに気づくはずである。その次元は、客体の次元でも主体の次元でもなく、時の経過とともに風土を産み出し、風土を絶えず秩序化／再秩序化するさまざまな次元である。すなわち風土を構成するもののあいだの〈相互生成〉、あるいは〈可逆的往来〉として考察されなければならない。この〈相互生成〉〈可逆的往来〉にベルクは〈通態〉という言葉をあてる（マルクスの用語法に交通という言葉がある。たとえば人間と人間の交通としての社会、というふうに使用される。私はこれに倣って、風土の場合も、〈相互交通態〉という言葉をあててもよいと思っている）。

そしてこの〈通態〉は永続的な作用であって「常に精気に満ちた交差からこそ、生態学的・技術的・美的・概念的・政治的等々の性質を同時にもつ種々の営みが織り成され、そこからひとつの風土がつくられるのである」とされる。〈通態性〉は主観と客観の中間にあって、メタファ（この言葉は移し替えというニュアンスで使われている）と因果関係を結合するのである。人間は風土に働きかける。その限りで、多少なりとも因果関係の連鎖を支配し、それらを客観的に表象する。一方、人間は自己の表象するものを絶えずメタファ的に風土に投影する。このメタファと因果関係は対立するものではあっても、分かち難いものとして風土の現実を構成する。

〈通態性〉の概念が重要なのは、この概念には、具体的風土の現実的領域性が含意されているからである。すなわち人・物・記号の移動の行われる個々の風土が指示されており、一方それに並行して、〈通態性〉の概念には風土を生成させる他のさまざまな関係から成る〈抽象的空間性〉も含意される。空間は、物質的および観念的なコミュニケーションの場の条件として、基本的な役割を果たす風景という概念の問題に移る。

　風景は、個別的ないし集団的主体の、空間および自然に対する関係の感覚的な表現と定義される。しかし、風景は風土全体を示すわけではない。ある尺度のもとでの風土であるが、そこには自然というものも共示される。したがって、われわれの視線の対象は風景ではなく、何かある物、ある場合でもあり得る。しかし、風景には、どれほど間接であっても、それに視線を放つ主体の本性を常に反映するものだ。

　風景はすぐれて〈風土の啓示者〉となり、「人間を、自然と社会に、事物と記号に、局限された地点と広大な領域に、等々、同時に向かわせる。これら指向的な対《つい》のどちらかから離れて風景を観賞することはできない」。

　つまり、風景はこのように〈二つの秩序〉に属する生成の結合から生じるわけで、風土一般の問題、特に自然／文化の関係が提起する問題とまったく類似している。どういうことかというと、「異質の指向領域の通態化（関係づけ）が、隠喩的メカニズムとそれらの転移の現実の因果関係への定着とを同時に前提とする」というところの類似性である。「風景は、言葉を換えて言えば、根を下ろすことと旅、場所と空間を同時に前提とする」のである。

　風景のなかには、むろん建築も含まれる。というより建築も風景である。原広司*6の《空間の意味構造》論における〈空間図式〉が、特定の〈場所〉に根づく（定着する）ときに現実の表現空間態が形成される、という構図を想い浮かべればよい。表現空間態に埋め込まれている〈空間図式〉が〈場所〉に定着して、既存の場所が新たなる場所に変容することを考えると、〈場所〉という概念と〈空間〉という概念の区別は（理論的認識にとって）重要である。

　風景は、ある特定の〈場所と時刻〉の結合のなかにしかないわけだけれども、しかしまた

＊6 原広司
（1936〜）

有孔体理論を掲げて建築家デビュー。その後「多層構造」「様相」などの概念を提起して設計の方法論としている。主な作品に、「慶松幼稚園」「田崎美術館」「梅田スカイビル」「京都駅ビル」など。東京大学生産技術研究所で教鞭をとり、学生たちと世界の集落調査を続けた。主な著書に、『集落の教え100』（彰国社）、『建築に何が可能か』（学芸書林）、『空間〈機能から様相へ〉』（岩波書店）などがある。《空間の意味構造》は「トポス・空間・時間」（岩波書店刊『新岩波講座』所収）。

風景は複数としてあり得る。単一にして、しかも複数、とはどういうことか。

風景はこれを表象することができる。再現することができる。もちろん語ることができる。同じ風景を厳密に言えば二度体験することはない。しかし異郷にあって、絵になった風景、写真になった風景、詩にうたわれた風景がどこの風景かわかる。風景は生成であるが、また複製でもあり得る。移送されて別の場所に再現される複製という現象は、風景の現象、建築術や庭園術では頻繁にみられ珍しいことではない。

こうしてみてくると、風土もそうだが、風景には、場所的次元と空間構成的次元が存在することが明確になってくる。〈場所〉には力があると考えられるが、その力は自然からくる。〈空間構成〉の力はわれわれ人間の〈身体〉（歴史的）からくる。原広司流にいえば〈身体図式〉の延長線上に生まれ構成される〈空間図式〉の力である、ということができよう。

ベルクは、空間構成的次元における領域内有効性ということに触れて言う。「たとえば日本の社会は北海道に稲田を作ったが、これはある意味で日本の風景をアイヌの島に再現することであった。この複製は、歴史的には帝国主義と、ある（土着）社会の（外来）社会による排除を前提とした。そこにはいわば場所による有効性が働いている。また人による有効性も作用している。すなわちこれは非物質的な図式であり」、入植した庶民はこの新天地を伝統的な稲作文化の図式を通して見ていたのである。「明治初期の開拓使長官・黒田清隆は、アメリカ人の顧問・ホレイス・ケプロンの見方にもとづいて、……北米風に開拓地化することを企てていたから、ここに異なる図式が交差し、対立と葛藤と相互浸透があり、新しい風土が生成した。「新しい風土は日本と西欧の性質を同時に受け継ぎ（空間構成的ファクター）、それでいて北海道固有のオリジナルなものであった（場所的ファクター）」。

北海道で起こったことは、こうしてみるとよくわかるが、純然たる複製でも純然たる発生でもなかった。これはあらゆる風土において妥当することである。〈棲む〉ということは風土の場所的次元を〈内包的〉に展開する傾向であり、一方〈風景化する〉ということは風土の空間構成的次元を〈外延的〉に展開するというものである。

二つの作用は対立する傾向をもち、したがってまた相互に構成し合うのも必然である。建築術の実践において、〈地域〉を主題にするとき、この二つの作用がどんな比率で働き、その結果がどんな相貌をもって立ち現れてくるのか、事前と事後、またその過程の分析に有効な手がかりを与える理論的な地平が開かれてくるようである。

このへんでベルクの風土理論の深追いはやめて、『風土の日本』がわれわれ日本人の前に置いた重要な問題提起について触れておくことにする。

ベルクは日本の文化にたいへんな理解を示している。しかし日本の文化へ理解が深まれば深まるほど、かえって理解できない非可解な現象にとらえられることになる。

ベルクの疑問は次のようなかたちをとって提出される。「今日なお……自然の美を謳い、風土のちょっとした変化にもきわめて敏感に反応してやまない国日本、その国が60年代に地球上でもっとも汚染された国になってしまったとは、いったいどういうことなのだろうか」、「一見すると分裂症的ともいえる日本の社会の自然に対する姿勢をどのように解釈したらいいのだろうか」、そして問題は次のように整理される。

「同じ社会が一方ではあれほど深く繊細な自然感情を過去から受け継ぐことができたのに、他方では現代において、あまりにも明白な生態学的損害すら度外視して、技術的経済を他の諸々の配慮にかくも圧倒的に優先させるような発展の道をたどるようになったのはなぜか」

という疑問である。

こういう疑問に対する日本人の反応について、たとえば「自然感情の表現があまりにも頻繁に陥ってしまう形式主義」を強調する意見、「つまりかくも繊細に謳われた自然は、環境の真の現実から離れて、幾世紀ものあいだに仕上げられた架空の産物にほかならない」という日本人による自己批判を取り上げながら、自然感情の歴史において紋切型が他の国以外に日本に多いというのはわかるが、しかしいくら形式主義をあばきたてたところで、紋切型はどこの国にもあること、また西行や芭蕉などの大家を引き合いに出して、彼らがいかに紋切型を壊して自然との直接の触れ合いを求めたことを強調してみたところで、「個々人の知覚する現実を構造化する、集団的な精神の枠組」なしに世の中は成り立っているわけではなく、紋切型の図式化が生じるのはある意味では当然起こることであって、疑問に対する答えになっていないとする。

ベルクはいろいろな仮説を立て検討を加えて、最後に探り当てた原因と思われるものは、〈自然性〉という思想、つまり、〈おのずからしかり〉という性格のもの、人はこれを斥ける資格がないのである。「ところが日本の社会は、物質界を操作可能な物の集りに事実上還元してしまうような技術的手段を一挙に10倍にして保有してしまったために、そのことの論理的帰結を引き出す十分な余裕がなかった。つまり操作可能な物を適切な捉え方で管理する必要性を理解しなかった」というわけである。

〈おのずからしかり〉は、進んで行く力は、進んで行くのだから認めてしまおうとする姿勢であり、「これこそ自然と自然的なるものについての日本独特の伝統的な概念から直接出てくるものである」。確かに。

「事物は〈自ら〉進行するからこそ、かくのごとく進むべく根拠づけられる」というわけで、ベルク氏がそこに指摘するのは〈自然性〉のなかに、〈社会性〉が強力に浸透しているということである。「自然性の名において自然が支配階級に専有されていることをも意味していると感じられる」と非常に手厳しい批判的理解が示される。そしてこのような偏りを正すには基盤に戻るしかない。つまり社会的かつ生態学的基盤に基づく実践に向かうことしかしない。幸い、環境の危機に対応したさまざまな住民運動の歴史的役割には適切な評価を与えているが、「他の社会と同様に、日本の社会も何かを考え、行うために〈理〉を必要とするし、何かを感じ、存在するために「場」を必要とする。あらゆる社会と同様に、自然に働きかけるには、主体と客体を弁別し、原因と結果を区分することが必要」であると訴える。もちろん、「それらを通態的に結びつけ、それらの特性をメタファ的に移し換えることも必要であり」、「あらゆる社会と同様に、日本の社会も各個人の自力《じりき》と共同体による他力《たりき》を必要とする」であろうが、「個人の人格ではなく風土だけに固執することは、西欧のパラダイムの不毛な逆転であり、日本の風土性の危険な戯画にほかならない」として、〈ロゴスはパトスにおとらず必要〉ではないかと強くアッピールしている。日本人自身による日本的風土への反省、自己批判が要請されるところである。〈ポスト・モダン保守主義〉の跳梁する後期資本主義の〈市場化〉と〈功利主義〉のイデオロギーに易々諾々と同調していく〈風土〉は、むしろ変革の対象に見据える必要がありそうである。

都市への権利、〈住み家〉への権利

昨年来の土地価値の暴騰による都市の炸裂状況をみるにつけ、『都市への権利』、『都市革命』、

『空間と政治』等の著者アンリ・ルフェーヴルの〈都市空間〉を主題化した理論が思い起こされた。この哲学者の著作の主要なものは翻訳され出版されているにもかかわらず、日本ではあまり人気がなかったようであるが、私自身は大いに影響を受けた（と思っている）一人であるが、本棚から取り出して頁をめくっていると、次のような文章にたちどころに出会うのである。

「問題は空間の経済学なのです。空間のなかで行われている事物の生産についての問がなくなったわけではありませんが、問題のありどころが違ってきたのです。いまや、空間のなかの生産は地球空間の生産へと移行しつつあり、後者は前者を含み込み、それを前提にして行われています。われわれは工業の入植地という古典的な考察から、空間全体へと移行します。つまり、空間が戦略的なものになりつつあります。戦略によって、政治的に支配された空間が擁する資源は、地球的規模あるいはそれをもしのぐ規模の目標の設定とその達成に利用されることになります。総体的な戦略は、経済的、科学的、文化的であると同時に軍事的、政治的でもあるのです」。*7

ブルジョアジーと資本主義は自分たちの活動基盤として、土地所有という所有形態をフルに使いこなそうとしている。空間は道具として使われるようになる。土地売買は昔からあったけれども、道具にはなりきれていなかった。つまり土地は使用価値であり、まれに交換価値として現れることがあっても、土地はやはりそこに住み込むための、生活の営みの場所であり、商品とはいい難いあり方を示していた。少なくもそう見えたような気がしている。

いまでは土地は完全な商品であり、商品がそこで生産され交換される商品になった。そしてこの商品の生産には、資本が絡んでいるけれども建築家や都市計画家も大きく役割を演じていることをもはや隠しておく必要はない。ここで〈空間の生産〉（商品の生産）とは、いわ

*7 アンリ・ルフェーブル『空間と政治』（今井成美訳、晶文社）。

ゆる〈建築的作品〉の生産のことではないし、彼らだけが空間の生産をしているわけではない。計画家、銀行家、プロモーターから建設労働者、そしてもちろん使用者を忘れてはいけない。あらゆる種類の当事者がいるわけで、交換価値に支配された社会のなかでの生産であるとはいえ、そこには使用価値の水準が横たわっている。

道具化された空間、それを市民の道具にすることを考えないわけにはいかないのではないだろうか。もちろん空間は道具としてよりもそれを越えて、住む場所、都市市民の生活の基盤として捉え返す必要がありそうだ。最近、関曠野*8の「エコノミー批判から『法』へ」*9という文章を読み、たいへん感銘を受けたことをここに記しておきたい。副題に〈人間中心主義から地球中心主義の憲法へ〉とあり、小見出しを拾うと次のようであった。マルクス主義の批判的再検討の必要性、フランス革命はなぜ起きたのか、生存権の思想、進歩と発展の実体、地球中心主義的な法思想の登場、新しい憲法制定への模索、となっており、まことに気宇壮大な戦略思想の宣言になっている。

〈生存権の思想〉がマルクス思想とエコロジスムの思想の合流する地点であることを闡明《せんめい》にしつつ、〈生存権〉は居住への権利として再定式化され、「その次に来たるものは、地球を唯一至高の法的権利の主体とし人間を地球の住民たることによって各種の反射的利益を享受している存在とみなすような、脱人間主義的＝地球中心主義的な法思想の登場であろう」とする。フランス革命の主力は近代的な工場労働者などだけでなく、都市細民層、貧民街の前近代的零細企業で働く職人や徒弟や流民だったのであり、「革命は失われた正義を復元させる行為であり、〈すばらしい新世界〉を建設することではなかった」のであるという。

生存権の思想は、いわゆる生きのび《サヴァイバル》ることではなく、生命の連帯という思想であり、フラ

*8　関　曠野
（1944〜）
思想史家、文明史家。『プラトンと資本主義』『ハムレットの方へ——言葉・存在・権力についての省察』（ともに北斗出版）、『なぜヨーロッパで資本主義が生まれたか』（NTT出版）などの著書がある。

*9
関曠野「地域自立を考える」（日本評論社刊『エントロピー読本』所収。）

ンス革命が復活させた〈自由、平等、博愛〉も中世ギルドの標語であり、生命の連帯を表す思想だという。

「昨今の東京への一極集中や住宅難や都市乱開発をみても、これ以上都市を私有財産と私企業の論理に委ねて」おけないのではないかと問うている。

〈生存権〉は居住権として再解釈されねばならない。各人にとって都市は、各人の〈住み家〉への権利であり、住民全体にとっては都市は〈大きな住み家〉であり、市民の都市への権利として保障されねばならない。

われわれは権利主体であり、それとして主体的責任を負うことになる。〈パトス〉の復権ももちろん賛成である。けれども、それを包摂したより大きな〈ロゴス〉の力を発揮させなければならない。

ローカリズムを売りものにする地域主義ではなく、批判的地域主義（フランプトン[*10]の思想に親近感を抱く）を主唱したいと思っているのは、〈ポスト・モダン〉の復古調や折衷主義が、跳梁する商業主義にやられてしまうのを見かねてのことである。都市化は進行しても、そこに都市社会、新しい都市市民共同体の現実態はまだ姿を見せていない。けれども、関曠野の世界市民共同体の構想もあり、それを支える基礎的な都市共同体（あるいは農業都市共同体も）は地域的共同体として形成され得る。それに対応して市民の居住地は、住まいは、どういう形式をとるべきだろうか。〈都市市民住居〉の形式は新たに構想されていくべきものであるだろう。

「人類にとっての過去とは——彼等がそこから出来《しゅったい》したところの——自然である。しかしこの過去は、事実としては存在しない。実際、自然科学というものは、自然とは未知の他者であり事

*10　ケネス・フランプトン（1930〜）建築史家。『テクトニック・カルチャー　19—20世紀建築の構法の詩学』（TOTO出版）、『反美学、ポストモダンの諸相』（共著、勁草書房）などの著作がある。「批判的地域主義」は、近代建築における無・場所性や場所のアイデンティティの欠如を、建物の地理的文脈を用いることで超克しようとする建築へのアプローチであるといい、ポストモダンに批判的であったフランプトンによって掲げられた。

実としての自然には人知はついに到達し得ない、ということを潔く認めたときにはじめて成立するのである。人類は自然ではなく歴史だけを知っている。しかしその一方で人類の歴史とはこの消え去った過去の自然への再三の問いかけであり、自然についてのより深く繊細な了解を獲得せんとする各世代の闘い以外の何ものでもない。すなわち歴史とは、言語と労働の光の下での大地の意味の変容の歴史なのである。それゆえに自然は、人類がかつて存在と結んだ誓約の痕跡として、人類の未来へと姿を変えている。自然は、未来から我々に呼びかけ、自己と世界の了解を獲得するための闘争へと絶えず人類を促す声となったのである。〈さらば、さらば。私を忘れないでくれ〉――我々と別離した母なる自然の声は、今や未来から響いてくる。」

――関 曠野『ハムレットの方へ』より

批判的地域主義なる自説をもう少し展開する予定であったが、すでに紙数が尽きた。いずれ補足する機会を得たい。

「空間論」から「場所論」へ

生命現象としての景観・環境・まちづくりをめざして

この論は、名古屋CDフォーラム*1が主催した講演会「空間から場所へ」（1999年4月23日）で話したことをまとめたもの。酒井宣良（NOV建築工房主宰）の司会で行われた質疑応答部分は割愛した。

空間から場所へ

かつてのポストモダン論議のなかで、こんにちなお評価に値するものとしてとるものがあるとすれば、ヴァナキュラーなものへの関心であり、風土性・土着性・田園性のデザイン言語の再評価によって、これをモダニズムを修正するローカルな力にしていこうという動きでした。これは住民参加の設計システムを探る試みとも関連して、注目してよい動きでした。

ローカルな建築思想を自前で育みそだてることは、こんにちきわめて重要な主題であると思っていますが、これは場所にかかわるセンスと思考の問題として理論的にも取り組まなければなりません。ところが近代建築史を繙くとき気づくことですが、そこには空間史はあっても、場所の歴史・場所の史的構造は書かれていません。場所的限定を欠いた空間論の独走を見るばかりです。場所は空間のなかに埋めこまれているという意識のために、浮上することがなかったわけなのです。

*1　名古屋CDフォーラム　『C＆D』119号（1999年秋号）所収。名古屋CDフォーラムは、1969年、名古屋を中心とする地域の建築家、学者、文化人、専門職能者たちによって組織された団体。その中心メンバーだった建築家の酒井宣良が編集長を務めた雑誌『C＆D』は、名古屋地域の環境への提案、地域文化の向上、優秀建築の紹介、記録などをテーマにして発行された。

*2　西田幾多郎　（1870〜1945）日本を代表する哲学者。高校時代の友人・鈴木大拙の影響で禅に打ち込み、哲学の道へ。『善の研究』（岩波文庫）は大きな影響を与えた。仏教思想と西洋哲学の融合をはかり、後年、「絶対矛盾的自己同一論」へと展開させた。著作は『西田幾多郎全集』（全24巻、岩波書店）。

私はいま、「空間論」から「場所論」へとデザイン思潮の流れを変えることが必要であると感じております。

この「場所」をめぐる問題を考えるとき、想起されるのが、明治・大正・昭和の戦前期を通じて苦闘された西田幾多郎*[2]という哲人の提起した「場所の論理」ではないかと思います。私もかつて旧制高校時代に西田哲学門下の哲学者・柳田謙十郎*[3]の講義を受けております。「絶対矛盾的自己同一」という概念の理解にはたいへん悩まされました。しかし、そのなかでたびたび使われる「場所」なる言葉は、和辻哲郎*[4]の『風土』と同様、戦後、マルクス主義を受容した期間を通じて心から消え去ることはありませんでした。

こんにち、私は『造景』*[5]なるメディアを創刊してその編集に携わっていますが、景観問題、環境問題、まちづくりの問題を考える際、場所の問題は、本質的に重要であり、西田哲学は社会的実践の理論としてはあまり有効性をもたないとして店晒しにしてしまったことを反省し、その場所論をじっくり読み返しているところです。

最近、清水博*[6]という人の『生命と場所』という本に出会いました。薬学出身の生命関係学の研究者の清水博さんは、西田幾多郎の場所論にたいへんな刺激を受けると同時に、西田の論とは独立に「設計的場所論」の構築に向かっているようです。

西田幾多郎の論理は、〈私〉というものが存在している場所をどう自覚するかという、いわば自覚の論理であり、清水さんのそれは、コンピュータの開発や生命システムを研究していくうえでの場所の問題という、きわめて具体的な実践論を求めるものなのです。

しかし、清水さんの本はたいへん難しい。生物学・医学などの知識の浅い私にはとても手におえない部分も多い。ただし、私たちが直面している建築・土木・造園・都市計画という

＊3　柳田謙十郎
（１８９３～１９８３）西田哲学の影響を受けた哲学者。戦後は西田哲学を捨ててマルクス主義唯物論に転向、『西田哲学と唯物論』などの著作がある。『柳田謙十郎著作集』（全8巻、創文社）。

＊4　和辻哲郎
（１８８９～１９６０）哲学者、倫理学者。ニーチェ、キェルケゴールなど実存主義の研究から日本の精神文化研究へ向かい、『古寺巡礼』『風土』『日本精神史研究』などを著す。「人間の学」として倫理学を確立した。『和辻哲郎全集』（全20巻、岩波書店）。

＊5　『造景』
まちづくりと地域おこしのための総合専門誌として、平良敬一が１９９６年2月に創刊した隔月刊誌（建築資料研究社刊）。２００２年、休刊。

＊6　清水 博
（１９３２～）さまざまな学問領域を統合する視点から生命を解明するバイオホロニクス（生命関係学）の研究者。ＮＰＯ法人「場の研究所」所長も務める。『生命と場所―創造する生命の原理』はＮＴＴ出版刊。

まちづくりをふくめて環境デザインの統一場のようなものを考えてみようとしているものにとって、清水さんが構築しつつある「設計的場所論」というのはすごく魅力的なものなのです。ですから、生半可な理解をも省みずに、清水さんの考えを私なりに紹介してみたいと思うのです。

清水博の「設計的場所論」

野にははじめから道はない。歩くという行為によって道はできる。道ができれば周りの風景も変わる。しかし問題はどの方向に歩くかである。可能性は無限にある。複雑な原野に立ち尽くして、その先は完全には知り得ない。どのように行為すべきか無限定のままではどうしようもない。そこで行為から認識へという行為について考えるとき、行為の前に直感が必要となる。直感的に行くべき方向を感じとって、まずは一歩踏み出す以外に方法はない。行為することにより世界と交わり、その交わりを通じて世界を認識する順序となるわけである。

直感が生成するのは、無限の可能性のなかから一つの行為を創出するために必要な自己の「拘束条件」である。直感的な行為は、まず場所（世界）を、自己の身体を媒介として身体という内部場所に映す。映された場所は、本ものの場所（実場所）ではない。場所そのものがどのようなものであるかは、誰も知り得ないが、身体は場所を映すのである。映すことによって身体は変わり、意識の状態も変わる。つまり意識にとって身体は拘束条件なわけであり、場所が身体に映ることによって、場の生成となり身体の状態を変えるのである。このことが西田幾多郎の言う「一般者（場所）の自己限定」に相当すると清水さんは考えるのである。ところで、内部的の場所と外部的の場所は関連しながら相互作用的に動いているはずであろう。その内部の場所、つまり身体には外の場所を写しとった場所ができていて、それがもしかしていろんな活動によって視覚的に表現される。その表現のときにはじめて空間とか時間とかが出てくるわけであるが、それは内部の場所と外部の場所との、きわめて場所的な意識のなかから出てくるわけである。

時間というのは場所的な意識のなかでの変化である。空間というのは場所的な意識のなかでの位置関係である。要するに場所的な意識が根本であって、時間や空間はそこから出てくるのである。

これを建築論のなかに移してみると、建築論のなかで重要な位置を占めてきた時間・空間論は、その基底に場所論が不可欠であるとあらためて考えさせられる。

住民参加の建築と場所

最近、特に女性建築家のなかに、住み手を基盤にした考え方で住む場所を考える人たちが増えてきています。そういうことと建築家が芸術的な表現としてやっていくこととのズレ、このズレはみなさん意識していると思いますが、住民に基礎を置いた住空間が建築空間に転化していくには、どんな論理的な飛躍・転換を経ていくのか、という理論的な研究は、どうもされていないようですね。今後、住民参加の建築創造というか建築設計が、21世紀へ向けて大きな問題として出てくるかもしれません。そのときにこの場所の問題というのは非常に重要です。つくる「私」としての建築家という主体、そしてそこに住む「私」、もう一人の他者ですね、他者の論理がどこでうまく合致していくかという理論的な問題に正面から取り組んでいく必要があるのではないか。いろいろな住民参加の実践をする、実践のなかから問題を追求して、理論的な骨組もしっかりしていくということが必要です。日本の建築家、あるいは建築学者には、純理論的にそういう難しい問題に取り組んでいこうという人が割合少ないですね。ノルベルグ＝シュルツ*7のような建築の創造理論に、日本の建築家も、個人的にもですが集団的にも取り組んでいくことが大事なのではないかと思います。ノルベルグ＝シュルツにしても、その理論は決して完成したものではないし、多くの問題をはらんでいるように思われます。この動きは、僕が考えるに、20世紀から21世紀に向かってのいちばん大きな変動・変化です。モダニズムが20世紀のはじめのころに成し遂げた革命とはちょっと様相が違いますけれども、大変革を起こすのではないかと思っています。そこで私は、これからそういう意識で雑誌づくりをやっていこうと思うのです。

生命現象としての建築

日本でもこれからまちづくりが盛んになると思いますが、場所というのは共同体をつくることでもあるわけですね。私の内部の身体という場所の外にある場所というのは、結局、地域共同体だと思います。地域共同体の基底には自然と歴史がある。そういう意味で、われわれの外部の場所というのがいま、特に日本ではごちゃごちゃになって、場所性が失われてきている。場所性というのは、単なる物理的な環境ではなくて、生命現象として見なくてはいけない場所なのです。そうすると、それは人間がつくり上げていく共同体なのだけれども、人間を超えて自然・生命現象全体にわたるコミュニティ、それがわれわれの外部の場所です。そういう場所においてわれわれは今後どういう活動をしていかなければいけないかということの一部に建築設計もあるし、造園も景観もある。そういう生命システム全体のなかで、「私」

*7 **クリスチャン・ノルベルグ＝シュルツ**
（1926～2000）建築史家。実存主義、現象学の影響を受け、「実存的空間」という概念で建築論を展開、以降の建築論に大きな影響を与えた。『実存・空間・建築』『住まいのコンセプト』（ともに鹿島出版会）などの著書がある。

あるいは「われわれ」の活動をどう展開していくか。この場所という概念は、純生物学的な肉体、身体からはじまって地球全体の生物共同体というか生命共同体に広がっていく概念としてあるわけです。それを環境といってもいいですけれども、環境という概念は、人間とは別の、われわれの身体とは切り離した、何か対象化したもの、つまりいままでの自然科学者が対象として見てきたような物理的な環境という色合いがあります。いままでの都市計画でも、いつもフィジカルな環境のことが言われてきました。しかし、われわれがこれから考えていかなければいけないのは、物的な環境を超えた生命現象としての環境です。人間は動物や植物と一緒に生活しているわけですから、フィジカルな環境という言葉はまずいんじゃないかと思っています。

基本的な環境づくり、都市づくりというものすべてを生命現象システムとして見ていこうと考えますと、最初から理論構成をし直さなければいけないのではないかと思います。いままで、建築は芸術であるなどと言われて、周りの環境を問題にするよりは、建築家という主体の表現意欲ばかりが問題にされてきました。表現意欲はそれとして大事ではありますが、これは変えていかなければいけないと思うのです。場所の理論を組み込んだ環境構造に視野を広げていくとしても、建築家という主体が小さくなっていくというものではないだろうと思うのです。ただ、やはり主体は生命現象のなかの一つにすぎない。いつも自己は多種多様な無数の他者との相互作用のもとに置かれていることを忘れてはいけないのです。複数性を忘れないでほしいのですね。

たとえば「ゲニウス・ロキ」*8とは、土地＝場所の精霊ですね。まちづくりというのは、場所の精神というか、場所が抱えている問題を建築の表現にも持ち込んでくるということだ

***8 ゲニウス・ロキ**
「守護霊」（ゲニウス）と「場所・土地」（ロキ）の合成語で「地霊」と訳される。ノルベルグ＝シュルツは『ゲニウス・ロキ——建築の現象学をめざして』（住まいの図書館出版局）を著し、近代建築論の主題が空間から場所へと移行したと書いている。

と思うのです。人間の個人的な表現意欲にばかり夢中にならずに、環境のなかから問題をすくい取る、あるいは環境のなかには私と違う他者としての市民、住民がいるわけですから、その本質を汲み取って表現にもっていくという努力、それが大事だと思います。これは建築理論のなかでたいへん画期的な動きになってくるような気がします。

僕の建築メディアづくりというのは、そういう建築思潮の動向をいつも気にしながらやってきています。これまでの話をまとめますと、根本に時間・空間ではなくて場所だという「場所の論理」に、もう少しわれわれは取り組んでいかなければならないということ、それは生命現象としてのわれわれの行為を考えるうえでどうしても必要だと思っています。

戦後史の記憶から浮かび上がるキーワードは、技能の復権である

雑誌『住宅建築』の思想《こころざし》

３００号を迎えた『住宅建築』２０００年3月号は、伝統木構造の名工にして新しい木構造の創造に意欲的な大工・田中文男の仕事、京都伝統建築技術協会・中村昌生の茶室、奈良市ならまちの町家再生を特集し、木構造の今を見詰めた増大号。その巻頭言として書いたもの。

１９７６年、日本における住宅の展開を振り返って横山正*1は「日本の住宅はその拠って立つ現実からはなれて観念的な思考で展開されている」と指摘して危惧を表明していた。「それはインターナショナル・スタイルの時代にも、戦後の住宅にも、ひとしく指摘することができる事実である」というものであった。私も同様の見解を抱いていたので、基本的にはこの指摘に異論はない。しかし、戦後の小住宅については、個人的な思い入れもあって少し意見を述べておきたい。

戦後の小住宅は、池辺陽《きよし》*2の「立体最小限住宅」（１９５０）や増沢洵《まこと》*3の「自邸」（１９５２）からはじまる15坪住宅が象徴的である。米国の空爆は日本の主要都市のほとんどを焦土と化した。失われた住宅は数百万戸に及ぶといわれ、住む家もなく職もなく、わずかに雨露をしのぐ掘立小屋は縄文時代の竪穴住居に及ぶべくもなかったことが思い起こされ

＊1 横山正
（１９３９〜）

東京大学教養学部で長く教鞭をとり、美学の視点から建築を論じた建築史家。情報科学芸術大学院大学の学長も務めた。著書に『数寄屋逍遥 茶室と庭の古典案内』（彰国社）などのほか、共著書、翻訳書多数がある。

＊2 池辺陽
（１９２０〜１９７９）

東京大学生産技術研究所で教鞭をとる傍ら、㈶建設工学研究会を設立して設計活動を行う。「立体最小限住宅」「石津健介邸」などのほか、建築の工業化の研究に力を注いだ。ＪＩＳ規格の建築規格制定にも参加した。

＊3 増沢洵
（１９２５〜１９９０）

アントニン・レーモンドに師事した後、１９５６年、増沢建築設計事務所を設立。「コアのあるH氏のすまい」など、戦後の住宅設計に大きな足跡を残した。

る。そうした圧倒的な現実を前にして追求された戦後の核家族のための最小限の面積が15坪だった。1950年も数年経つと15坪から20〜30坪へと面積は広がり、建築家たちの設計した住宅が誌上を賑わすようになる。清家清*4の「森邸」、白井晟一*5の「K氏アトリエ」は1951年、広瀬鎌二*6の「SH―1」、増沢の「コアのあるH氏のすまい」が1953年、吉阪隆正*7「自邸」、清家の「私の家」が1954年、1956年には生田勉*8・宮島春樹*9の「栗の木のある家」、1957年には吉阪の「ヴィラ・クゥクゥ」と吉村順三*10の「自邸」と続く。1961年までとべば篠原一男*11の「から傘の家」がみえてきて、1950年代の小住宅の傑作がすべて揃う。菊竹清訓*12の「スカイ・ハウス」と丹下健三*13の「自邸」があるが、これは横山正も言うように普通の住宅の部類に入れないほうがよい「ドメスティックなものを超えたヴィラのごとき存在」である。

横山正が指摘したように戦後の小住宅の時代には観念的な性急な理論が流行したが、それは敗戦と戦後の諸改革のために、戦前的なものをいっさい拒絶するリアクションで、やがて沈静する。しかし、性急な理論ではあっても最小限という極限のなかでの思考であってみれば、住まいの場所で起こるさまざまな住行為の徹底的な分類整理分析のために大いに役立ち、新しい思考形成への準備作業にはなったのだと思う。時代が変わっても最小限という枠組みのなかで考えねばならないことが意外に起こるものだ。神戸の大震災同様のことは必ず起こる。災害がなくとも「最小限住居」というのは住宅という現象のなかで不易の部分であり続ける。

横山は同じエッセーのなかで、藤井厚二*14によってはじめられ、土浦亀城*15、谷口吉郎*16などを経て戦後に伝えられ一連の系譜につながる存在として吉村順三を挙げ、吉村の

＊4 清家 清
（1918〜2005）
谷口吉郎、グロピウスに学び、東京工業大学で教鞭をとる傍ら、設計活動を行う。「斉藤助教授の家」など、戦後の住宅設計に大きな足跡を残した。

＊5 白井晟一
235ページ参照。

＊6 広瀬鎌二
（1922〜2012）
住宅建築の工業化に先立って、軽量鉄骨造で、ガラス、レンガなどを用いた明るく、軽い「SH」シリーズを1〜70までつくった。

＊7 吉阪隆正
206ページ参照。

＊8 生田 勉
27ページ参照。

＊9 宮島春樹
東京大学教養学部で図学教授であった生田勉氏の助手を務めた。その後イタリアへ移住。

＊10 吉村順三
142ページ参照。

＊11 篠原一男
223ページ参照。

つくる住宅は日本の近代住宅の到着点を象徴する存在と高く評価していた。そこでは数寄屋的なものの味わいとともに、日本が欧米から学んだものとを溶かし込んでいるというのである。平面の構成、勾配のある屋根、木製家具や調度の扱い、開口部の表現などが日本の近代住宅の表情の共通項をつくり出しているわけで、この系譜には現実からはなれた観念的な思考はまったく見られずに、リアルな姿勢が一貫していて見事というほかない。

けれども１９６０年代以降の若い建築家たちによる住宅作品の展開には、つくり手の過度の自己表出の恣意性が見られてとても気になるようになる。これではまずい、もっと地道な住宅へのアプローチを激励するメディアが必要ではないかと考えるようになる。それが『住宅建築』誌だった。

私が危惧するのは若い世代の建築家たちが彼ら自身の生活実感を赤裸々に表現していることはわかるし、誌面からもその熱気が伝わってくるのを覚えるが、しかし問題は、設計者というつくり手・表現者の実感の表出はよいとして、ではそこに住まう人の実感に届き得ているのか、と問いたい気持ちにさせられてしまうことである。ここで『住宅建築』の創刊に寄せた言葉を再録しておきたい。

「形だけの近代化や進歩を住宅建築に求めないで、これからは住宅建築の質の向上を大衆的な生活の基盤のうえに築き上げていく一大方向転換を成し遂げる時期」ではないかを訴え、「そのためにはあらゆる技術と技能の結集が必要ですが、何よりも重要なことは、誤った近代化のためにさまざまな障害に悩んでいるわれわれの生活自体の健康をとりもどし、新しい生活を再建していくことへの情熱と知恵の結集ではないでしょうか」と書いている。

＊12 菊竹清訓
61、219ページ参照。

＊13 丹下健三
33ページ参照。

＊14 藤井厚二
（1888〜1938）
住宅設計に建築環境工学を取り入れた先駆者。実験住宅と称して自邸を何度も建て、最後につくった京都大山崎の「聴竹居」は、日本の気候風土に調和し、和と洋を融合させた空間構成が名建築と評価されている。

＊15 土浦亀城
（1897〜1996）
フランク・ロイド・ライトのタリアセンに学び、帰国後は分離派建築会に属し、インターナショナルスタイルの作品をつくった。自邸は1935年竣工。

＊16 谷口吉郎
（1904〜1979）
日本の伝統的様式を現代建築に継承することに力をそそいだ建築家。主な作品に「島崎藤村記念堂」「ホテルオークラ」など。また、博物館「明治村」を構想・実現し、初代館長を務めた。

そして「すぐれた住宅建築にはもろもろの技術・さまざまな技能が注ぎ込まれており、それらすべての見事な総合化が誰が見ても明らか」なような成果としての家のたたずまいを感じとることができる。

「このようなすぐれた総合化は、単なる専門的な知識の習得だけでできるようなものではなく、それをつくる建主、設計者、大工、工務店等々の間に成り立つ知恵の交流と共感と信頼関係の積み重ねがあって、はじめて成就できる。それはその建設のために結集された人びとの共有の制作品であり、人びとが相互に生活の場をつくりあげていく活動が生み出す集団の共同作品である」と心得よと、自戒を込めて訴えている。

以上が『住宅建築』創刊の理念であるが、ここにすでに技術と技能の区別が意識されていて、技能の復権への道筋が示されていたと考えてよいと思う。

木造に寄せる想い

木造による住宅建築は、自然と人間労働が結晶したものだ。山林労働者によって切り出された丸太は製材職人の手によって柱や梁や板にされ、さらに大工の手によって再度加工されて、最後に組み立てられて完成する。そのすべての労働過程、加工過程、組み立てて仕上げる過程の一つひとつは、技能の担い手である職人によって支えられている限り、自然の産物としての木の固有の性質は毫《ごう》も損なわれることはない。なぜなら、労働対象たる素材のもつ自然の性質を見ながら、職人・労働者たちは、素材の自然な性質と自分たちの労働との直接な結びつきの感覚を保持して働いている。当然のことながら、完成した家には木のもつ自然性の表情によって包まれた空間の雰囲気が漂う。そこに住まう人たちにもそれはストレートに伝わるはずである。

ところがこんにちよくつくられるようになった木質系の家というのは、どんなに上手にデザインされたものであっても、残念ながら木のもつ自然性の表情は保存されずに消えていく運命にある。それは商品としての木材を組み合わせて商品としての家をつくる過程のなかでは自然性の保存ということは目的から外されているわけだから当然なのである。

木造建築は木の自然性に即した構造である。ただし、ここでいうのは伝統構法のそれである。柱を横木の桁でつなぎ、桁の上に梁を架け、その上に棟から垂木を渡して屋根面を形成する。伝統的な構法の基本は柱がすべての屋根荷重を支えるわけで、直立する木が天を支える自然の姿を想起させてくれる。

私は戦後いちはやく、物理学者の武谷三男*17の『技術論』に決定的ともいえる影響を受け、その影響圏から離脱するにはかなりの時間を要した。武谷技術論が間違っていたとは一概にいえない。建築の実態についての経験の皆無のまま建築ジャーナリズムに入った最初の頃は戦後の生産復興のなかで技術者の主体性の確立を声高らかに主張した武谷技術論は魅力にあふれるものであった。しかし建築生産の実態が技術の近代化にとって生易しいものではないこと、そして前近代的なさまざまな技能にも支えられながら進行しているのを知ってからは、武谷技術論への一辺倒からは離れることになる。

武谷三男は、技能、技術について次のように規定していた。すなわち技術の立場からすると、主観的個人的な技能は客観的な技術に解消していくものとしてあるのであり、「技術とは人間的実践（生産的実践）において客観的法則性の意識的適用である」というのである。確かに

*17 **武谷三男**
（1911〜2000）理論物理学者。三段階論と技術論からなる「武谷理論」で知られる。終戦後間もなく鶴見俊輔らと『思想の科学』を創刊し、科学史、技術論分野で論文を発表した。『武谷三男著作集』『武谷三男現代論集』共に勁草書房刊。

一般的な通念にしたがえば、技能とは経験的に蓄積された職人的な腕であり、技術は科学的な裏づけをもった客観的な科学技術であり、科学技術にとっては申し分ない規定と一応は言えよう。

技術を技術者固有の実践とみる限りでは問題はないけれども、技能が主観的なものを含みながら形成されるのに対して、技術は客観的、科学的であることを明らかにすることによって、技術の技能に対する優位を印象づけ主張している。それはさらに、技能も技能保有者の個人的能力として限定してしまう。

技能の復権

技能は確かに一面では個人の腕としてつくられる。しかし一人の人間のなかに自己完結するものではない。技能は人間たちの関係に支えられて生まれ、職人のつくった作品と住まい手の関係のなかで腕は発揮される。仕事集団のなかに蓄積され、使用者集団の関係のなかで磨きをかけられて持続的に発展する可能性をもつ。残念ながら日本の近代化は、その可能性をつぶしてきてしまった。しかし、ここへきて、技能の復権をめざす動きは、人間と人間との新しい関係の再構築をつくりだす動きと重なって模索される気運が醸成されつつある。

そんなときに私が出会ったのが、技能の本質を、経験によって蓄積された使用価値をつくり出す知として捉える経済社会学者の渡植《とのうえ》彦太郎*18の新しい説であった。彼は、技能が〝腕〟と不可分であることを認めながら、経済価値をつくりだす技術知に対する技能知の優位を見るのである。技術は技能の崩壊のうえに成立してきているという歴史の経験がある。しかしなぜ渡植は、技能は技術より優位であるとするのか。それは技能は使用価値をつくりだすも

＊18　渡植彦太郎
（1899〜1992）
経済社会学者、経済哲学者。東京商科大学卒業。京城高等商業学校、福井大学、富山大学、松山商科大学などの教授を歴任した。『仕事が暮らしをこわす』『技術が労働をこわす』『学問が民衆知をこわす』（共に農山漁村文化協会人間選書）

＊19　内山　節
（1950〜）
哲学者。高校卒業後、研究職に就くことなく在野で執筆活動をする。『自然と人間の哲学』（岩波書店）、『「里」という思想』（新潮選書）など著書多数がある。ＮＰＯ法人森づくりフォーラム代表理事。

のであり、技術は使用価値の疎外のうえに成り立つと考えられるからである。内山節[*19]という若き哲学者はこの渡植の理論に学びつつ「貨幣価値の浸透にしたがって、技能のなかに使用価値をつくる技能と貨幣価値をつくる技能との二重性が生じ」「そのために貨幣価値をつくる技能は技術に置き換えられてしまう」と指摘している。

これまでの技術論では、資本制生産様式のなかでは、技術は歪められる傾向があるとの指摘はあっても、技術の進歩は歴史の進歩だとして疑う視点が希薄であった。そして、職人的な技能＝後進的・非科学的であり、技術＝先進的・科学的との暗黙の了解がなされていた。近代工業技術による近代建築の創造という建築界に流布されてきた立論のなかにも、技能を技術より一段も二段も後れたものとする技能・技術論が幅をきかせて、木造建築とその技能の衰退をもたらしてきた経緯があり、これは早急に改められていかなければならない。住宅建築の領域では職人の技能に依存することなく優れた作品の制作はほとんど不可能であることは誰でも認めているところである。

技術・技能の習得は模倣からはじまる。摸倣の才は、軽蔑すべきでも非難すべきことでもない。師の技術・技能を完璧に模倣できるようになったとき、弟子ははじめて一人立ちができる。職人の世界における見習修業時間の長さを考えれば、模倣がいかに容易なことではないかがわかる。技術・技能についてのこれらのことは、建築・デザインの設計についてもいえることであろう。

渡植によれば、技術知と技能知の対照は、意識を中心とする近代西欧的知能と潜在的知能との対照に置換できるものであり、ユングの意識と無意識との統合に示唆を得て、科学的技術と技能の統合ということも、つまり共存と融合も不可能ではないという展望も持てないわけではなさそうである。ともあれ技能は、創造の根源に横たわる技能と心得て進むべきである。

グローバリズムという「超近代主義」への対抗

こんにちの世界ほど「アメリカニズム」が世界へと拡散し、いわばアメリカニズムが世界を制覇しつつある時代はないのでないか。しかし一方では、こんにちほど「アメリカニズム」のイデオロギー性や限界があらわになりつつある時代もまたない。グローバリズムと呼ばれるかたちで生じているのは「アメリカニズム」の世界化である。そのアメリカニズムとは、個人的自由主義、民主主義、そして市場経済といった理念のセットを普遍的なものと見なす現代文明を支えるものである。このアメリカニズムの土台は、絶えざる技術開発とその成果の大衆化を可能とする大量生産方式であり、それを受け取る大衆社会の形成である。

そして世界を巻き込むこのグローバリズムのなかで生じるのは「普遍的なもの」「個別的なもの」の対抗、重層が問題となる。主権国家というこれまで近代が依拠してきた発明物を、グローバルな時代に適応させて活用するやり方、それは近代主義の矛盾とグローバリズムという超アメリカニズムのもたらす不安定を牽制し、調整する実際的なやり方であるが、それはコスモポリタニズムとファンダメンタリズムのあいだで、「ナショナルなもの」に依拠する以外には考えられないとする政治学者の主張があるように、まさにいま日本はナショナリズムの真っ只中にある。しかし一方では国家を超えて「トランスナショナルな共同体」を志向する動きもある。どうなるのか、われわれはどうすればよいのか。

普遍主義の旗印のもとに押し寄せてくる西欧近代的なるものと、いままでずいぶんと調子を合わせつき合ってきたが、もう進歩と普遍へと突き動かされるのは止めようではないか。

こんにち押し寄せている普遍主義は排他的であり、暴力的でもある。この普遍主義は危険であり、これへの対抗を考えざるを得ないが、ナショナリズムへの依拠も危険をはらむ。

西欧的近代の普遍を標榜する思想に対抗するには、私たちとしてはローカリズムに依拠して、そこに腰を据えて思想を紡いでいくほかはないし、それが最も賢明な戦略ではないかと考える。そのローカリズムの基盤となるのはもちろん「地域」、それも小規模の「地域」であって「日本」というような国家規模は考えない。せっかく、欧米の普遍思想を相対化するための対抗が、その思想が国家主義や国粋主義に絡めとられていた過去があることを踏まえて、この際は、徹底的に「地域」にこだわる手法をとることが必要である。『住宅建築』は建築家たちの「地域」に依拠する活動に絶えず励ましを送る存在でありたいと考えている。

前川國男[*20]のリアリズム

ここで唐突だけれども前川國男という存在について述べておきたいことがある。

前川國男は私が最も尊敬する日本の建築家である。戦前彼は、帝室博物館や第一相互銀行のコンペでモダニズムのデザインを掲げて当時の国粋的な精神主義建築に敢然と戦いを挑んで、近代建築開拓の闘将の名をとどろかせた。その前川が、「在盤谷《バンコク》日本文化会館」の公開コンペに寝殿造の伝統様式を汲む大屋根を採用した建築案を提出したのである。日本的な表現といわれた「帝冠合併様式」[*21]に抵抗を続けた彼がついに挫折した、これは前川國男の転向声明だとの戦後の評価があるが、しかしこの評価は、前川のその挫折において何を経験したのか、説を曲げたとだけ言い放ってよいのか、私は彼はその挫折において、挫折を通過することを通して近代建築として建築思想の幅を広げ、たくましくいっそう骨太に成長させていっ

＊20 **前川國男**
81、246ページ参照。

＊21 **帝冠合併様式**
伊東忠太、佐野利器、武田五一らによって推進された和洋折衷の建築様式で、クラシック様式の建物に和風の屋根を載せたもの。一般には「帝冠様式」と呼ばれている。

たのだと解釈したい。このコンペの1年前に書き上げた「覚え書――建築の伝統と創造について」は、前川の建築観を理解するうえで、戦前戦後を通じて最も重要な論文であると私は考える。危機においてこそ思想はその古い殻を破って飛躍するのだと思う。前川はこのときに変わったのである。前川はそのときに単なるモダニストではないモダニストに、いやリアリストに自身さえも気がつかないかたちで変貌していたと私は思うのである。戦後に展開される前川の作品活動は、日本相互銀行から神奈川県立音楽堂・図書館へ、そして京都会館、東京文化会館へと結実していく。その堂々たる風格をそなえた作風を貫くものは、人間的で豊かな感性に包摂された合理主義的な姿勢ではないだろうか。

前川は語るのだ。「建築の形はどうして生まれるか。かつて人類の草創時代に人間は自己を雨露より守り、風雪をしのぐ手段としてその庇護物の構造を彼を囲繞する自然の何ものかに示唆を受けたに相違ない。かくして人間は洞窟に住みまたは掘立小屋によって地球を彷徨したことであったろう。先に文化は呼びかける自然に対する人間の技術的応答のうち成立すると述べた。掘られた洞窟、建てられた掘立小屋は人間に対立する〝自然〟の中に加算されて、ここにいわば〝第二の自然〟が再び人間に呼びかけよう。かくしてそれに応答するものとして第二の洞窟が掘られ第二の掘立小屋が建てられ、ここに素朴なる伝統は素朴なる創造によって伝承されていく」のであると。

「建築はかくのごとくして表現的自然の呼びかけに技術的身体の応答としてつくられた形としてすでにまた新たに表現的環境に連なって、新たなる造形意志をささやく声となる。かくして人間の内奥に呼び起こされ形づくられた理念と、かかる表現的環境の形づくる伝統とはひとつは未来に自由に働かんとする意思となり、ひとつはその自由を束縛せんとする繋ぎとなってこの矛盾の統一として歴史的現在が成立し、ここにその担い手として技術的身体をもつ人間が登場する。かくて形はかくのごとき動的統一の表現なるが故に生きた形であり、変容する形であろう」。

戦前、前川は近代技術による近代建築を夢に描いていたために、木材のごとき自然材に依存する限り、本来的な意味における近代的工業生産は成立し難いとして、木造建築をあまり評価しないかにみえたにもかかわらず、「笠間邸」*22という和風の住宅を設計しており、民家風の「自邸」*23も大らかな骨太の構成の素晴らしい作品として残している。ここにもリアリストの前川の面目躍如たるものがある。先に挙げた論文「覚え書——建築の伝統と創造について」のなかで、「世界史的国民建築」を創造すべき課題として挙げているが、具体的にはどんなイメージを描いていたのであろうか。いまとなっては誰知るよしもないわけだが、それは「在盤谷日本文化会館」に示されたものと、戦後の作品をつなぎ見て、そこに流れる表現的な造形の構想力によって想像するほかはないのではないか。それは「在盤谷日本文化会館」を特別に差別しないで見るときに浮上してくるのではないだろうか。彼の「ホンモノ建築」という概念にはらまれたイメージが戦前戦後の諸作品のあいだをつなげ媒介してくれるのかもしれない。

なぜ前川國男を呼びだしたのかといえば、私は彼のリアリズムの路線をこよなく愛するからであり、精神においてそれを継承したいものと思うからであろう。あの「自邸」の見せるふてぶてしさよ、それが『住宅建築』にほしいものなのだ。言葉を変えてそっと、それこそWildernessと呼びたい。

＊22　笠間邸
東京駒場に現存する前川國男設計の木造住宅。

＊23　前川國男自邸
1942年、戦時下の資材制限のなかで東京上大崎に建てた木造2階建て住宅。吹き抜けの居間を中心に書斎と寝室を左右に配したシンプルな計画。東京都小金井市の「江戸東京たてもの園」に移築保存、公開されている。

自在に生きる職人

自在に生きる職人というイメージへの憧れが私たちにはある。職人は自在に生きる、どこでも。それができる職人の技を身につけているからである。しかしこの自在に生きるの「自在」は、近代ヨーロッパが生み出した「自由」とは違って昔から日本にあった日本的な自由観である。自由は自分の外に対して行使される権利である。ただし自由を手にしたければ義務も果たせという付帯条件がつく。

日本的な自由である「自在」は自分自身を問う言葉である。自在に生きようとするなら何が必要か、当然のことながら自在に生きていく技が必要になる。

ところが近代化の進展のなかで、いつしかこの自在に生きる職人のイメージが消えていってしまったのである。

市場経済とか資本主義経済に原因を求めることは容易である。しかしそういう見方だけでは、人間社会の大いなる可能性を見失うことになる。厳密にいえば、市場経済と資本主義経済は同じではない。市場経済のひとつのあり方が資本主義経済である。資本主義という言葉を使うときは、その対抗原理としての社会主義という観念が浮かぶ。ところが市場経済という言葉はその対抗原理をもたないまま使う。強いていえば非市場原理となる。

これまで近代的な市場経済の発生は、歴史の必然と考えられてきた。単純な商品経済が生まれ、次に労働力の商品化がはじまり、やがて資本主義商品経済が成立する、これが歴史の必然だというもの。しかしこの必然性というのは怪しいのである。歴史をつくる要素は、必然性よりも偶然性のほうがはるかに大きいのである。

ヨーロッパで11世紀から15世紀にかけて、商品経済は少しずつ浸透していくが、それが近代的な市場経済の成立にただちに結びついたかというとそうでもない。何が起こったか。戦争である。16世紀から18世紀にかけてのヨーロッパの諸国は繰り返し決着のつかない戦争に明け暮れていたのだ。戦争は国の経済力の高まり、富国を高めなければならない。植民地からの収奪であり、国内では市場経済をすすめ、税収を増やす。国家に紙幣が集まる合理的システムをつくる。それが市場経済の発展だった。

近代的自由と近代的な市場経済のあいだには、合理的なものごとを処理するという共通の土台があったけれども、その結びつきが必然であったとすることはできない。

かつての農山村を共同体という側面からのみ描くのは誤りだったという考え方がある。あれはヨーロッパの中世史を日本に適用してしまったための誤解だったのではないかというのである。内山節によれば、「日本の農民は、一方では共同体とともに暮らし、他方では市場経済とともに暮らすという二重的生活形態をもっていたのではないか」という農山村観が生まれる。もちろん、存在の軸は共同体のほうであった。だからこそ、農民たちのあいだでは私的世界よりも共存的世界のほうが優先される精神的態度が生まれ、市場経済の関係は、村の暮らしの自在さを損なうものではなかったというのである。その中心にあるのは共同体の持続であり、それを守るために行われる市場経済は否定されるものではなかった。ここから現代の私たちは多くの示唆を受け取らなければならない。

私たちの暮らしは市場経済のなかにあるが、しかし市場経済の介入を受けない生活・労働圏をつくることができるものとすれば、自在な暮らしの存在を可能にすることもできる。そのような生活・労働圏はどのようなルールで営まれている「世界」なのか、それは自分たちの「世界」の持続を保障する慣習であり、自然と人間とが、そして人間と人間とがうまく折り合いをつけていく方法としての慣習であり、市場経済とこのもうひとつの自分たちの「世界」との二重的世界をつくり出していくことは大いに可能性があるとは、内山節の見解である。

建築家も職人として自在に生きる技を身につけていくこと、それは住宅建築の創造にとって中心的な課題のように思える。職人という言葉の意味は広げたほうがよい。それは職人としての技をもった、仕事人であろうとするすべての人を含める。私たちのような雑誌の編集屋もそんな職人のなかに入れておきたいものだ。

4

〈非都市化〉論

都市と田園の新しい地平
――ハイブリッド・ヴァナキュラリズム

この論は、神楽坂建築塾[*1]で開催された平良敬一喜寿記念連続講演会「民家論の地平」「都市主義の限界」の後者の講演内容と、来場者との討論の抄録である。まとめの文責は会の主催者である鈴木喜一[*2]による（『住宅建築』２００３年６月号所収）。

〈講演〉都市主義の限界

「都市主義」と「田舎主義」の対比

きょうの本題は「都市主義の限界」というテーマにしました。このテーマの背後に仕掛けられているのは、「田園都市構想」の問題です。きょうは武蔵野美術大学教授・長谷川堯[*3]さんがいらっしゃっているので、僕は長谷川さんにはっぱをかけたいと思うんです。同じような田園都市構想の理想について語るばかりでなく、もう少し社会活動として一歩二歩踏み込んだ具体的な実践論を提示していただきたいと考えています。後ほど、ご意見をお聞きしたいと思っています。

今回の講演会のタイトルなんですが、解剖学者の養老孟司さんが出された本『「都市主義」の限界』からお借りしたんです。１９７０年前後の大学紛争を大学の教授として経験した彼が、

＊1　**神楽坂建築塾**
新しいものをむやみにつくるばかりでなく、歴史的なものを「残す」「活用する」ことを視野に入れて建築を考えていこうとする「現代版寺子屋」。建築技術者、設計者に限らず、学生、市民、建築愛好家にも開いた私塾。

＊2　**鈴木喜一**
（１９４９〜２０１３）

建築家、鈴木喜一建築計画工房を主宰。武蔵野美術大学講師を務める傍ら、東京・神楽坂に開いたアユミギャラリーを拠点に、神楽坂建築塾などの多彩な活動を行った。『語りかける風景』（風土社）などスケッチ紀行の著書多数がある。

＊3　**長谷川　堯**
（１９３７〜）

建築史家、建築評論家。武蔵野美術大学名誉教授。『神殿か獄舎か』（鹿島出版会）、『都市廻廊 あるいは建築の中世主義』（中公文庫）、『建築有情』（中公新書）ほか著書多数がある。

そのことをどのようにまとめているのか。彼はなかなかおもしろいことを言っているのです。結局、大学紛争のなかで、学生たちが何を訴えたかったのか。訴えたことは理解できることもあるのだが、実際の問題は左右の政治運動というような理解になってしまって、実態はわからない。むしろあの背後にあったのは1960年代からの急激な都市化だった。戦争で大きな都市は廃虚になって、そこから経済が復興して、70年前後にはピークを迎えたという社会情勢が背後にあった。学生たちは都市化を意識していなかったかもしれないけれど、その急激な都市化を敏感に肌で感じていた若者たちが起こした異議申し立ての運動が大学紛争であった、と彼は書いています。

そう言われてみると僕もそう感じます。その当時、都市化についての本をずいぶん読みました。特に僕が社会哲学で影響を受けたのは、フランスのアンリ・ルフェーヴル*4という哲学者です。フランスでも60年代後半の5月革命のときに注目された哲学者で、60年代にはたくさん翻訳書が出ました。『都市革命』『空間と政治』など、都市化の現象などを分析した本を読んで、僕は多大な影響を受けました。

たとえば日本では羽仁五郎*5の『都市の論理』という本が爆発的に売れましたが、それを読んで影響を受けた若者たちが、学生運動の中にはかなりいたはずです。当時の日本の若者たちも、都市化が急速に激しく起こったということを肌で感じたと思うのです。われわれがいま感じているものとは違う意味で、確かに何か感じていたはずです。

養老さんのおもしろい見方というのは、都市主義の言葉の対義語として「田舎主義」を対比させていることです。中国の文化大革命も、彼に言わせると、簡単に言えば毛沢東は田舎主義だったのだ、ということになる。文化大革命の頃、共産党幹部から追われた人がいます

＊4　アンリ・ルフェーブル
126ページ参照。

＊5　羽仁五郎
（1901〜1983）歴史家。1921年渡欧しハイデルベルク大学で歴史哲学を学ぶ。マルクス主義理論誌創刊し、プロレタリア科学研究所創設に加わるなど、戦前は反ファシズムを貫いた。1968年『都市の論理』（勁草書房）がベストセラーに。著書多数がある。

よね、たとえば劉少奇。それまでの社会主義から考えると、正統派に入る人なのです。労働総同盟のまとめ役というか、都市の労働者の運動全体に影響を与えるような人だったのです。それが、資本主義を歩む巨頭だということで、つるし上げられてしまったのですね。

養老さんは中国の歴史も、都市主義と田舎主義ということで理解しようとしている。これまで日本では、毛沢東の文化大革命を少しロマンティックに考えていたんですが、彼は都市化に対する批判として捉えているんですね。単なる都市主義ではなくて、資本主義では実現できないような、田園の問題を切り捨てず、すくい上げて、都市の労働者、地方の農民をひっくるめて、いままでにない毛沢東流の社会主義革命をめざしたんだろうと思います。毛沢東後の鄧小平。この頃から都市主義が優勢に進んだんですね。別の言葉で言えば、資本主義が社会主義に取って代わるような変化が起こった。いまの中国は社会主義とはとても言えず、むしろ資本主義のように僕にもみえます。資本主義というよりも都市主義と言ったほうが、実態がわかりやすいかもしれない。

石油エネルギーが生んだ都市

日本の歴史について養老さんは、日本において古代から中世というのは、都市主義から田舎主義への転換で、中世から近世へは田舎主義から都市主義への転換であるとみる。それから江戸３００年の都市文化が栄えた。そういうようなおもしろい見方をしている。

では都市化とはどういうことか。彼流に言えば、石油のエネルギーがつぎ込まれて、急速に世界中が都市化したことだ、としている。確かに日本の戦後の急速な、戦前とは違った種類の発展は石油のおかげでしょう。古代都市には石油がなかったわけです。鬱蒼とした森林に囲まれている中で、森林を活用して都市ができた。木材エネルギーは石油に比べて小さいエネルギーだった。だから、古代における都市はむやみにどこでもできたわけではないんです。古代都市文明が起きたのは歴史で教わったような場所です。そういう見方をすると、大都市ができているのもやはり石油エネルギーがつぎ込まれたためで、もし石油が供給されなかったら、確かに都市はしぼんでしまうだろう。養老さんの本はそういうイメージをわれわれに与えてくれるような本です。彼はそういうエネルギーを、文化的ではなく理科的に考えると明確だと言う。このような明快な表現の仕方はやはり彼でなければ言えない。おもしろい本です。

　われわれが直面している都市問題。たとえば超高層ビル、これも石油のエネルギーによって成り立っていて、それが無くなったらしぼんでしまうはずなんです。それが都市の巨大化が進んで、オフィスビルならまだしも、必ずしも必要とは言えない住居としての超高層ビルが建ち並ぶ現実をどのように考えるかということにもつながっていくのです。

　僕が二番目に問いかけたい問題です。養老さんは大きさ高さも含めて都市の限界というのはどのあたりなのか問うています。それをもう一度考えるべきでないか、というのが彼の言わんとするところです。僕も80年代以後、知識としてあったエベネザー・ハワード*6の「田園都市」を、もう少しリアルに切実な課題、現実の問題として感じるようになった。それは長谷川さんの言われている田園都市構想などがあって、『田園住宅』（建築資料研究社刊）という本を作るお手伝いをした頃からでしょうか。だんだん、僕のなかで、田園都市構想は単なる頭の中の構想で終らせたくない、日本のどこかで実現するために、その運動に刺激を与えていく役割をこれから残された人生でやっていこう、という気持ちが大きくなってきたんです。

***6　エベネザー・ハワード**
（1850〜1928）
イギリスの社会改良家。工業の発展で環境悪化するロンドンを憂い、『明日の田園都市』（鹿島出版会）を書いて、緑豊かな食住近接の郊外都市建設を提唱した。1903年、そのモデルをレッチワースに実現した。

日本型田園都市

次に1985年頃に出された本で、石見尚*7さんの『日本型田園都市論』という本があります。石見さんが言う「田園都市」とは、ハワードの言うような明確な輪郭・形態を持つものではないのです。実際に戦後、日本で理想としての、そして目的として田園都市をつくろうとしたときに、ある問題に気付いたんです。それは19～20世紀のイギリスの状態と日本の状態ではだいぶ異なっているんですね。都市と農村とが入り交じっていく現象、これが日本では進展しているということです。建築だけではなく、都市の構成もハイブリッドだという現実。それがどうも美しい形になっていないと言うのです。ヨーロッパの中世の都市は境界がはっきりしていた。城壁の中が都会で、その中に都会人が住んでいた。その外にいるのが農民である。おそらくフィジカルな意味でも境界が明快だったのですね。日本の歴史の中では、こういった明快な境界線をもたない都市、たとえば奈良や京都もそうです。戦後、すべての都市で都市化が進むとき、どんどん田舎の空間を侵していくかたちで進行していった。

こういう状態を現実として受け止めたうえで、さあ、田園都市をつくるにはどうしたらよいか、どういう方法があるのか、単なる造形的な問題を超えて、政治、社会問題へ向けて行動を起こしていかなければ、どうにも動きがとれない、そんな気がしています。

〈対論〉田園都市の実現に向けて

つくばでの新しい動き

平良敬一氏の基調講演を受けて、藤本昌也氏*8から田園都市の実践という視点で、つくばで

*7　石見 尚
（1925～）
農業経済学者。東京大学農学部卒業後、協同組合運動に携わる。日本ルネッサンス研究所主宰。『日本型田園都市論』は柏書房刊。

*8　藤本昌也
（1937～）
建築家。1972年、現代計画研究所を設立。「茨城県六番池団地」をはじめ集合住宅団地に新しい計画手法をもたらし、低層から高層まで数多くの団地を手がけている。また、田中文男とともに「民家型構法」を開発した。

の動きについて報告があった。昭和40年代、建築家・大高正人氏*9のもとで「緑・農・住区構想」とも言われる日本型田園都市の立案に参加していた藤本氏は、この日の平良氏のテーマに大きな関心を抱いていたことを明らかにしたうえで次のように語る。

藤本　実際は、当時の高度成長の波にのみ込まれ、この構想は緑と農が消えて、住・住・住構想みたいなものとなって、これを発展させる現実的基盤がまったくなくなってしまった。

しかし、去年、大工棟梁の田中文男*10さんのつくばのお知り合いの方からある話がありました。かなりの土地資産をお持ちの方で、その土地が、たまたまUR都市機構が区画整理をかけている180ヘクタールの中にも存在していたのです。

ところが、現在の区画整理事業の実態は、事業的には惨憺たるものです。それならばということで、その地権者の方は、中央突破の唯一の切り札、田園都市をつくろうじゃないかと考え、法規制や税制について詳しく調査する一方、地元地権者協議会を立ち上げ、地権者のリーダー的存在として活動を始めたのです。いろんな学者さんに相談したのだそうですが、みんな空中戦の議論はするのだけれども、そこから先の議論は全く無かったらしいのです。これではだめだと思ったそのリーダーの方は、田中さんに相談して、それで私のところに話が持ち込まれたというわけです。

その方とは、田園都市の夢物語は山ほどあるけれども、実際には一つも実現していないことや、民間デベロッパーでは絶対できる状況にないこと、また、本物の田園都市を本気でつくろうというのであれば、何よりも地権者全員がその覚悟を決めなければならないというようなお話をしました。実現するには地上戦が必要なのです。そのため、われわれが汗をかくような状況をつくってくれるのであれば、お手伝いしましょうとお話したんです。そして、

*9　大高正人
（1923〜2010）
建築家、都市計画家。東京大学建築学科卒業後、前川國男建築設計事務所を経て1962年、大高建築設計事務所を設立。坂出人工土地、広島基町再開発などを手がけた。

*10　田中文男
（1932〜2010）
叩き上げの大工として働きながら、早稲田の夜学で建築学を学び、農村建築研究会の民家調査に参加。太田博太郎や大河直躬などの調査活動を補佐したことから、社寺や民家など文化財の修理を手がけるようになる。普請帳研究会を発足して、機関紙『普請研究』を10年にわたって発行した。眞木建設代表取締役。

去年1年間、ほとんどボランティア的なお手伝いをしてきました。最後はURが決心することとなのですが、一応地権者協議会の提案として「つくば田園都市構想」を打ち上げました。そのなかでは田園都市という絵が、現実の資産管理事業になるような根拠と筋道まで解き明かしたのです。従来は緑・農・住が絵としては描けても、実際に事業が成立するような答えが出されていなかった。

そこで考えたのが、市民緑地制度の税金と絡んだ支援制度を積極的に導入することによって、農家が定期借地のような経営で安定的にやっていくような事業スキームを前提に、地権者がその覚悟をしてくれたら、かなり、実現の可能性は高いでしょうと申し上げたのです。まだ、あまり大きなことは言える段階にありませんが、もしそうした仕組みに向けて多くの地権者の合意形成が図られるならば、ひょっとすると、わが国初の日本型田園都市構想が実現できるかもしれないというところまで来ています。

純粋化が排除したハイブリッドの復権

つくばでの感動的な実践報告が出たところで、筑波大学教授の安藤邦廣*11氏から発言があった。平良氏の講演会のレジュメを興味深く読み込み、自身の思索と重ねている。基調講演も含めた感想を伝えた後で、具体的な質問があった。その応酬に耳を傾けてみよう。

安藤　平良さんは都市主義とは純粋化を意味すると考えているんでしょうか。また、最終的には混成体がイメージだとされていますが、そのハイブリッド化と純粋化を比較することで、何か議論を深めたり理解できることがあるのでしょうか。

それから、江戸を考えるとき、江戸は「都市」だったとしてよいのでしょうか。日本型田

*11　**安藤邦廣**（1948〜）建築家。筑波大学教授を経て、里山建築研究所を主宰。「茅葺き屋根の構法とその維持に関する研究」で学位取得した、日本の伝統的建築構法の研究者。校倉造を現代に応用した「板倉構法」を田中文男らと開発した。

園都市というのがそのまま江戸であったという議論もできるのではと思います。先ほどの理論から言うと、江戸はヨーロッパ的な都市という定義からは外れています。ですから、江戸がいち早く達成された田園都市であったという仮説があるのかもしれない。江戸には後背地があったわけですし、都市と農村の循環も成り立ち、ゆえに300年も続いたわけです。江戸は庭園都市であったという説もいくつかあります。平良さんの母校である東京大学があった場所も、元加賀屋敷ですし、そういった屋敷や庭園が江戸にはたくさんあった。そういう例は世界でも少ないんですが、江戸というものの位置づけ、養老さんの仮説に引っ張られた、平良さんの見解をお尋ねできればと思います。

平良　純粋化とハイブリッド化は、どちらも現実に現在進行中だと思います。僕がモダニズムと考えているものは、依然として純粋化を進めている。日本の先端をゆく建築家のデザインは、どうもそういうものに思える。それを僕が不満だと思う理由は、都市化のなかに生きているにもかかわらず、僕のなかに田舎主義があるからだと思います。純粋化の反対に、純粋化さえも巻き込むハイブリッド化があります。田舎的な要素を、この都市化のなかに復権させるようにした方がいいのではないか、それが僕の考えです。では、どんな重心の置き方をしたらよいかというと、われわれは田舎の実態を把握する必要がある。そこに起点を置いて、まちづくりも建築のデザインも考えていかなければならない。モダニズムの純粋主義が排除してきたもの、広く言えば自然ですが、その要素を生活のなかに復権させていくこと、そういったイメージでいます。

江戸が日本的田園都市であったという仮説もあり、そうだと思います。なぜかというと、中世のヨーロッパ都市と日本の都市を比較すると、どうも腑に落ちないことがあるのです。

僕は沖縄の宮古島で生まれ8歳のころ、東京の赤羽に引っ越して来ました。少なくとも町の3分の1は水田が残っているような地区で、子どものころの記憶では、赤羽が都会という感じはしなかったんです。電車で有楽町や浅草に出ると、ああこれが都会なんだ、と感じたものです。戦前の記憶はそんな感じです。遡って明治のことを考えてみると、もっと田舎的な要素がある。でもそれがれっきとした都でもあったのです。

中枢部には既に都市的な要素がちりばめられていて、都市であることには間違いないのだけれども、農民の生活が面積的には広くあったのだと思います。都市というイメージとは逆に、田園的な要素の比重が高かった。ヨーロッパの都市と田園との具体的なイメージは僕もはっきりしないけれども、中世のヨーロッパのような都市と田園の明快な境界は日本にはなかった。それは決定的な伝統となっている。この現実を踏まえて、われわれが住む生活空間をどのようにつくっていくか。そのことを考えるために、僕もハイブリッドの状況を確かめておく必要があると考えています。これから僕の勉強もそういった方向へ重心を移していくことになると思います。もしかすると日本のどこかに、田園都市に発展する要素をはらんだ地域があるかもしれない。それを軸にして発展していくかたちを探らなければならないと思います。

安藤　やはり都市は純粋化と考えていいのでしょうか。

平良　いや都市もやはりハイブリッドなんですよ。というか、純粋化というのはあり得ない。局部的にはあり得ても、それ単独では成立することができないのですから。そのような状態で都市は進行しているし、それを止められない以上は、その条件をもとにして考えていかなければならない。ハイブリッドだからよいと言っているわけではなくて、ハイブリッドであるとすれば、それを踏まえて成立するようなものづくりを考えていくべきなんです。これまで単独で成り立っていた建築のデザインですが、都市的な広い意味での美学というものを、ハイブリッドの環境のなかで探っていかなければならない。これからそれをリアルに確かめていかなくてはと思います。

ディアスポラ・アイデンティティ

この講演会の進行役を務めてくれた建築家の青山恭之[*12]さんはハイブリッドの意味をハイブリッドカーを援用しながら掘り下げる。その後で異質なものがデザイナーのコントロールとずれて入り込んできたり、予期せぬものがあったりして、それがハイブリッドのおもしろさではないかと発言する。彼は岐阜県立森林文化アカデミー教授・三澤文子[*13]氏(Ms建築設計事務所)の仕事がハイブリッドに見えると着目する。大工さんの手仕事と工業生産品(Jパネル[*14]等)を組み合わせていることなどもその一つだと言う。

三澤　私は大阪に住んでいますが、2年前から全然関係ない岐阜に行くようになったんです。大阪にいたときに、山と都市をつなぐということを、山の木を通して徳島の木頭村や奈良の吉野で実践していました。でも住んでいるところは大阪でした。

私は能動的ではなく半ば受動的に岐阜に行くことになったんですが、本当にそこは背中に山がある状況です。ですからそこにいる人たちも、山や木に関することを営みとして暮らしています。その近さから見えてくるものと、いままで大阪で10何年間やって見えていたことが、自分の実感として、ずいぶん違うなって感じるようになりました。

先ほどJパネルという話もありましたが、JパネルのJはJapanのJです。国産材を使っ

*12　青山恭之
(1958〜)
建築家。アトリエ・リング一級建築士事務所主宰。ものつくり大学講師、うらわ建築塾代表を務める。

*13　三澤文子
(1956〜)
藤本昌也が主宰する現代計画研究所出身の建築家。夫の三澤文彦とMs建築設計事務所を共同主宰。地域の木でつくる住宅設計を行う。設計事務所MSD代表。2001〜09年、岐阜県立森林文化アカデミー教授を務めた。

*14　Jパネル
正式名は「杉3層クロスパネル」。杉間伐材無垢板を3重にした厚36ミリ、大臣認定取得の構造用面材。仕上げ材としても使える。

た杉のパネルを、工法のなかに入れていくことで大いに意味があるというように捉えていました。でもJパネルの工場は建設に2億円ほどのお金がかかってしまう。ですから、岐阜に行ってからは地域の人たちと、いまある機械で、それに近い強度が出るパネルもつくっていこうとしています。それで需要と供給のバランスをうまくとっていければいいのではないかと。いま地域でみられる問題は、行ってみるとすごくわかるわけです。こんなに大きな工場ができていて、生産に関してとてもよい環境なのに、全然動いていない。一方都市の方ではすごく小さな下小屋で手仕事を逆にやっている。実は地域の方が機械化されているわけです。この状況はどこかねじれているような感じがします。でもそれに少し、何かエッセンスを加えればいい方向に向いてくるんじゃないかと考えているわけです。

三澤さんは田園都市の話から転じ、まちや都市をつくるというよりも、仕組みを変えていくことのほうが自身の仕事だと語る。美濃にある森林文化アカデミーを拠点に、山と都市をつなげる行為、山村にいて都市に発信する人たちが増えてくることで、何かが変わるんじゃないか、と期待する。

彼女は最後に、レジュメにあったディアスポラ・アイデンティティについて平良氏に質問をする。静岡県生まれの彼女は、大阪を中心に活躍し、いまは岐阜に出向き、未知の土地での体験を重ね自己形成している。人生の大先輩にあたる平良氏に、喜寿つまり77年の人生のなかでこういうディアスポラ経験や実感がどのようにあるのかと。

平良　ディアスポラ（Diaspora）というのは具体的には何かというと、パレスチナの地以外に住むユダヤ人の人びと、転じて現住地を離れた移在者ということです。第二次世界大戦後にイスラエルという国が人為的につくられましたが、それまでユダヤ人は、二千年を越えて祖国パレスチナからいろいろなところに散らばって放浪し、生活し、そのなかでそれぞれの地域で違うものを経験した。こんな人たちのことをいうらしいんです。

よく考えてみると僕もそういうところがあるかなって。純粋なわけではない。地域的なものもそうですし、僕は本を読むほうでしたので、本を読んで僕のなかに染みついた観念や概念、あるいは感覚、感情みたいなものがたまっている、集積しているんです。それが僕なんです。それはディアスポラ的だなって、いまさら思うんです。そういうものだとすると僕は建築家じゃないし、ものをつくっているわけじゃないけれども、建築家やものづくりの人たちもいろんな場所で異質なものを全部吸収しながら、堆積しながら自分をつくりあげてこんにちがあるんじゃないかと思います。ものづくりのなかでもごく自然にというか、異質的なものに折り合いをつけながらやって、自然にそういう経験というものが形になって表現されてくる。だから僕が建築家の人たちの仕事を見るときにそういう要素を発見するんです。

でも純粋主義の人たちのなかにはないですね。純粋主義の辿るコースっていうのはまた別にあるんです。モダンデザインとかがそうなんですね。純粋主義は非常にピュアな標準語、国語をつくる。でも実際の言葉のなかでは生まれたところの方言の痕跡がある、方言は理解できるし話ができる。僕は生まれたところの沖縄の言葉は喋れないんです。でも活字になったものを見ると、向こうの生活を経験していない人よりかは感覚的にわかる。そんな意味でこれがものづくりにすべてそういうことがあるんじゃないかと。

ですからハイブリッドというのも造形的に厳密的である必要はむしろなくて漠然的なものでいいんです。大阪でずっと仕事をしているときと、岐阜の周囲を山で囲まれた美濃のときとは違うことや、建築家の泉幸甫[*15]さんが東京の中にちょっと田舎風の集合住宅をつくっ

*15 泉 幸甫（1947〜）
泉幸甫建築研究所主宰。和紙や左官材料など建築仕上げのテクスチュアに独特の感性を表現する建築家。主な作品に「泰山館」、「アパートメント鶉」や住宅作品など多数がある。

てみたりすることも。そのなかで僕はその人がどういう育ち方、どういう仕事をしてきたかを想像するのがおもしろいんです。ですから三澤さんは藤本さんから伝統工法を受け継いで、大阪に行って仕事をして、いまは岐阜、ときているなかで何かが変化しているはずです。それはハイブリッド化の過程じゃないかと思います。

都市をほぐすために行動を

ここで、この講演会にだいぶ遅れて登場し、会場全体を心配させた長谷川堯氏の発言を聞くことにする。もうすっかり彼の冷や汗が引いている。

長谷川　今日はたいへん遅れて来ましてすみません。地図を持ってくればよかったんですが、前に一度ここに来たことがあったので大丈夫だろうと思ったら、路地を一本間違えてうろうろして、ついに飯田橋のほうへ戻ってしまいました。それからタクシーで神楽坂建築塾のあるアユミギャラリーまで行って地図を確認し、そこから飛んできました。申し訳ありませんでした。

汗をかきながら早く行かなきゃ、平良さんを待たせてはまずいと思いながらも結構楽しいんですよね、路地歩きって。以前、永井荷風の東京散歩の話を書いたときのことを思い出したりして。

それこそ僕のイメージする都市の道というのは、道幅が何十メートルもあって、ストレートに通っている表通りの道ではなくて、やっぱり神楽坂のような道が、本来都市の道なんじゃないかなって思いながら来たんです。それで思い出すのは昔、夏目漱石が住んでいた早稲田の喜久井町なんですが、彼がお姉さんや家族と一緒に歌舞伎座へ芝居を見に行くときに、飯田橋側のどこかから船に乗って日本橋まで行き、そこから歌舞伎座へ行ったと本の中で書いてるんです。要するに漱石が住んでいた喜久井町辺りが間違いなく田園なんです。

今日の話のなかで僕が心配なのは平良さんの話のハイブリッドも含めてですけれど、田園都市という言葉やハワードが考えたコンセプトは、日本人にきちんと浸透していないんじゃないかということです。

神楽坂には都市の迷路みたいなものがあってその周りを明治の田園地帯が取り巻いている。ハワードはガーデンシティというものを提案したとき、3万2千人という一つの人口単位をそこに与えた。3万人が都市部へ住んでその周辺のグリーンベルトに2千人の農民が住むという。もちろん牧畜などを含めてですが、3万人と2千人が1セット、つまりタウンとカントリーが1セットになって、それがイギリス中にばらまかれていく。それによってその当時の700〜800万人のロンドンの巨大人口を減圧していく、それが彼のガーデンシティの基本的な考えなんです。平良さんの話で都市主義・田舎主義というのがありましたが、田園都市は田舎主義ですか。そうではないでしょう。

平良　田舎主義を含めて成り立っている都市なんですよ。

長谷川　そうでしょう。言い方を変えると田園都市は「都市主義・田園主義」という図式を乗り越えようとしているんです。そのときにいちばん大事なのは、真ん中にタウンがあってその周りにグリーンベルトがあることです。僕はね、ガーデンシティを語るときにその図式は絶対崩しちゃいけないっていう頭があるんですよ。でもいまは3万2千人という人口単位でやれるわけがない。だからいまの日本の国土にガーデンシティを考えるときに、人口単位はどのぐらいかなってずっと考えているんですが、いまだに僕は都市計画の分野に弱いですから結論がでないんです。

なんらかの形でタウンがあって、その周りにグリーンベルトがある。たとえば新宿から荻窪に行くあいだのどっかにグリーンベルトをひいて市街地と市街地の間に田園がある、カントリーがあるっていうのを、21世紀にはできないかもしれないけど22世紀ぐらいに東京っていう場面でやれないだろうかって、ずっと前から考えています。それが平良さんの言うハイブリッドと重なるか重ならないかは自信がないけれども。

ハワードはアンチ大都会主義です。そこを踏まえないとだめなんです。つまり大都会を解体していくっていうことなんです。実は2〜3日ぐらい前に昭和9年ぐらいの建築雑誌を読んでいたんですが、そこには戦争中にもし大都市が攻められたらどう防空するかということが書かれていた。僕の少年時代には、夜になると電気を消せだとか、白い蔵の壁は黒く塗りつぶせとか、そんなことが言われている頃だったので、その頃を思い出しながら読んでいたんです。

その当時、村野建築事務所*16にいて、後に竹中工務店にいった友野さんっていう方がおられました。その友野さんが「防空のためには都市をほごさなきゃいけない」っておもしろいことを言うんです。「ほごす」っていうのは僕はあまり使わない言葉なんですが、「ほぐす」っていう意味だと思うんです。都市を「ほぐす」ことによって、たとえば一箇所攻められてもその都市が全部だめになるようなことはないのではないかと、友野さんが言っているのは、やっぱりその戦争のときの防空戦術として言われたと思うんですが、でもその「都市をほぐす」というのはなかなかよい言い方で、僕の琴線に触れるものがあったんです。

東京なら東京、大阪なら大阪のような巨大都市をほぐさないでガーデンシティをつくれた

*16 村野建築事務所
村野藤吾(1891〜1984)が1929年に設立した建築設計事務所。1949年より村野・森建築事務所。「日生劇場」はじめ多くの作品がある。「宇部市渡辺翁記念会館」「世界平和記念聖堂」は重要文化財に指定されている。

らいいなっていうのは、それ本来の意味は無くなっているような気がします。だから平良さんが「都市主義の限界」というタイトルをつけられているけれども、極端に言うなら「大都市主義の限界」ですよね。タウンとカントリーが結婚した状態の環境を日本の中に無数につくっていく都市論なり田園論がないのかなって考えています。平良さんはそれを僕にやれってずっとおっしゃっています。(笑)

平良　そうそう、なにぐずぐずしているんだって、僕は待っていられないってね。

確かにハワードが言う田園都市とは違うことを僕は考えています。もちろんハワードの原則的なところは明快で理解できるんですが、日本の現実はどういうふうに動いているかというと逆の方向に動いている。都市の限界って言った場合はもちろん大都市の限界なんだけれども、それ以前の都市の限界がどのへんの規模でどういう環境で成り立つかを考えたい。大都市を問題にする以前に地方で大都市と違う要素がまだ日本で残存しているわけです。3万2千人クラスの集落も過疎が進んでもまだたくさん残っている。過疎の進み方によっては、5万とかあるいは10万ぐらいの集落も残っていて、非常に混成体であるのが現状です。

大都市を解体していくことは賛成なんですが、それよりも前に、大都市を解体するためにも、地方において田園都市となり得る可能性のある集落、集落のかたまり、連携、連合というものがあるわけですから、そこをもっと知るべきだと僕は強調したい。それは都市を考えることと逆向きの方向ですが、大都市化に抵抗してどこで止めるかに繋がると思うんです。止める術を新たに田園都市構想の側でつくらないと、長谷川さんが考えている日本の都市を分散するということが不可能ですよね。

やはりエネルギーをどういうふうに使うか、われわれの方向がどっちの方向を向いていくかというのを考えると、大都市を問題にするよりもやっぱりカントリー、地方主義を推進したほうが早い。早いといっても1世紀、2世紀かかるかもしれないけど、そういう構想を推進するほうがいいんじゃないかと。という意味で長谷川さんが考えていることとはちょっと違うんだけど、ハワードの描いた原則を説くばっかりじゃだめじゃないかと、僕は長谷川さんにもう少し行動に移してほしい。行動に移せって言っても難しいのですが、一歩でも二歩でも一緒に歩きましょうよって、はっぱをかけたいです。

言葉を変えて言えば、新たな行動の方向を組み込んだ理論を提示してほしいということなんです。

以後、構造の分野から山辺豊彦*17氏の興味深い発言があり、東京造形大学助教授で美術史家の沢良子*18氏からも、昨年、神楽坂建築塾で行った六本木フィールドワークを踏まえての、まだまだ都市論を深めなければならないという話や、建築家の責任とは、という問題提起もあり、それに対する平良氏の丁重な応答もあった。

そして締めくくりに平良氏から次のような言葉があった。

平良　今日はこういう会合をつくりたいがために実現した会合でした。喜寿の御祝いというより、僕は議論をまともにぶつけあうという場を大いにつくっていただきたいと思っています。これは僕がお礼と共に皆さんに対してお願いしたいことです。これからもこういう会合が広く行われることを期待しています。どうも本当に今日はありがとうございました。

＊17　山辺豊彦
（1946〜）
構造設計家。山辺構造設計事務所主宰。伝統木構造技術を残し伝えるべく、大工塾などの講演活動を積極的に行っている。著書に『絵解き・住まいを守る耐震性入門』（風土社）、『ヤマベの木構造』（エクスナレッジ）などがある。

＊18　沢　良子
（1952〜）
美術史家。東京造形大学教授。グロピウス、タウトを中心に20世紀前半のヨーロッパと日本の建築・デザイン史を研究している。

非都市化への革命
混在郷での暮らしのなかで同調性を楽しむ

この論は、2009年の「越後妻有アートトリエンナーレ」を『住宅建築』2009年9月号誌上で取り上げた際に、会場となった過疎の集落を訪れ、構想したことを綴ったもの。

「非都市化・革命」というイメージが私の心を捉えたのは、ずいぶん前のことである。『SD』という建築専門雑誌の編集に携わっていた頃である。首都東京では「都市再生」という名の、実はとんでもない環境破壊が進行中であった。低層住宅の地域のど真中にそこどけとばかりに、超高層のオフィスやマンションが超然と建ち上がっていく。そんな状況のなかで、20世紀初頭のハワード*1の田園都市を想い、ドイツの「産業・生活田園都市」について考えをめぐらせていた。祖田修*2著『都市と農村の結合』を読み教えられたことも多く、分散と結合の論理、とりわけ結合の論理の重要性について思いを知らされた。要するに田園への憧れの強まり、田園、すなわち非都市的なものへの急進的な社会改革がイメージされるに至った。言葉の問題でいえば、単に田園という言い古された言葉よりは、非都市的なものという都市化に対抗するポテンシャルを感じさせる言葉のほうが適切ではないかと思えたのである。ここに私の師と仰ぐ堀口捨己*3の言葉を引いておきたいと思う。大正15年、彼の作品集である『紫

*1 エベネザー・ハワード
187ページ参照。

*2 祖田 修
(1939〜)
農業経済学者。京都大学教授を務めた後、福井県立大学学長を務めた。『都市と農村の結合』は大明堂刊。

*3 堀口捨己
(1895〜1984)
建築家。戦前は分離派建築会を結成し、伝統様式から離れヨーロッパの建築運動に同調したが、やがて数寄屋の美とモダニズム建築の融合を図った。戦前の主な作品は、「小出邸」(江戸東京たてもの園に移築保存)、「紫烟荘」など、また、戦後は、「八勝館 御幸の間」など商空間も多数手がけた。

烟荘図集』に入れた感想である。

「近代の問題は建築に限らずすべての都市と連続し都市的解釈のみに専心しているために、われわれの原始的にして端的にあらわれる欲求や、本然的な性向までも、ややもすれば都市生活といった特殊な、そして今なお不完全な、人為的な、時には病的な見地から、あまり歪められて考えられている場合が多い。

　田園というもののごときも都市の郊外か、あるいは都市の植民地である田園都市としてのみ関心を持ち、あるいはまた山村僻地も国立公園とか、都市用の水源地とか、発電所とか、あるいは燃料木材などの供給地としてのみ、その存在を考察している。これは一面において科学的な都市計画の思想のその限界をできる限り拡張した現代的な偉大な誇るべきまた意義ある傾向として考えられないこともない。しかし田園とか、山村とかの生活を、都会的な多くの制約から現われた人為的習慣や、便宜や打算や、流行的な態度で常に律しようとすることは決して妥当なことではない。時には不可能でもある。

　田園は要するに田園であって、その環境のすべての風物が非都市的な原始的な自然な発展である。」

　ここで注意しておきたいのは、原始的な自然という表現である。田園という表現には原始的な自然という想いは込められていない。であるから、私はいま必要なのは非都市化革命だと思う。それは、あくまでも革命なのだ。革命は前へ前へと進み出ていく線形の動きではなく、後ろを振り返り、自らのなかに、非線形の動きであるという、これは中沢新一[4]の言葉だが、革命とはまさにそうあってほしいと思う。渦を巻くように外に進み出るけれども、また必ず源泉に戻っていく循環運動こそが革命であり、その原動力というべきものであり、源泉を巻

＊4　中沢新一（1950〜）宗教学者、人類学者、思想家。チベット、インド、中国などのフィールドワークを重ね、さまざまな領域の学問を統合する形で独自の思想を展開。『緑の資本論』（ちくま学芸文庫）、『南方熊楠コレクションⅠ〜Ⅴ』（編著、河出書房新社）ほか多数の著作がある。

き込み、原始の記憶を手繰り寄せる、単に言い古された田園への回帰というのではない、原始の野性的思考を内在させるプロセスを想像してみたいのである。大地の芸術祭・越後妻有《つまり》アートトリエンナーレ[*5]は、私などの予想をはるかに超えて、驚異の発展をみせている。

アートによる地域振興という発想を、この名だたる豪雪地の里山である妻有において持つこと自体普通では考えられないし、しかも大胆に実行に移してしまったのであるから驚きはさらに大きい。

アートには力がある。場を発見する力がある。長年の生活のなかで鍛えられた感性でなければ、この現場はなかなか厳しい。このイベントの前に十日町地域の里創プラン「越後妻有アートネックレス整備事業」というのがあって、地域が持つさまざまな価値を、アートを媒介として掘り起こす作業があったそうである。たとえば、「妻有8万人のステキ発見」という催しで集まったのがほとんど里山の風景を挙げたものだという。地域に育まれ磨き上げられた里山の信頼と自信と言ってよいのであろう。そして、アートによる「地域」の再発見がこれに重なるのである。

空家、廃校という二つのプロジェクトは年々重要な柱になってきた。

空家は廃屋に近かったようである。それを改修するのもたいへん厳しい仕事だったはずである。そこで現われた空間をアートの創造空間の場として読み換えていく。結果としてその表現する空間の様相には、その家屋のものである構造ならびに住みこなされてきた生活構成の何がしかの記憶とが一体になって醸し出す雰囲気（気分）がアートがもたらす作品の効果と混成（ハイブリッド）して醸成するもの、そこに現われるのが文化としての隠喩や象徴となっ

*5 **大地の芸術祭・越後妻有アートトリエンナーレ** 「人間は自然に内包される」を理念に、新潟県越後妻有地域（十日町市、津南町）の広大な土地を美術館に見立てて開かれる国際芸術祭。2000年に第1回を開催、以降3年ごとに開催。北川フラムが総合ディレクターを務める。

てわれわれの眼を充分に楽しませるものになる。住むということの深みにある感情を感受し得るかもしれない。

アートにはものに浸透していく力があり、家屋という物質とそれを包む空間の周辺環境とのあいだに相互浸透する作用力があることの発見は楽しいものである。

廃校のほうは、廃屋に近い状態が多かった空家に比べると、構えがしっかりしていて、天井をはがすと立派な架構が露出して、かつての力強く趣のある空間構成に読みかえられ、アートの場として空家に比べるとたやすかったに違いないとも思われ、体育館に、宿泊施設に、美術的展示空間に、店舗にと幅広く転用し得る資産に生まれ変わるのを見た思いがする。

いずれにしても、里山には住宅が建ち、学校があり、住む家族の暮らしがあり、遊びこける子どもたちの姿があってこそ、集落が健康に生きているといえる。在るものは極力残して愛情を込めて使いこなす、そのとき集落は生き生きと輝いてみえてくる。

集落も都市も、われわれは結構上手に辛抱強く使いこなしているつもりであるけれども、住みにくさはますます増大していくばかりとも見える。われわれの住む空間は、仔細に分析してみると、意外に異種混在での混在郷（ヘテロトピア）であることに気づく。大都市であろうと、地域の里山であろうと、あまり例外はない。

したがって、いたずらに純粋なるものを求めるのではなく、混在するものの在り方のあいだに互いに響き合う同調性を見出して、その結合のユニークさを楽しむのがよいのだと思う。

5 建築批評

不連続における成功と失敗
吉阪隆正[*1]のアテネ・フランセと江津市庁舎

この建築評は、当時私が編集長を務めていた『建築』[*2]の1962年6月号に書いたもの。竣工したばかりの建物を訪問しての印象記であり、江津市庁舎についてはいささか辛口の評になっているが、同号の巻末には吉阪研究室による「江津市庁舎決定案までのプロセス」のページを付し、読者に誤解のないよう配慮している。

素朴で自然なもの、反美的美の魅惑

吉阪研究室の仕事である「アテネ・フランセ」の新校舎[*3]には不思議な魅力がある。それは高度の抽象美でもないし、また世俗的なコマーシャルな感覚美でもない。同研究室の風変わりな住宅作品「ヴィラ・クゥクゥ」[*4]ほど非合理な相貌をしているわけでもないし、かといって「ヴェネチアの日本館」[*5]のように合理的な構成美が優勢であるわけでもない。いってみれば、この両者のほぼ中間に位置しているかに見える。合理と非合理がほどよくバランスを保っているといった造型であるように見える。しかし、ここには古典的な意味での美の規範よりも、むしろ反美的ともいえる「醜」の相貌のほうがやや優勢なところに、どうもこの建物の魅力が存在するらしい、といっても私の独断ではなかろう。ともかく吉阪研究室の作品でなければ見られないオリジナルなものがあることは間違いない。それが私をつよくとらえていた。私はそれをみて、何かえらくユーモラスな感情が湧いてくるのを覚え愉快でたまら

＊1　吉阪隆正
（1917～1980）戦後第1回のフランス政府給付留学生として渡仏。ル・コルビュジエのもとで学び帰国後、早稲田大学で教鞭をとるかたわら吉阪研究室（のちU設計室）を設立して設計活動に入る。本文中に取り上げた作品のほか、「大学セミナー・ハウス」「自邸」「浦邸」などの作品で知られる。著作は多く、『吉阪隆正著作集』全17巻（勁草書房）にまとめられている。コルビュジエの著作の訳書も多数。登山家としての顔も。

＊2　『建築』
1960年9月創刊。発行元は槇書店、自費出版の時期を挟んで、青銅社、中外出版へと変遷した。1963年から宮嶋圀夫が編集長を務め1975年に休刊した。

＊3　アテネ・フランセ
1913年創立の言語の専修学校。フランス語、ラテン語、古典ギリシャ語、英語の講座を開いている。戦災に遭い、戦後は近在の文化学院に間借りしていたが、1962年、吉阪隆正の設計により、東京都千代田区駿河台に新校舎が完成した。

なかった。ビューロクラシーからは決して生まれ出てこない。また名人気質の個人の制作からもなかなか生まれてこない、不思議な歪みが感じられておもしろかったのだろうと思う。「不連続的統一」とか「愛は対象を得て……」とか、あるいは「民主主義」とか、こうした言葉がごく自然に、設計の方法や集団設計のルールを説明するものとして作者たちの口から飛び出してくることなどと考え合せて、「アテネ・フランセ」のような作品を見ていると、なるほどと納得させられてしまう不思議な魅惑をたたえているのだ。

「醜」を含みながら、一向にそれを隠そうともしない開けっ放しなところにも好感がもてる。不快な色彩も、内部空間のある種の鬱とうしさも意味ありげに見えた。研ぎすまされた美では決してないが、これもまた美の一種であるのかもしれない。われわれをとりまく自然のパターンのなかにも、あるいはわれわれの内なる精神のパターンのなかにも、こうした嫌らしさに通じるがしかし不思議な魅力が存在するものである。バロックの芸術、自然主義、レアリズム、そして新しくはシュールレアリズムなどは、多分にこうした現実の「醜」を発掘し、われわれの美意識のなかに積極的に位置づけてきた。美の世界はかくして著しく増大し拡張されて、多様な現実世界とたえずオーバーラップしつつ領域をひろめつつあるのだ。具体的なもの個別的なものは、ほとんど無限にわれわれの有意味の世界に定位されていくとともにわれわれの美の世界の積極的な要素に次々と変形されていく。しかし、こうした一般論で「アテネ・フランセ」の特質を説明したことにはならないであろう。

その魅力はいったいどこからくるのか。できる限り具体的に、それを考えて分析して、この得体の知れぬ作品の魅力のよってくる要因をつきとめること、そして幾つかの要素や原理に還元してみることもまた必要であろう。私の批評の主眼点もここになければならないであ

＊4　ヴィラ・クゥクゥ
1957年、東京都渋谷区。

＊5　ヴェネチアの日本館
日本は1952年からヴェネチア・ビエンナーレに公式参加。1955年にようやく日本のパビリオンを建設することになり、吉阪隆正の設計により翌年完成した。

ろう。

　そこでまず、私は、私がこの建物から最初に受けた印象や、またそれが呼び起こしたイメージや観念などについて、その後の反省と分析を加味しつつ叙述してみることにしよう。私は水道橋の駅から国電*6の線路沿いに坂を上っていった。すると、しばらくしてそれらしい異様な紫の塊りが全景を現してきた。やがて私はその全体像を歩きながら知覚できた。そしてある物への連想に私の意識は走っていたように思った。辺りのごくありふれた建物などは次第に私の意識からはうすれていくようだった。異様な形態と不快な色彩と拡がり重なるように、あるイメージが動いた。私の意識は、はるかに歴史を逆行していくかに感じられた。突然、見覚えのある動物画が浮び上ってきた。私はこれだと思った。人類がまだ狩猟生活を営んでいたころの、いわゆるプリミティーブ・アートのある種の動物画であった。それには不思議な生動感があり、見事な緊張のなかに精霊が宿るかに感じられるのであった。「アテネ・フランセ」の全体像から受けたこうした生動感は、しかし、私が歩いていたせいかもしれないと後になって反省し、この文章を書く前に小山孝君*7の撮影した全景や上部シルエットの写真を凝視していたら、かすかにこの物体が動いた、と私は感じた。しかし、その動きは鈍くゆるやかで、あの原始の動物画にみられるほど鋭い緊張ではないことがわかってきた。すでに人類が農耕文化を築きつつあった頃の土偶などにみられる生命感、あどけなく、また不安でどことなく懐疑的な面持をしたあれであった、と訂正したほうがよいと思った。これが最初の印象のごく大まかな分析である。

　次に、いよいよこの建物は接近してきた。建築構成体の各部各要素が次第にそれぞれ個別に知覚されてくる。テクスチャーも色も明瞭になってくる。一瞬不快な紫とピンクの色が気

*6　現在のJR総武線・中央線。
*7　小山 孝（1933〜2010）戦後の建築ジャーナリズムで活躍した建築写真家。

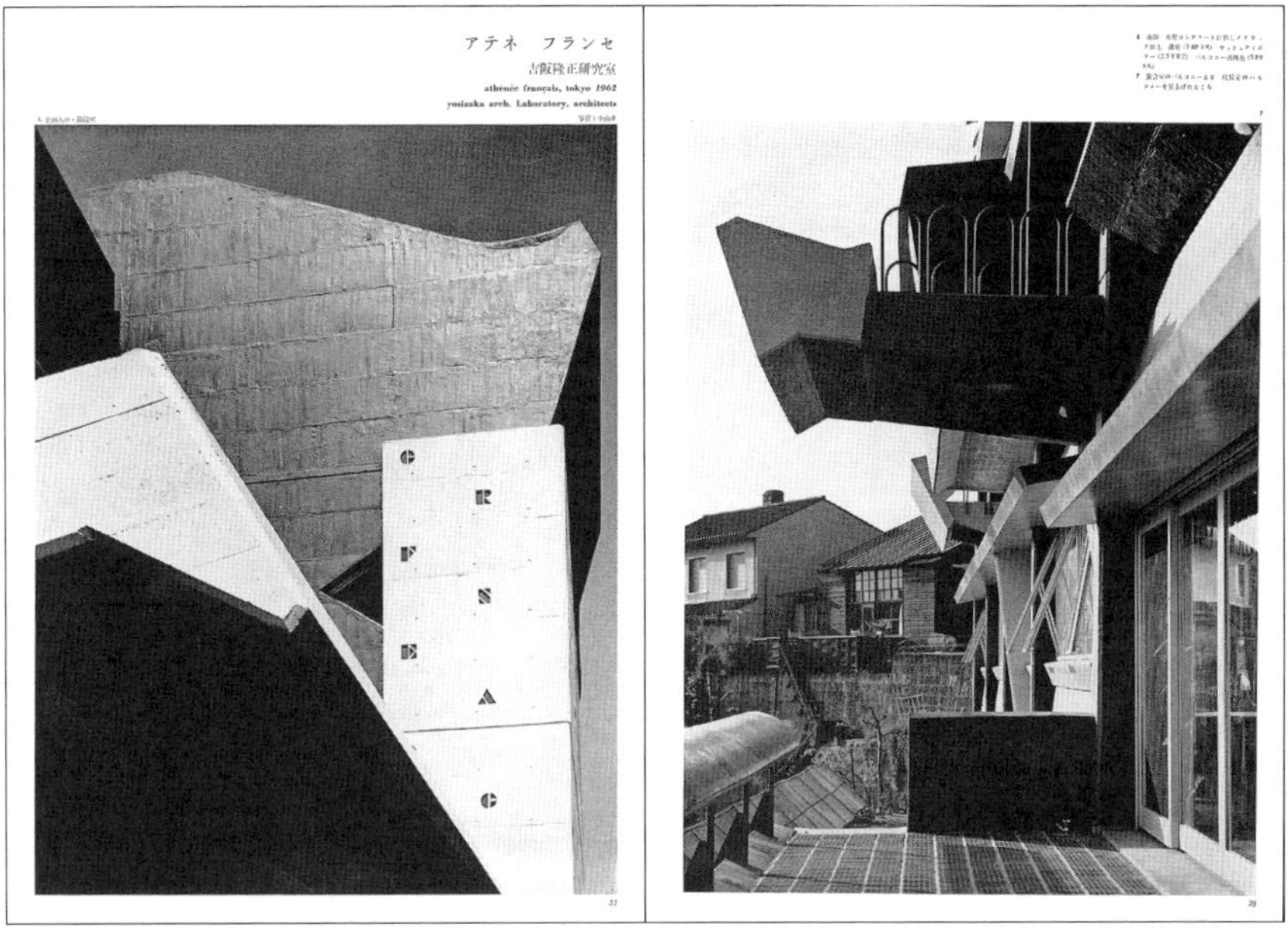

アテネ　フランセ
吉阪隆正研究室
athénée français, tokyo *1962*
yosizaka arch. laboratory, architects

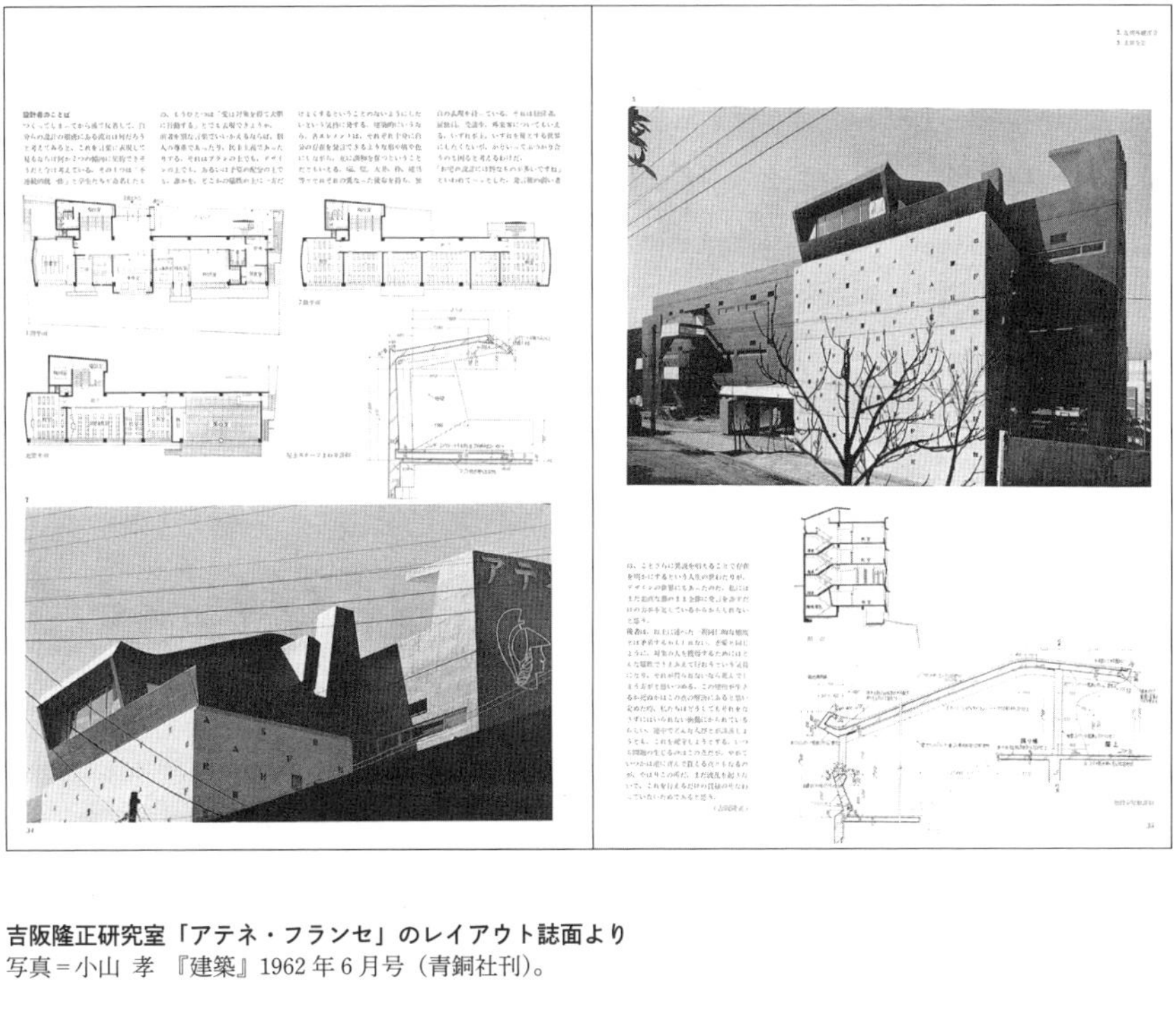

吉阪隆正研究室「アテネ・フランセ」のレイアウト誌面より
写真＝小山 孝 『建築』1962年6月号（青銅社刊）。

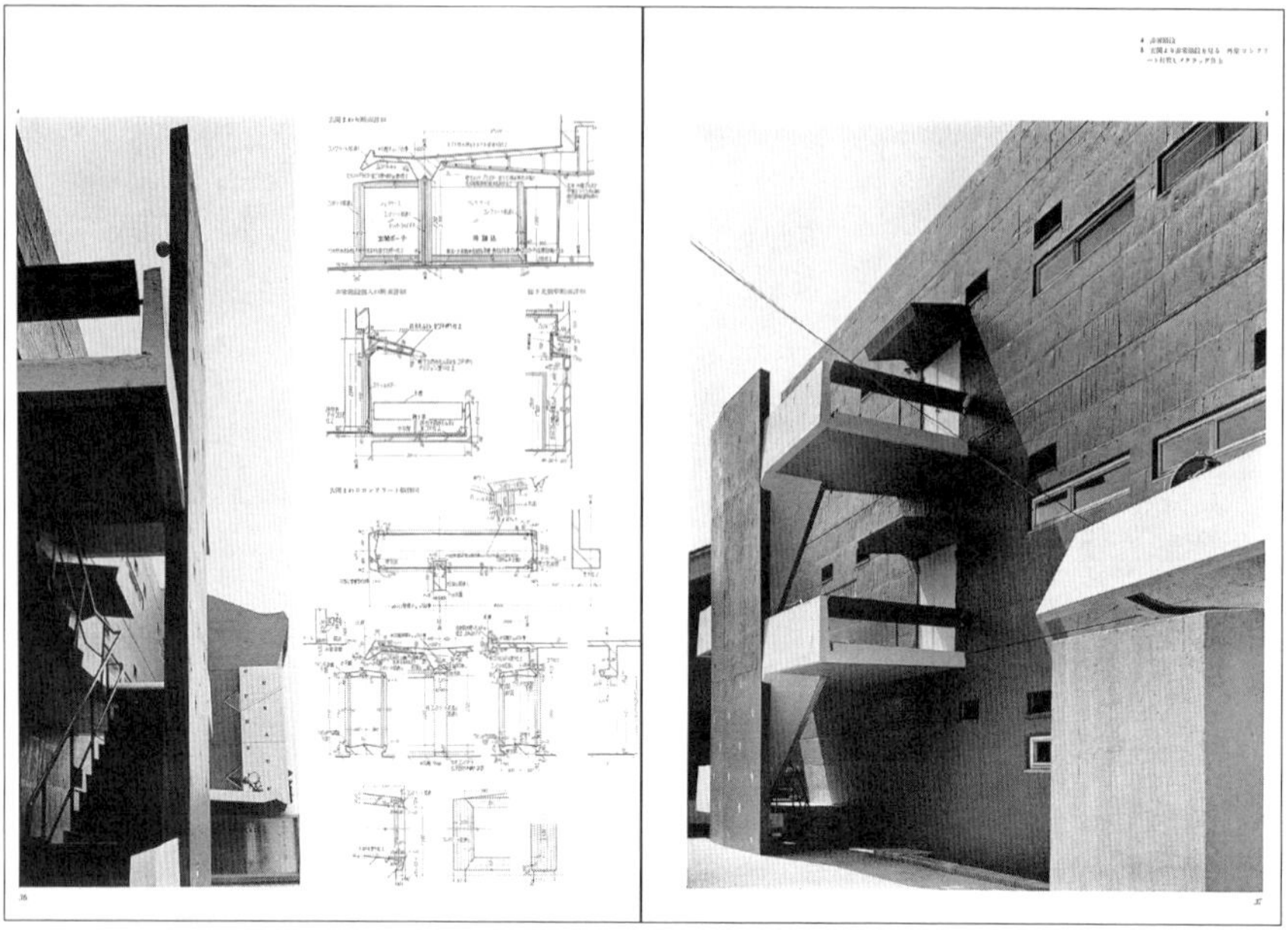

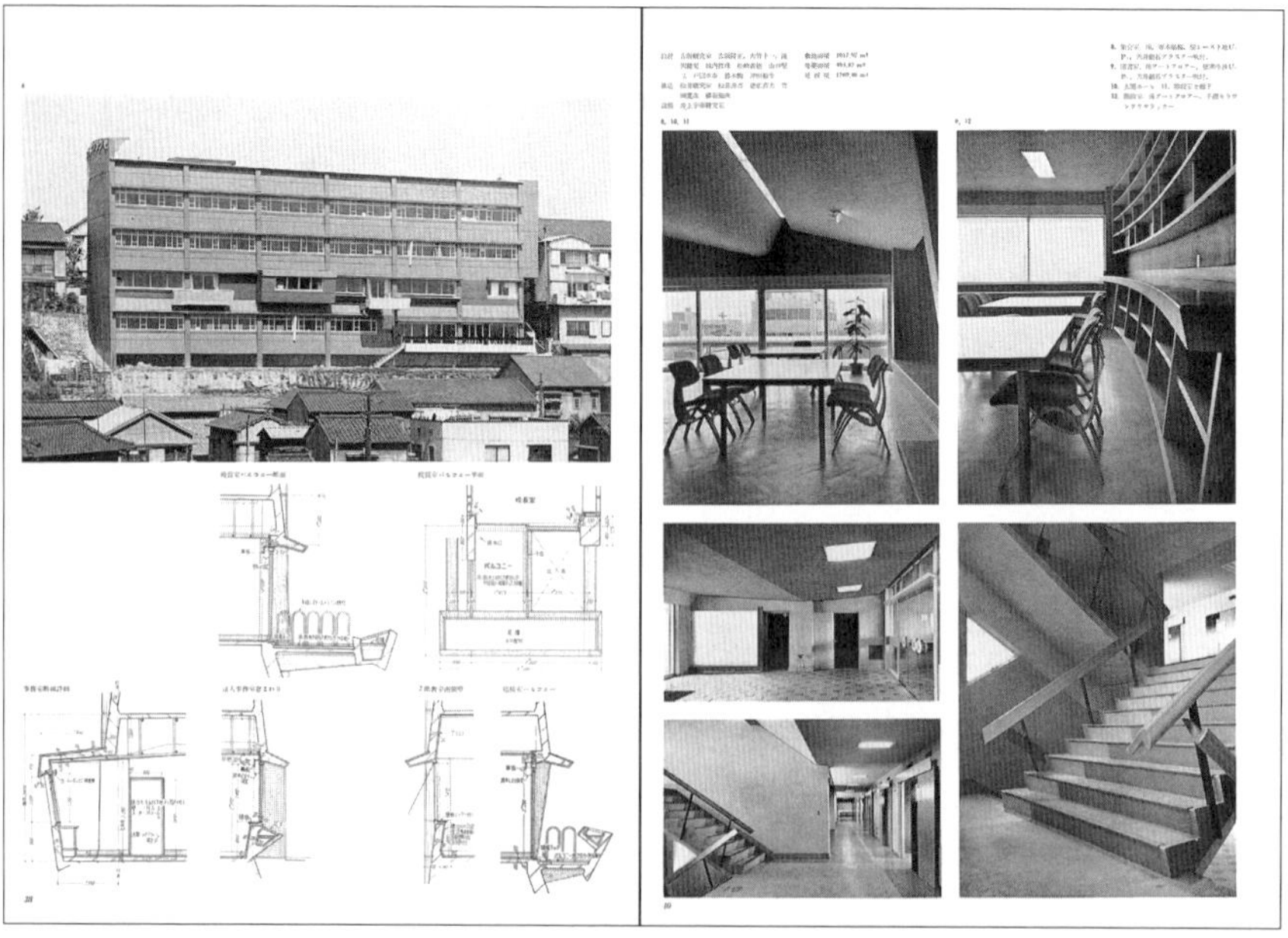

吉阪隆正研究室「アテネ・フランセ」のレイアウト誌面より
写真＝小山 孝 『建築』1962 年 6 月号（青銅社刊）。

になったが、それよりも私は各部各要素の奇妙なしぐさに魅せられていくのをおぼえた。それらが、どことなくあの素朴な民俗舞踊の手先・指先の動きにも似た表情をもって迫ってくるのだった。階段室の上部、屋上パラペット、ダクト、さらに玄関入口の庇などに眼がひきつけられていった後、ATHÉNÉE FRANÇAISのスペルの一字一字が規則的に散りばめられた淡いピンクの壁面を意識して見たのだが、これらの文字型の孔が階段室の正方形の採光用の小孔とともに建物の装飾として効果的であることに気づいた。先に述べたように、この建物に流れている生動感、これが正しいとすれば、その直接の要因は、これら構成体の各部各要素の形態からくるものであろう。そういう眼で見直してみると、紫とピンクもこの建物の形態からいってさほど不釣合いなものでもなく、かえって彫塑的効果があると同時に、鈍い生動感とそしてやや懐疑的な表情に力をそえているように思えてきた。しかし、ここに反省してみなければならないことは、これらの構成体の部分要素が、もしてんでんばらばら勝手に踊っているとしたら、もしもそれらの踊りに何の脈絡もないとしたら、という想定である。その場合には、おそらく、この建物が私に感じさせたあの一種の生動感は崩壊していたのではなかろうかということだ。しかし、実際この建物には不思議なハーモニーがある。それはどこからくるのか、何によって創り出されたものなのであろうか。第一に挙げられるのは、コンクリートの大きな粗面による統一であろう。つまりテクスチャーの統一だ。第二に、それはあくまで面の構成、しかも奥行のある立体的な組織化があることだ。バックの基調に紫が選ばれ、その前面にピンクの面が大小のアクセントをもって配置され、この建物の立体感を誇張している。そこには厳密な構成原理が働いているのだ。もっと些細なところまで観察の眼をくばっていく。たとえば階段室の外壁を見てみよう。ちょうど踊り場の床面に対応するところに水平の横目地が刻みこまれている。さらにバックの主要壁画に眼を転じてみると、廊下の採光窓や換気孔が一定の比例をもって水平方向にリズミカルに配されている。ここでも各階の床スラブに対応する水平の横目地が通っている。そこで私は、第三に、このような水平構成のきわめて合理的な秩序づけを挙げておかねばならないであろう。階段室の最上階の傾いた窓、その屋根の道路側に傾斜する曲面、屋上北端の内側に折れ曲ったパラペットなどの踊りは、いわば基調になっている水平的直線的な面の構成に変化をあたえる有力なモチーフとなっているのだ。通奏低音部の快い流れをバックにしてユーモラスなメロディーが聞えてくるように思えたのも、おそらくこうしたところに根拠があるのであろう。

以上はこの建物の道路側、つまり北側外観の表現に関する分析であった。立面図をみても、この壁画構成の良さがわかる。しかしこの建物のほんとうの良さは，こうして壁面構成の美を基調にしながら、しかもそれを意識させず、かえって物体が突き出たり、斜めに傾いたり、あるいは曲りくねったりする、いわば身ぶり言語のごときしぐさのおもしろさをごく控え目に出していることであろう。立面図を調べてみるとそれらはごく控え目になされていることに気づく。こうしたことは、南側壁面についても言えることだ。普通ならば柱と梁の単純な直線的構成になってしまうところだが、吉阪チームはそれを避けるために、あるいは雨仕舞や採光上の機能的解決からだと彼らはいうかもしれないが、ともかく採光壁面をうつむかしたり、あおむけたり、傾斜した庇を添えたりしていて、単調さを破る効果をフルに使いこなしている。私は、こうした斜のモチーフが一定の秩序のなかで自己をほどよく抑制しつつ主張していることの魅力を、作者らのいわゆる「不連続的統一体」という理念の妙味としてははじめて味わうことができた。制作過程ではどうであれ、個別性の強調も不連続の強調も、最終的にはどうしても統一という大きな観念のなかに帰一していくべきものではなかろうかと私は考えた。「ヴェネチアの日本館」などを別とすれば、吉阪研究室のこれまでの作品ではどちらかといえば「不連続」な感じが強く、「統一」の観念が稀薄のように思えたが、「アテネ・フランセ」ではそれが微妙に釣合い、「不連続的統一」という観念、あるいは方法（独自な方法として確立しているかどうかには疑問があるが）のもっている捨てがたい魅力の一端をうかがわせている。

最後に私は、読者に対して、この作品とル・コルビュジエの「スイス学生寮」[*8]とを比較対照してみることをおすすめしたい。私は「アテネ・フランセ」のプランを睨んでいたとき、それを憶い出した。どこか共通点を感じたのであろうと思う。確かに類似点があるのだ。私は、ここで吉阪研究室のネタが「スイス学生寮」であったなどと主張しているのでないことを断わっておきたい。そうでなくて、類似点が実はすべて相違点になっていることを感じたからにほかならない。なぜなら、たとえ「アテネ・フランセ」のような敷地でなくても、各室を長軸に沿って並列したプランの場合、階段室をそれらと同様に並列するか、または「スイス学生寮」のようにそれらから分離してとび出させるか、方法は二つに一つで、いずれかをえらばねばならないからである。いずれにせよ、こうした解決法にはたくさんの実例があるのだ。私が言いたいのは表現上の差異にある。その際もちろん、敷地の条件や建物の性格が大きくちがうことは考慮に入れなければならないであろうけれども、いまは、それを捨象して考えてもよいと思う。「スイス学生寮」のプランを見ていると、何か翼をひろげて飛翔する鳥を思わせるのびのびとしてすばらしい運動感が感じられる。外部表現を見ても、石積の粗面と平滑な曲面がダイナミックな表現にあふれており、入口ホールのヴォリュームと空間の造形の

＊8　**スイス学生寮**
パリ南部、ジャルダン大通りにある国際大学都市につくられたスイス人のための学生寮。コルビュジエが手がけた最初の公共建築。

すばらしさが外に向かってひろがり出ているといった感じだ。「アテネ・フランセ」のプランは非常にコンパクトに凝縮して丸まり、力は内に向っている。内側へと丸まっていくという吉阪研究室の傾向は、液体の表面張力のごとき形成力であって、「アテネ・フランセ」に限らず、「日仏会館」*9のプランや外観を見ても気づくことである。こうした点について、私はもっと詳細に論じてみたかったが、それはいつかまたの機会にすることにして、あとは読者の分析にお任せしたいと思う。ただここで蛇足ながら、付け加えたいのは、ほんとうに建築を理解するためには、また自分の個性的な様式を創り出していくためにも、こうした微細な造形上の特質を見逃してはならないということである。こうしたところにこそ、実はこんにちの建築論が見おとしている作家の気質、ほんとうに血肉化した思想の表現を見出し得るものなのだ。内部空間にふれなかったのは特に他意あってのことではなく、全く紙数の関係で断念してしまったのであるが一つだけ言及しておこう。平面を見ても理解し得ることだが、北側を閉鎖的な壁としているためにやや薄暗い階段や廊下から南に向かって明るく開放した空間組織の心理効果はなかなか見事なものであると思う。

「不連続」の失敗作

「江津市庁舎」*10の当初案がそのままもし実現していたならば、おそらく私は「不連続の失敗作」などと悪口を言わずに済んだであろう。しかしその案が工費の点から不採用となり、実施案に変更されたとき、思い切ってPSコンクリートの使用を断念してしまえばよかったのではなかろうか。実施案では、とにかくA棟B棟そしてとってつけたような1階ホール（市民課・保健課・会計という市民への窓口）が形態的に不連続で統一がないのがもっとも気に

*9　**日仏会館**
1960年、東京都千代田区。

*10　**江津市庁舎**
1961年、島根県江津市。

吉阪隆正研究室「江津市庁舎」のレイアウト誌面より
『建築』1962年6月号（青銅社刊）。

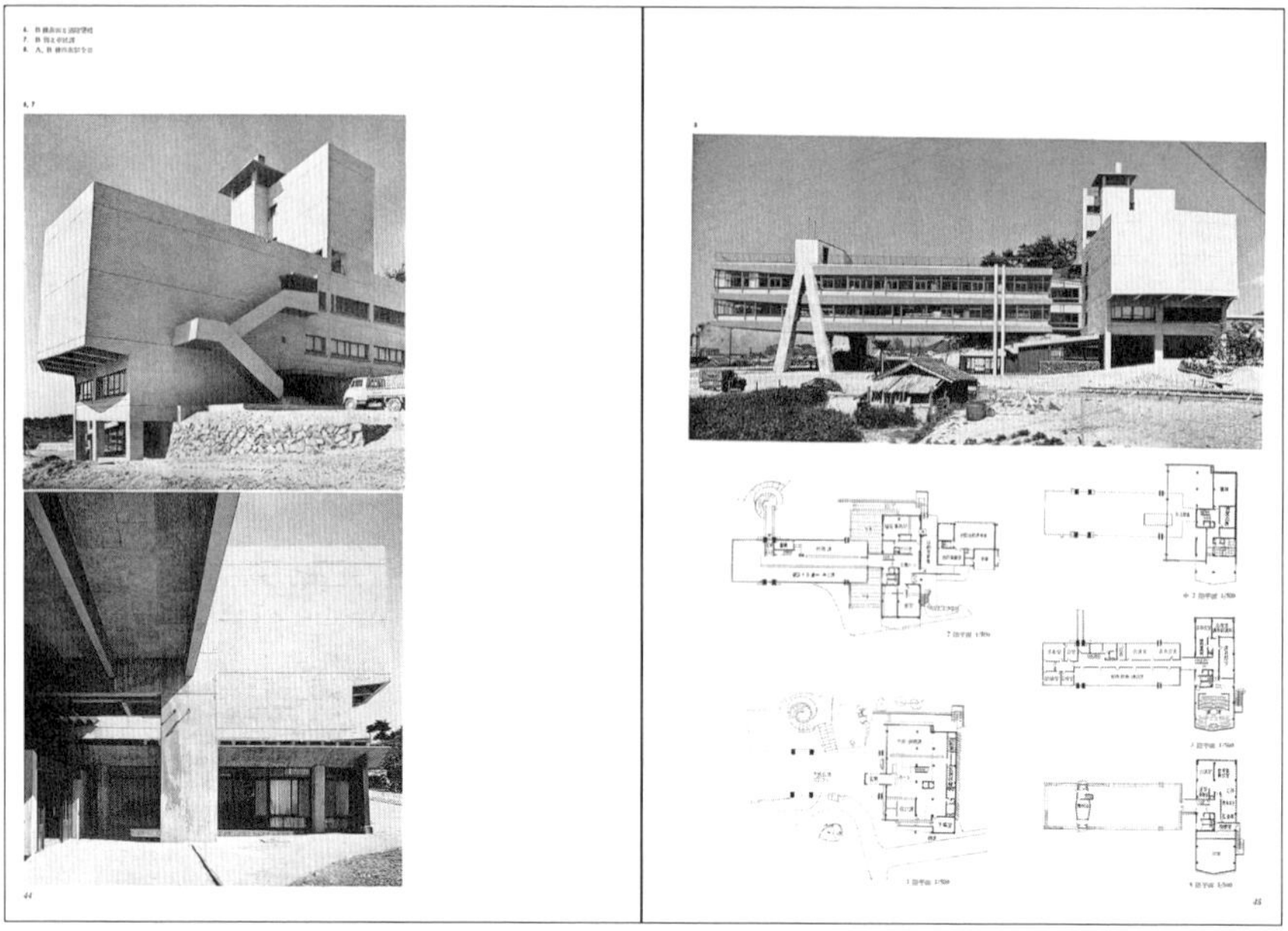

吉阪隆正研究室「江津市庁舎」のレイアウト誌面より
『建築』1962年6月号（青銅社刊）。

なるところであった。A字型柱と2枚柱のプロポーション、そして形態があまりよくない。私にはよくわからないが、どうしてもっと軽快な、たとえばマイヤールの橋*11のようにスマートにいかないのだろうか。しかし、よく考えてみると、スマートさを吉阪チームに望むことがどだい無理なのかもしれない。

もちろん、この作品には二つの特筆すべき積極面があることを認めたい。それは第一にピロティ下のいわゆる市民広場である。これをどうしても実現したかったために、上述のすべての欠点が露呈してきたというのが実情であったろうと推察される。私はしかし、この広場が実際有効に生きた市民のための空間となるかどうかは、かかって今後にあるという感を深くした。というのは、まだこの建物の東側の小山を含めて周囲の都市計画公園が完成されていないからである。海から吹きつけてくる西北風に対して最も抵抗の少ないようにと取られたこの建物の配置からいって、市民広場は、この西北風をまともに受けるわけだ。しかも現状ではあまりにも開けっ放しな裸の空間になっているように思えた。おそらくこの広場が生きるためには、これを抱きかかえるような何ものかが必要になってくるのであろうと私には思われた。しかし、このピロティで地下高く持ち上げられた市執行部棟は石見江津のプラットホームからも遠望がきいており、新しい市づくりを象徴しているかに思えた。これは確かにうまい解決であったと思う。第二に市民への窓口であるという1階のホールの広々とした感じ、全体がすべて見渡せる空間の構成は成功と言えよう。ただ作者たちの色彩(枯葉色・茶褐色・緑色)の好みは彼らの体質からくるのであろうか、陰気くさい湿っぽい感じがあって、2階へ通ずる中央階段の突き当りの赤い壁面も色が沈んでそれほど効果的でなかったように思う。

*11 ロベール・マイヤール(1872〜1940)スイスの構造家。鉄筋コンクリートを用いて薄い床版のアーチ橋をいくつも設計。なかでもサルギナトーベル橋は世界で最も美しい橋といわれる。

吉阪研究室の得意とするところは、壁的表現であり、中近東風の泥をこねくったような建物、しかもスケールは住宅や学校などのいわゆるヒューマンスケールで一貫できるような場合に特にその真価を発揮するように思われた。この「江津市庁舎」などを見ても、果敢な土木的スケールの導入の積極的な努力を認めないわけにはいかないにもかかわらず、何か彼らの表現様式にそぐわないものが感じられた。「アテネ・フランセ」のように、内側へ内側へと丸まっていく造形的な処理法と、のびのびと広がろうとする橋梁的なものがどこで調和し得るのであろうか。作者たちも、その点は十分に意識していたと私には思われたが、統一のための造形処理が弱い。「江津市庁舎」の否定面をあまりに強調しすぎたきらいがあるとすれば、それは私が「アテネ・フランセ」にあまりにも魅せられてしまったせいかもしれない。結局、「ヴェネチアの日本館」や「ヴィラ・クゥクゥ」、「日仏会館」などより、「連続」というか「統一」というか、そのためのモチーフがついに発見し得なかったということではなかろうか。

メタボリズムの新たなる展開

菊竹清訓[*1]の近作について

この建築評は、当時私が編集長を務めていた『SD』1969年1月号に書いたもの。この号は特集「都市時代の終焉」と題して、メルヴィン・M・ウェーバー、ケネス・E・ボールディング、川添登の3本の論を紹介した号で、島根と山口に竣工した菊竹の2作品を同じ号で取り上げたことは非常に意義深いことであった。

菊竹清訓の近作が二つ、去る10月[*2]に時を同じくして島根と萩に竣工した。一つは図書館であり、もう一つは市民会館である。私はそれを見てきたが、ともになかなかの傑作である。単に傑作というのではなく、新しい建築の質が結実していることを発見して強い感銘を受けた。菊竹は明らかに脱皮を試みつつある。新しい建築のアイデアに向かって。私は、この新作において菊竹が探索し始めた建築理念の方向に共感をおぼえ、未来の建築についてある種の予感を抱くことができた。

菊竹は脱皮しつつある、と私は述べたが、それはどういう意味でそう言えるのか。今度、菊竹の新作を見た機会に、私は足をのばして、彼の旧作、同じ山陰地方に建つ「島根県立博物館」[*3]や「出雲大社庁の舎」[*4]さらに「ホテル東光園」[*5]に接して、新作と旧作のあいだに見られる建築的な性格の決定的相異をはっきり認識したつもりである。

菊竹の脱皮は、一言でいえば、〈形の伝統〉からの脱皮であり、建築の空間の伝統からの解

＊1　菊竹清訓
（1928〜2011）村野・森建築事務所を経て、1953年に菊竹清訓建築設計事務所を設立。『代謝建築論　か・かた・かたち』（彰国社刊）を掲げて設計活動し、黒川紀章、槇文彦、川添登らとメタボリズムを提唱する。ここで取り上げた作品のほか、「スカイハウス」、沖縄海洋博「アクアポリス」、「島根県立美術館」など作品多数がある。

＊2
執筆時の1968年10月。

＊3　島根県立博物館
1959年、島根県松江市。

＊4　出雲大社庁の舎
1963年、島根県出雲市。

＊5　ホテル東光園
1964年、鳥取県米子市。

放であると結論づけることができるかもしれない。私が、三つの旧作から共通に得た印象は、それらがいずれも日本建築の伝統的な〈形〉を程度の違いこそあれ連想させる要素を持っているということ、それゆえにこそすぐれて強い建築的性格を形成しているのだということであった。反対に二つの新作には伝統的な〈形〉を連想させる要素は全くない。かつての伝統論議には一定の意義があった。その意義は日本の現代建築が伝統主義と近代主義を克服するために経なければならなかったプロセスにおける一つの段階を示したことにあった、しかし、いまからみると、あの当時の論議には〈形〉にこだわりすぎたという一面が限界として認識されよう。伝統的な形と新しい時代の空間的要求との和解点を求めるという建築家の心理に一定の理論的な拠り所を与えたのは、そのマイナス面であったことは批判的に克服していかなければならないだろう。伝統は形ではない、という正論も確かにあったことは事実だけれども、〈形〉へのこだわりから建築家を解き放ち、現代人の多様な欲求を充足すると同時にさらに拡張していくような空間の多元的な秩序の発見に向かわせる論理がまだ微弱であった。〈形〉へのこだわりは必然的に建築を形式による一元化に導き、空間の多様化に対してはきわめて強い規制力となりがちである。

菊竹清訓はアイデアの人である。それにもまして、造形感覚の鋭い人である。とにかく、彼ほどの建築家としての資質に恵まれた人は少ないが、しかし時に思いつきの奇抜さのために躓き、造形感覚のシャープさに溺れることがないでもなかった。20代で自立してこのかた、彼の創作活動はいつもわれわれの関心の的となってきたが、そのすべてが問題作としてたえず建築的論議の焦点を形成してきたのは、そのアイデアの斬新さと造形の感覚の鋭さによるものであった。しかし、これまでの作品がかつての伝統論の限界のなかにあったことはいまや明らかである。もちろん、菊竹は伝統論の限界点をぎりぎりのところまで追いつめたことも確かであり、それが菊竹の作品をきわめて緊張感のある造形にしている。しかし、その限界点を突き破り決定的に抜け出したのは、こんどの新作二つがはじめてであった。彼がそこで試みたことは、建築空間を伝統から解放して自由にしたことであり、メタボリズムの理論のはじめての建築的な具体化であった。

「島根の図書館」*6について

建物は高層をさけて2階建になっている。これは市民がここに近づきやすいように配慮されたためであろう。玄関は南面しているが、この玄関に続く大ホールを中心にして、北東部に閲覧部門、南西部に管理部門の各室が、設計者の言葉を借りていえば稲妻型に配されている。各閲覧室はすべてL字型を単位空間とし、その要の部分にレファレンサーがいて、読書の案内・相談に応じるという寸法になっている。しかしL字型を単位空間に設定してはいるが、単位空間相互のあいだには固定された壁はなく、将来の使われ方の変更に対して融通性を保つため連続したひとつながりの空間になっているのが特徴である。壁側には書架が設けられ、閲覧机はすべて窓側に置かれているが、その北側の窓から入る光は柔らかで、閲覧室に落ち着いた雰囲気をつくりだしている。窓を通して映る城山の緑の眺めもまた閲覧室にふさわしい心遣いがみられる。

しかし、この図書館の最も大きな主題は、むしろ閲覧室・書庫・管理室などの必要空間よりも、稲妻型に配されたこれらの各室の南北二つの系列のあいだに設けられた大きなロビーの創造にしぼられているといってよい。この大きなロビーは、素朴機能主義的な視点からす

*6 **島根県立図書館**
1968年、島根県松江市。

れば、いわば無用の空間であったろう。しかし、この無用な空間が、こうしてひとたび現実に存在を獲得されると、たちまちにして社会的な意味をおびてくるのは不思議といえばそうに違いないけれど、そこにこそ建築の価値、空間の価値の秘密が、その発生の根拠があるように思われてならない。この無用の空間は人間の欲望が充たされ、むしろ発生してのち効用が発見される。せまい意味の必要を超えて人間の欲望は空間を拡張し、破壊し、溶解して、既成の空間パターン、抑制された欲望のパターンを変革してしまうのである。芸術としての建築の根拠は、かえってこのような無用の空間の創造にあるのかもしれない。この無用の空間は言葉を変えていえば自由の空間である。必要の空間が必然の空間ならば、この自由の空間は必然の空間とは次元の違うもう一つの空間と言うことができる。建築と建物との概念の区別については、いろいろの論があるが、私は、建物は必然の空間を満たすもの、建築とは自由の空間を存在化するもの、と考えたほうがよいように思い始めている。空間の系列をそのように分けて捉えることによって、はじめて、建築の誕生がなぜ神殿から始まるのか、という謎もごく自然に解けていくのではないだろうか。しかし、効用を無視して建築が成り立つとは考えない。結局、建築とは効用と無用の空間のあいだに成り立つ律動的なバランスであり、あるいは静的な均衡と言えるかもしれない。だから、いわゆるプロフェッショナル・アーキテクトは主として効用の、あるいは必然の空間を追究することに活動の根拠を求めるが、芸術家としての建築家はその逆に、無用の、あるいは自由の空間を創造することに彼らの活動の根拠を据えることになる。こうしてみると、現代の建築家たちが大きく、この二つの集団に分解していく傾向の理由が理解できるであろう。

「島根の図書館」では、ロビー空間、つまり〈無用〉の空間のヴォリュームが、管理室や閲覧室や書庫その他の必要空間の総容量に匹敵しているという事実、これは注目すべきことであろう。正確な計算ではないが、床面積の配分から推してだいたいこの比率に間違いはない。そして、この建物の魅力が、この建物の容量の半分を占める〈無用〉の空間の存在にあるとすれば、われわれはここで何を反省しなければならないのであろうか。私は、いま、われわれと言ってしまったけれども、むしろ反省を強いられているのは私自身であり、かって篠原一男[*7]が住宅は大きければ大きいほどよいと主張したとき、その真のねらい、意味を浅はかにも取り違えていた私自身なのである。もちろん、この建築の価値に関する問題は単なる量の問題に還元されるはずのものではないが、量の問題を無視しては考えられないことは明瞭である。

「島根の図書館」におけるロビー空間の計量の問題から次に質の問題へ移っていきたい。構造についてみると、管理室部門と閲覧室部門および書庫などの部門は鉄筋コンクリート造でいわば〈堅い部分〉からなり、ロビー空間からブラウジング・コーナーにいたるスペース、つまり〈堅い部分〉に挟まれた谷の上には鉄骨の斜材が架け渡されて〈柔らかい部分〉を形成している。この二つの構造系の分離と結合のあり方は明らかに空間の発生のプロセスを暗示するとともに、また空間の性格の特徴を端的に表出している。コンクリートの壁は方形のグリッドに沿って走っているが、ロビー空間の上部を走る鉄骨は壁に対して45度で統一されている。この45度の線は管理室と閲覧室の外壁の柱の断面にまで及び、それを平行四辺形の扁平な板柱にしてしまう規制力を発揮しているが、これによってこの板柱が内部空間と外部空間との相互浸透作用を微妙に制御することになっているのは見事である。さらに、玄関とブラウジング・コーナーのガラス面も45度に斜めになっている。玄関の場合、この斜めに走

*7 **篠原一男**
(1925〜2006)
東北大学で数学を学んだ後、東京工業大学で清家清に師事。定年退官まで東京工業大学で教鞭をとる。建築家としては寡作で、幾何学的で抽象的な作風。主な作品は、「からかさの家」「白の家」「東京工業大学百年記念館」など。著書に『住宅論』(鹿島出版会)、『篠原一男─16の住宅と建築論』(美術出版社)など。

るガラス面に向かって人はその角度のまま真っ直ぐに入らなければならないが、それを誘導するのが、壁に直交して配置され、玄関ガラス面から突き出している、内側に足洗い場と手洗いを内包したコンクリート壁体である。われわれはそれに誘われてガラスのスクリーンをくぐり大きなロビー空間のなかに吸い込まれていく。このロビー空間に立つと、左側に管理部門の諸室があり、右側に閲覧室があることが一目瞭然はっきり読みとることができる。またわれわれの眼は自然にロビー空間の左手のはるか奥のほうに大きな開口部の光があって、そこがどうやらブラウジング・コーナーらしいことを悟るが、われわれの足をそのほうへ誘うのがその光であり、奥にいくにつれて上昇していく、そういう空間の構成の仕方があることが認められよう。

この空間の上昇感は、ブラウジング・コーナーが2階のいちばん奥にあること、これがロビー空間と階段で連続していること、そしてさらにこのロビー空間とブラウジング・コーナーの接する部分の上部空間で鉄骨の斜材が右から左へ上昇してスカイライトを取り入れるための配慮がなされていることからくるものである。玄関からロビー空間に入ったとき、眼で感じるより速く、光が左手45度の方向、しかも斜め上から降り注ぐことを身体で感じていたはずなのである。壁だけが人間の行動を誘うのではない。天井もまた人間に働きかける。光は、そして、さらに強く空間と人間のあいだの相互作用の媒質となる。

単彩に徹した菊竹の禁欲的な、あるいは素材に忠実ならんとする態度によって、以上のことが明らかになった。ロビーの空間は、このことによって、この図書館の主題となり、他の必要空間を左右に従えて、将来45度の方向に拡張し、増殖していく〈動き〉をはらんだ生きた空間になっている。

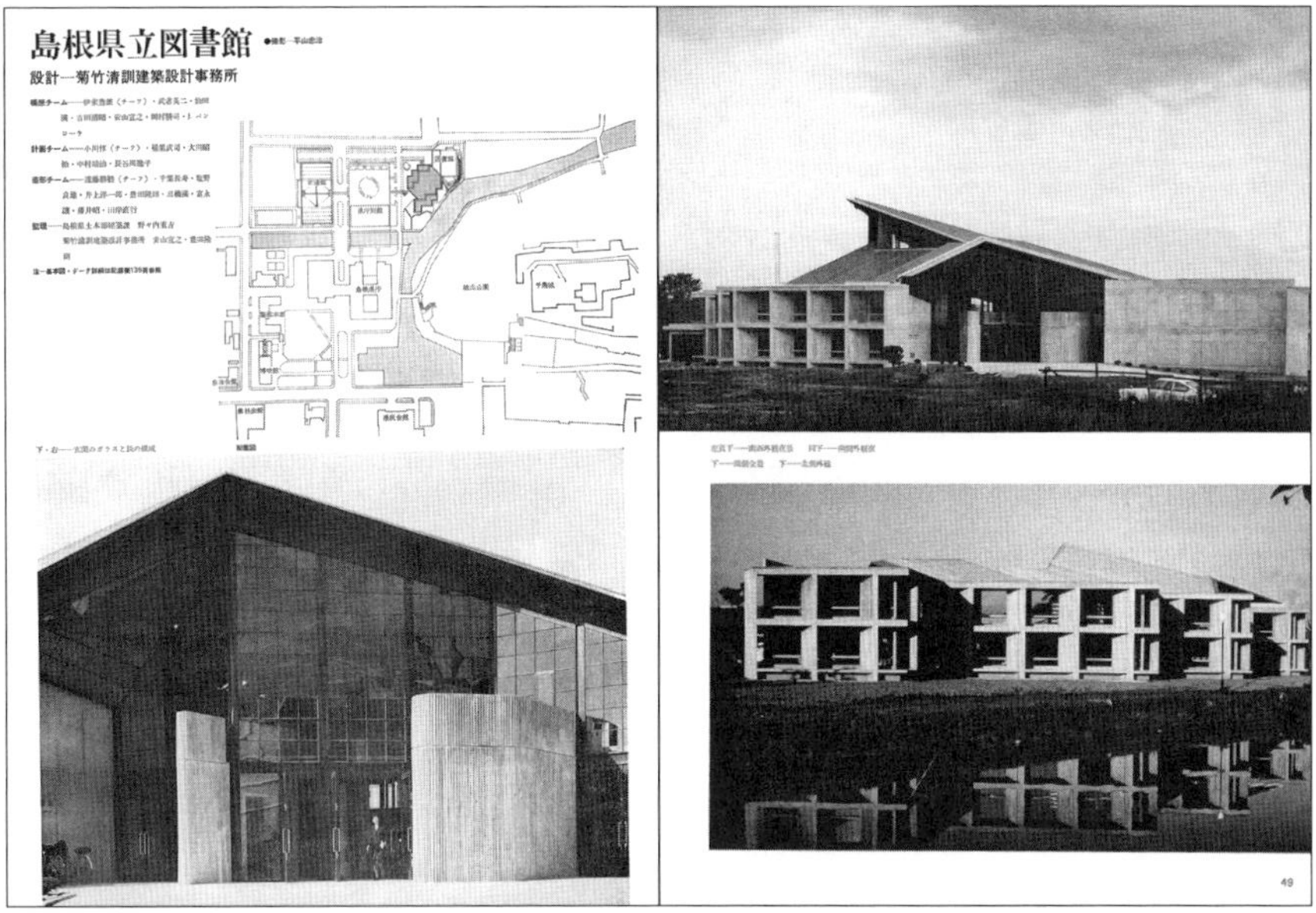

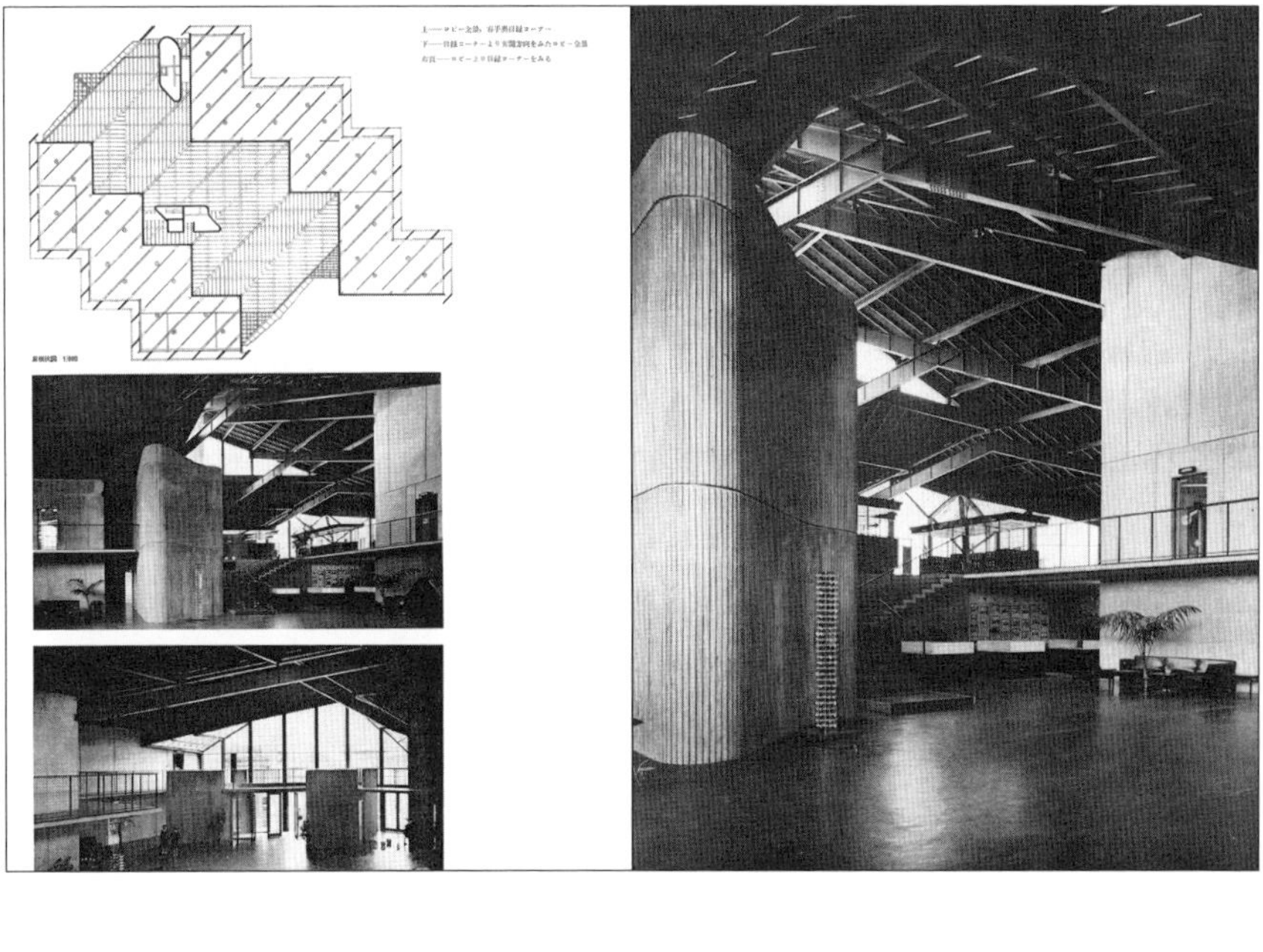

菊竹清訓建築設計事務所「島根県立図書館」のレイアウト誌面より
写真＝平山忠治　『SD』1969年1月号（鹿島出版会刊）。

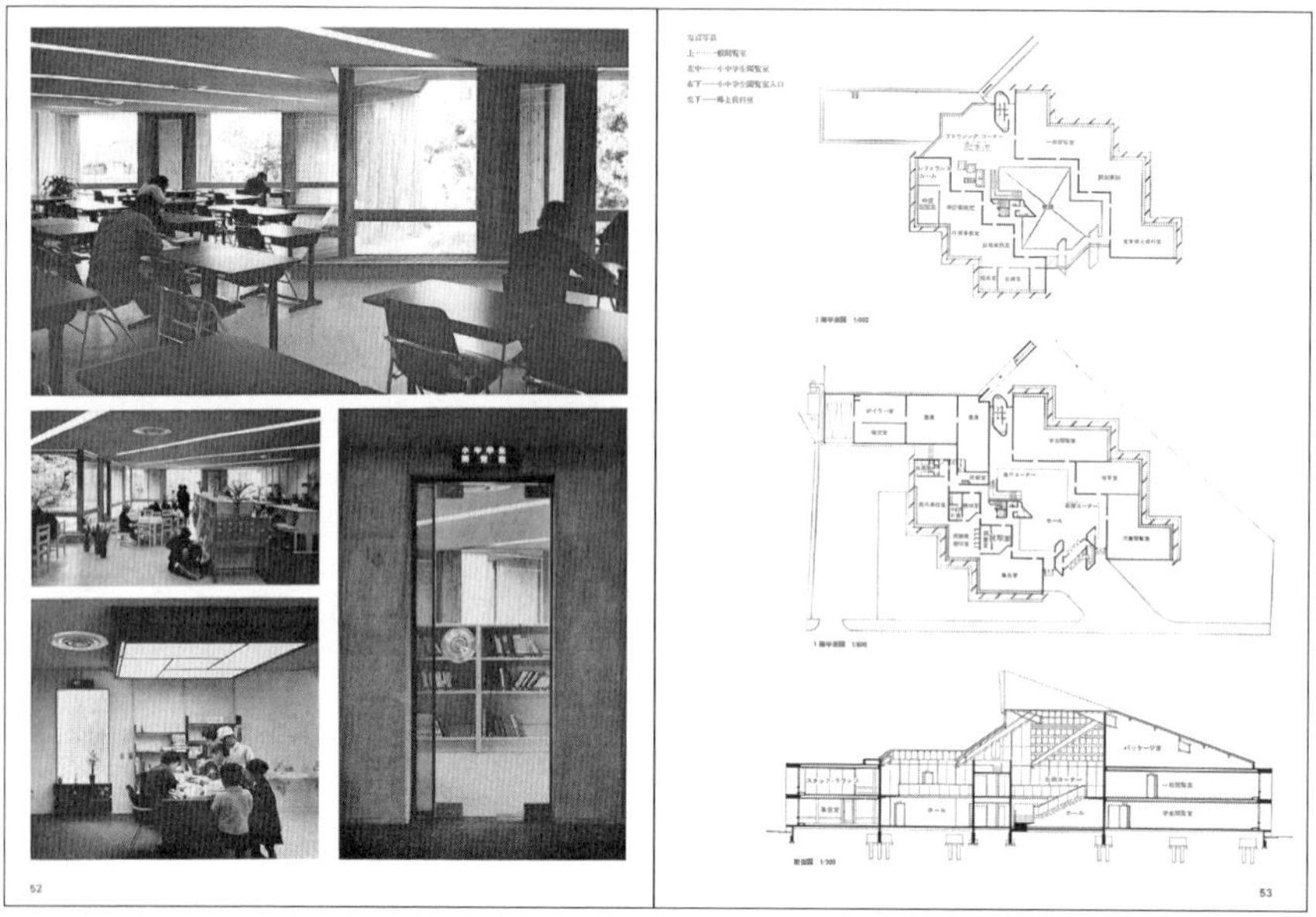

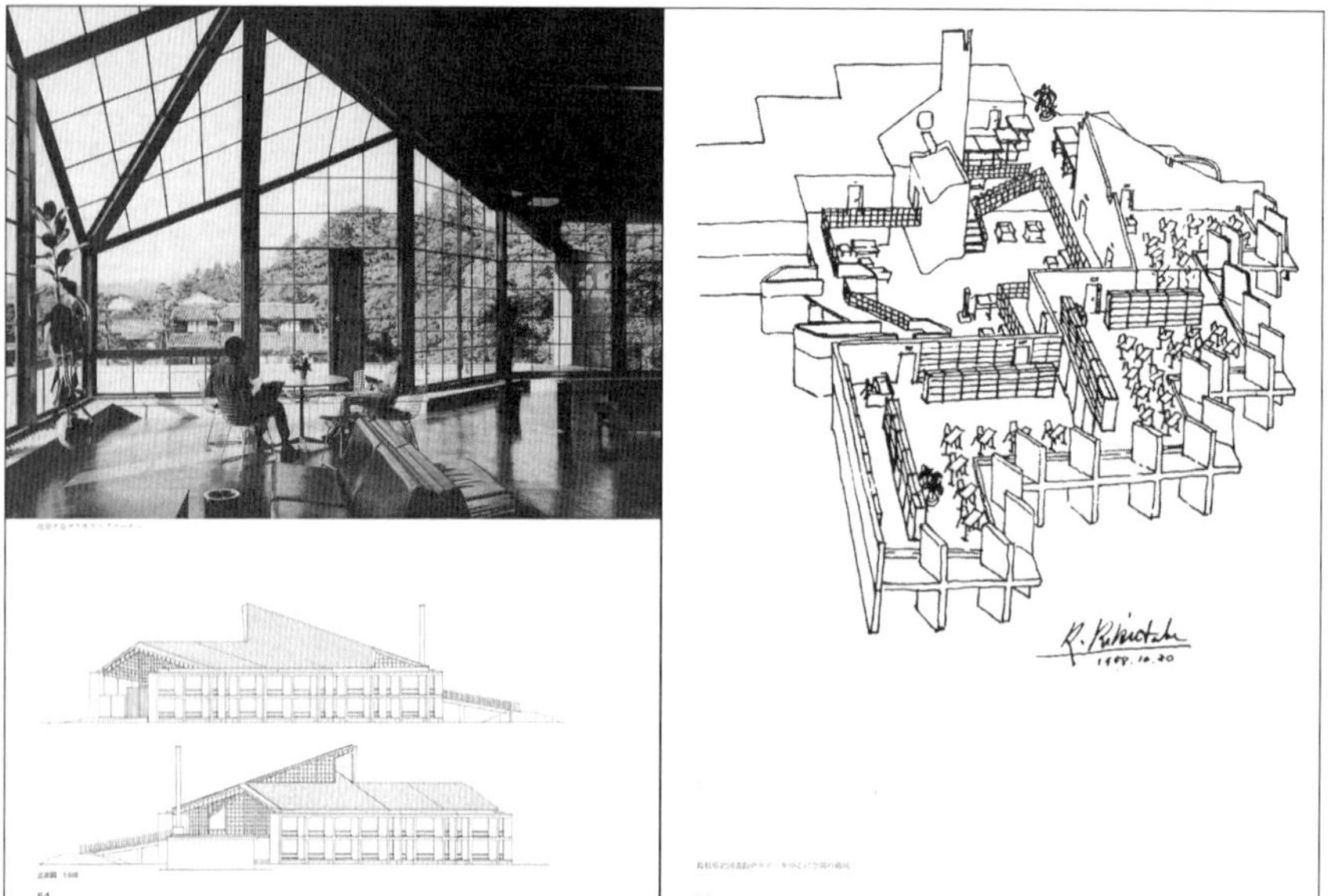

菊竹清訓建築設計事務所「島根県立図書館」のレイアウト誌面より
写真＝平山忠治　『SD』1969年1月号（鹿島出版会刊）。

このような内部空間への理解に基づいて、もう一度この建物の外観を眺めると、いかにその外観が内部空間の構成と動きを暗示しているかを感じとることができる。内部空間は明らかに三つの方向に膨張する傾向をはらんでいる。グリッドのタテとヨコの方向であり、それに45度の方向である。しかし、そのなかで45度の方向が最も強い。つまり玄関の南面するブラウジング・コーナーのガラス面を結ぶ方向である。これは、いわば有機体としてこの図書館の切断面を現している二つの大きな開口によって示される。玄関は人を吸い込み、あるいは吐き出すところだから、またブラウジングの部分は将来の拡張の方向を示しているわけだから、この45度の方向への伸縮・拡張・増殖の力が空間の動きに表れているとすれば、全く理にかなったことと言わねばならない。

この図書館について最後にぜひ述べておきたいのは、玄関とブラウジング・コーナーのガラス面の美しさであろう。この表面は一つの平面ではなくて、いくつかの平面の凹凸のある立体的な組み合わせから成り立っていて、ある平面は空の雲を、またある平面は地面を歩む人の姿を、そしてもう一つのある平面は周囲の樹々を映す。われわれはそれを同時に見ることができる。垂直なだけが壁のあり方ではない。自由な立体的な構成による壁の楽しさ。しかし、そこまでいけば、もはやそれは壁とは言えないのかもしれない。菊竹は、11月号の〈膜の構造〉特集[*8]でスキン・アーキテクチュアという概念を提出していたが、なるほど、すでにやっていたんだな、とそのガラス面の効果にうたれながら頷き、スキン・アーキテクチュアのイメージが一瞬わかったような気がしたのである。同時に鉄とガラスの使い方はまだまだ開発の余地が残っていること、それは全くのところ建築家のアイディアの問題であること、それ以外ではないことを思わずにはいられなかった。

＊8 『SD』1968年11月号

「萩市民館」*9について

「萩市民館」の建築の理念は、「島根の図書館」のそれと基本的に全く同じだということはすぐに理解できる。ただ採用された構造のシステムや平面配置に見られる空間のシステムのあり方が違うだけにすぎない。しかし、「萩市民館」の外観の一見単純な形の印象がもしかするとこの建築の理解を妨げることがあるかもしれない。「島根の図書館」に表れていた感動に比べて、この建物の第一印象は巨大なヴォリュームを感じさせるにすぎないからである。だからこそ、またこの建物の内部に足を踏み入れ、ロビーから大ホールへ、大ホールからステージ、ステージの袖から管理人室・和室・結婚式場・実習室・講義室・応接室・会議室・事務室・館長室など付属棟と大ホールの壁のあいだに設けられた通路を通り、ふたたびロビーへ、ロビーから小ホールへと一巡していくと、むしろ「島根の図書館」の内部空間における以上に、人を誘導する運動感と指向性、自由に放射していく平面の拡散性などにおいて遥かにまさるのではないかという実感がひしひしと迫ってくるのである。ここまで書いて、しかし、実はちょっとばかり、私は嘘をついていることを告白しなければならない。私はこの建物を一巡して、その場でこんな結論を得たわけではなかった。見学旅行を終えて帰る途中、また帰ってきてから、何度も繰り返し二つの建物から得た印象を反芻し、しかるのちに分析して得た結論なのである。両者の評価、いずれがすぐれた建築かをきわめることはなかなか難しいことだ。第一、使用目的が異なる。第二にすでに述べたように、採用された諸システム、つまり設計の用具が少しばかり違う。いずれがすぐれているか、無理に結論を急ぐことはないはずである。それはそれなりに理解しておけばよいのかもしれない。しかし、私の考えでは批評本来の機能は、批評の対象である建築のより本質的な理解へ近づく努力であるとともに、

*9 萩市民館
1968年、山口県萩市。

批評の主体の態度表明でもあるからである。競技設計が存在するのも、またいろいろな賞が制度として設けられていることの意味もまた、批評の存在理由を説明しているように思われる。しかしそんな理屈を述べなくとも、それとは別に、どれがよりすぐれているかを論じ合うことはおもしろいことではないのだろうか。私の得た結論もまた新たな論争の緒になるし、私自身、新しく生み出されてくる建築をさらによく理解していくための出発点ともなる。そんな考えで、私は一応「萩市民館」に軍配を上げる。しかし、その差は微妙な判定勝ちであることを付け加えておかなければならないだろう。

菊竹は「萩市民館」について次のように述べている。これは竣工パンフレットのなかで、設計者として萩の市民に訴えた文章であり、そう長くはないのでその一部を引用しておきたい。

「私は萩市民館の構想をつくるにあたり、市当局の予算規模、敷地、所要室と機能的条件などといったこれまでの企画を引き継いで、そのうえに組み立てようとしたわけです。それは、おおよそ次のようなものであります。大ホールを母屋の中心に据え、他の諸室は下屋として、まわりに配置するという組織の空間構造でありました。第一案から最終案まで、この空間構造の考え方は一貫して変わっておりません。ただ市当局の予想する利用形態とのすり合わせをする最終案では、母屋は当初より雄大なものとなり、これに取り付く下屋は低層で南と北側に絞られ、その結果創り出された全体の印象は、空に浮かんだ船のようなものになり、市の洋々たる将来への出船をシンボライズするかのような姿になりました。

これを黒船―開港―明治維新ということで、萩市民館に結びつけて考えられる方もありますが、設計としては、設計与件のシステマティックな相互関係のなかから最適解として、また経済合理性のうえに鉄骨造を選択したにすぎません（進歩している船舶の生産技術を建築に取り入れることも含めて）。このような空間構造のシステムをもつ市民館ですから建築の外から見て、また内に入って、誰でも直ちにこの機能をよく諒解していただけるものと思います。

この考えは仕上げや家具色彩にまで及び、また外部の明倫館や、市民広場あるいは将来の市庁舎さらに都市計画にまで、つながりをもつシステムであります。

この建築を利用されるのは、市民の皆様です。どういうように利用運営、管理されるかは、ひとつに市民活動にかかっています。それは生きた建築にも、またそうでなくもなるのです。」

設計者の菊竹がそう述べているように、この建物の平面のシステムはわかりやすい。それとすでに述べたように空間に流れがあり、特にロビー空間と小ホールの空間構成が見事である。空間の主要な流れは三つの方向性をもっている。大ホールから吐き出される群はロビーで左右に分かれていくのがノーマルな使われ方であろうが、時には、もう一つの出口として小ホールを通過して妻側の出入口に吐き出されることも十分考えられよう。もともと、この小ホールは、多目的なホールとしての利用を考慮して設計されているのであるから、もし妻側の出入口を正面玄関と考えるならば、この小ホールは玄関ホールとして利用することもいっこうにかまわないことになる。

しかも、この小ホール、およびロビー空間のプランの形を見るとよくわかるように、いずれもそれは三つのコーナーから成り立ち、三つの部分に分割して使用することも、また一体として利用することも可能になっている。小ホールには、もちろん、三つに分割してそれぞれ独立した利用を可能にするためのアコーディオン式のドアが取り付けられている。こうし

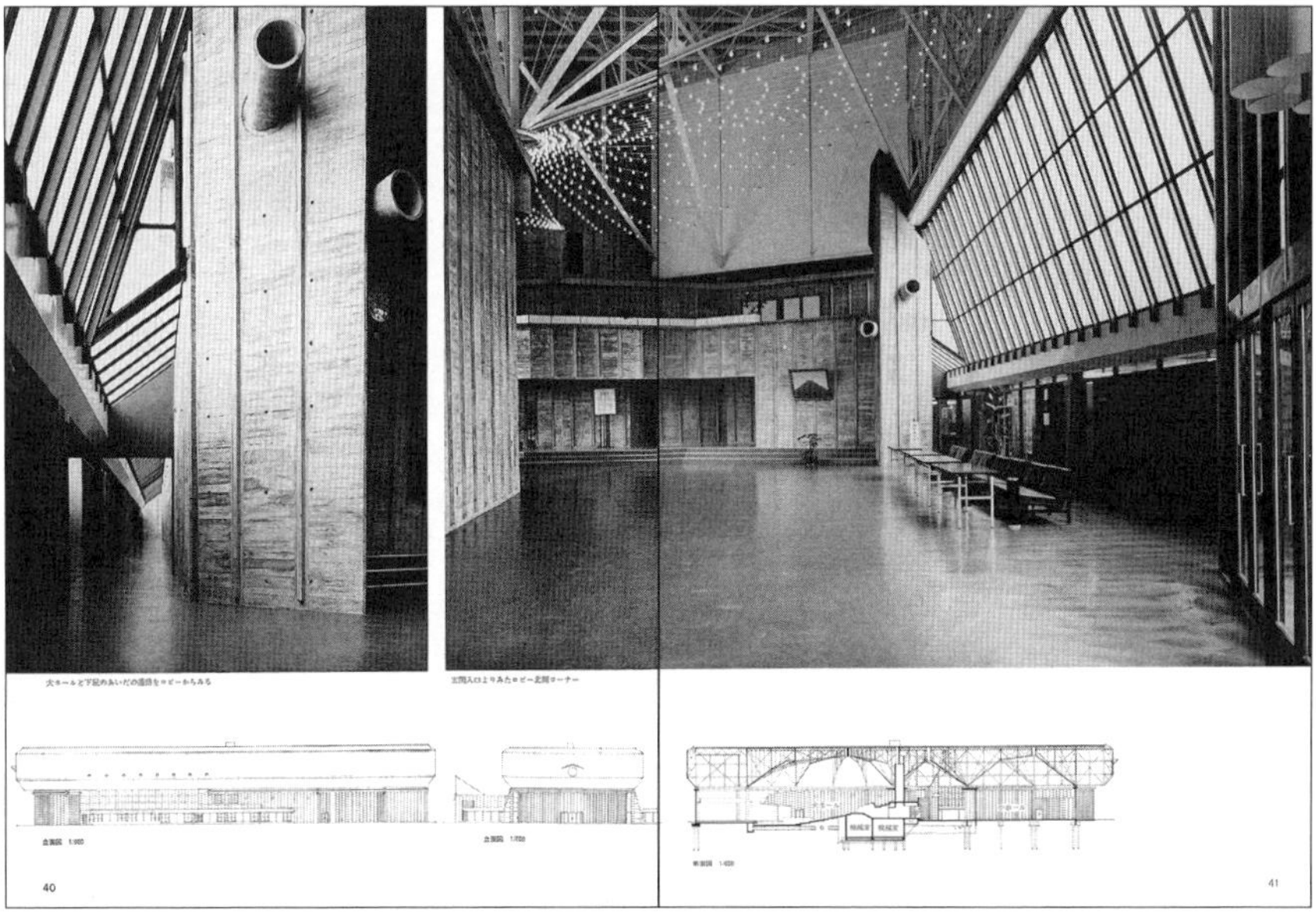

菊竹清訓建築設計事務所「萩市民館」のレイアウト誌面より
写真＝平山忠治 『SD』1969年1月号（鹿島出版会刊）。

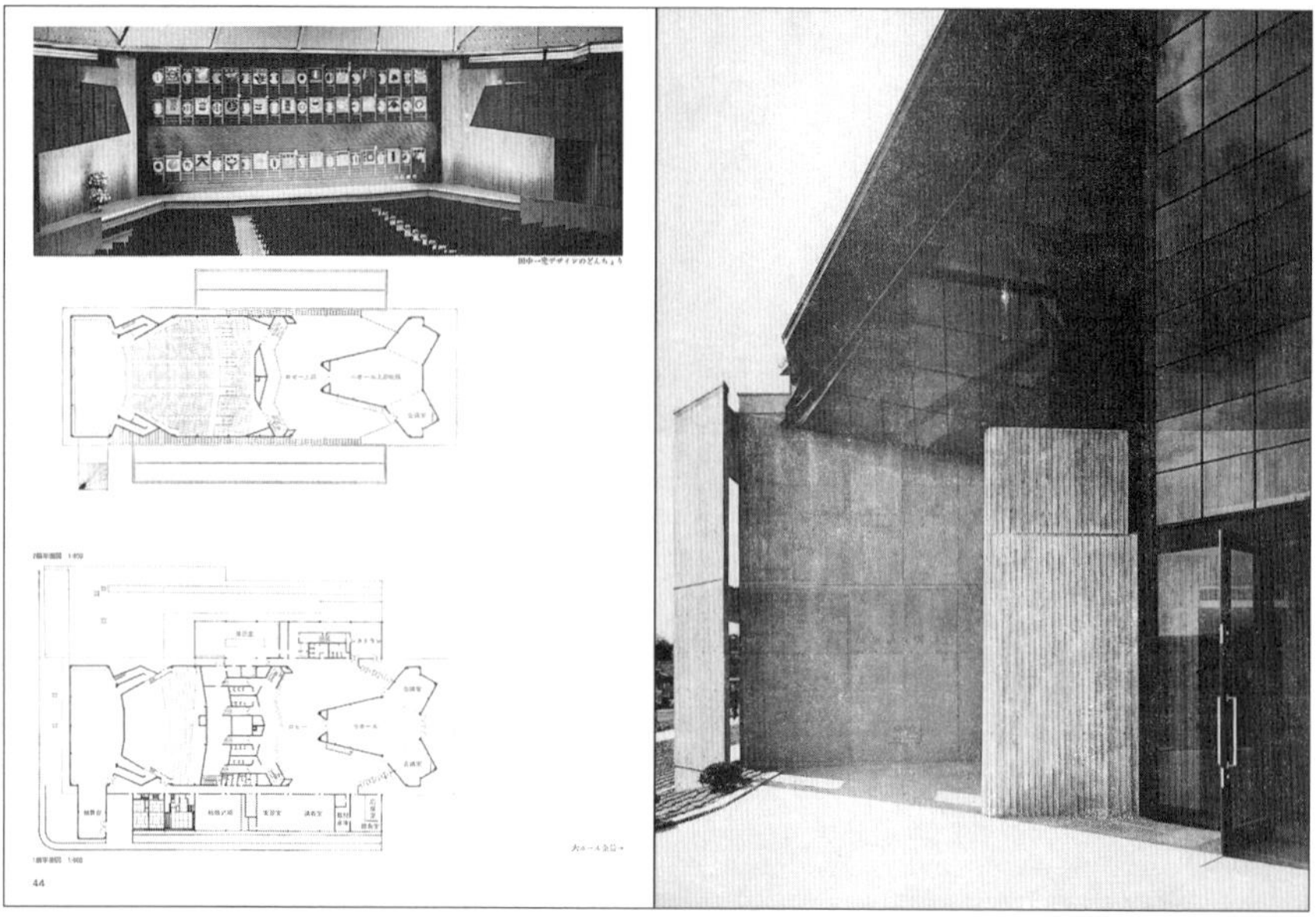

菊竹清訓建築設計事務所「萩市民館」のレイアウト誌面より
写真＝平山忠治　『SD』1969 年 1 月号（鹿島出版会刊）。

たプランの形を決定している二つの折れた壁の配置が、このように多様な使い方や人間の流動を誘発する装置になっているわけであるが、しかし、それ以上におもしろいことは、このロビーおよび小ホールの空間の上部に繰り広げられる鉄骨のドラマが、この空間のなかに包まれて立つ人間の自由な行動を誘うことであろう。壁は目的を持った人間の行動に働きかけるが、天井で放射し交錯する鋭い鉄の拡散的な飛び散るようなドラマは人間を無目的な自由な世界、遊びの世界へ連れ去る。壁はさまざまな展示会という活動を用意しているが、天井の交錯する鉄骨のイメージは全く憩いの場としてのロビーの空間にぴったりである。夜になり、このロビーに照明がともされると、鉄線に取り付けられた電球は全体として天井の下に光の膜を形成し、その光の柔らかな膜を通して鉄骨のドラマは淡くわれわれから遠のくかにみえるが、しかしその動きを読みとることができないほどにそうなるのではない。このような空間の雰囲気、空間の基本的な性格は、大ホールでも同一である。もとより大ホールでは、ステージで何かが演じられているとき、人の視線はステージに集中するだろう。しかしひとたびステージの演技が終われば、人はそれぞれ自由にふるまうことになる。ちょうど天井で放射拡散する鉄骨のドラマのようにである。この天井、つまりまた屋根裏でもあるわけだが、これが大ホールからロビー、そして小ホールへと伸びていることによって、それらの空間の一体性、つまり同じ宇宙の星のもとにわれわれは住んでいるんだという同じ内包感にひたることができる。この建物の主題であるこれらの大きな空間から下屋のようにさまざまな諸室が取り付く。母屋の部分と下屋の部分の隙間にスカイライトをとって通路に利用したのは路地の胎内化として見事な解決法を示している。このような内部空間を理解してのち、もう一度この建物の外観を眺めると、実にありありと内部空間が外に対して膨張しようとしていることが読みとれる。一見単純に見えた外観は、確かに菊竹も言うように、空中に浮かんだ船のように動き出さんばかりに見えてくることは事実だ。ここでは、「都城市民会館」*10の失敗は繰り返されることがなかった。「島根の図書館」も然り。たいへんすばらしい建築の革新が成就された。いずれも鉄筋コンクリート造と鉄骨造の二つの複合系で成り立つ建築であるが、その複合システムの接触点が明快に諒解できること、視覚的に空間的にこの二つの異なるシステムが意味と役割を変えて駆使されている。そのあたりにこの建築の成功の秘密があったように思われる。私は、実にはじめて、菊竹たちのメタボリックなイメージにふれた思いで、深い共感を禁じ得なかったのである。

*10 **都城市民会館**
1966年、宮崎県都城市。

《根源的世界》への志向

白井晟一[*1]の語法をめぐって

この建築評は、白井晟一による「親和銀行本店」を1969年度の「建築年鑑賞」に選定した際に、選定委員の一人として書き下ろした選評である。『建築年鑑』はこの前年、版元より終刊を言い渡されており、出資者を募って手弁当で刊行を続けていた。最後の「建築年鑑賞」となったのであった。

1

白井晟一の「親和銀行本店」[*2]は、きわめて衝撃的な作品だ。そこには、僕らの日常的な感覚の世界では滅多に直面することのない、まったく《異常なる世界》が現出しているのであった。この特異な作品については、話に聴いていたし、また写真や図面を手がかりにひそかに想いをめぐらして、その圧倒的な内部空間の迫力を予想していたのだけれど、実体はそれをはるかに上まわる鮮烈なイメージを喚起するものであった。

　ともかくあの空間の衝撃性は、僕らの日常性に浸された感覚を逆なでにして戦りつさせるすさまじさをもっているといって差しつかえないだろう。これをたんなる職人的な造形力に帰することはできない。むしろ作者の執念であり、凝縮された観念を物質のなかに投入して、何ものかを形象化せずんば止まぬ情念の奔流というべきものであろう。それにしてもあの異様な空間の相貌のなかにどんな象徴的な意味がこめられているのだろうか。はじめは皆目見

*1 **白井晟一**
（1905〜1983）
1928年、京都高等工芸学校（現・京都工芸繊維大学）図案科を卒業後、渡欧してベルリン大学哲学科に入る。1933年帰国し、建築設計を手がけるように。作品は造形性に富んだ象徴的な形態で、ここに取り上げたもののほか、「秋の宮村役場」「松井田町役場」「善照寺本堂」「ノアビル」「渋谷区立松濤美術館」など多数がある。1956年、自らの作品解説として『縄文的なるもの——江川氏旧韮山館について』を著し、「伝統論争」を引き起こした。

*2 **親和銀行本店**
1970年、長崎県佐世保市。

当すらつかない。ただただ、力動性にみちた緊迫した空間構成力の卓抜さ、素材の質感と光の効果とを精妙にも結合して情感の表出にまで高めていく演出性の絶妙さに、感嘆するばかりなのである。

だがやがて、僕の視界からこの空間が遠去かり、その衝撃力が消えていったとき、僕の心の緊張がいく重にも波紋を描きつつ弛緩してゆく彼方から、突如としてまったく意想外のイメージが残像のごとく浮上してくるのだった。これこそあの空間が僕の心に喚起したイメージであったのであり、それによって僕は、あの空間の根底に横たわる深い意味を暗示的に受けとったのであった。

これは僕にとっては重大な発見であり、これについてはあとで述べるけれども、「建築年鑑賞」*3の選定にとって決定的な役割を果たした。正直のところ僕は、佐世保に行き、そして親和銀行にじかに接し、かつこの発見をなしえなかったならば、僕は原広司*4の「慶松幼稚園」*5に票を投じていたことであろう。しかしこの原の作品への傾斜は佐世保で揺らいだのだ。佐世保のあの空間の豊かな表現性に比敵する迫力、いわば深みのようなものが表れていない。こう言ってしまうと誤解されるおそれもあるのだが、原の作品のいうなれば乾燥した小気味よい裸形の物質の運動性はまったくすばらしいのだ。ただやはりあのような裸形の抵抗から人間の情念の底知れぬ深みがにじみ出てくるときをこそ僕は待望したいのである。それは彼の創作方法のなかにすでに原理的には含まれているはずのあの根源性をめざす急進性への衝動であり、志向性であり、いずれはもっと躍動的な形で発現してくるにちがいないのだ。ともかく僕は、自分にそう言い聞かせながら、当初の心づもりを変えて、「親和銀行本店」を支持することにしたのであった。

＊3　建築年鑑賞　宮内嘉久（1926〜2009）が編集長を務めた『建築年鑑』誌（美術出版社）が贈った建築デザイン賞。美術出版社での終刊により、68、69年度は宮内が代表の建築ジャーナリズム研究所が版権を買い取って刊行を続け、賞を贈った。

＊4　原 広司　70、153ページ参照。

＊5　慶松幼稚園　1968年、東京都町田市。

2

ところで「年鑑賞」選定の最後の段階まで白井晟一の「親和銀行本店」と賞を競った作品には、原広司の「慶松幼稚園」のほか、磯崎新*6の「福岡相互銀行大分支店」*7と槇文彦*8の「立正大学熊谷校舎」*9の3点があった。これらについて以下順次感想を述べ、最後に親和銀行についてふたたび言及することにしたい。

まずはじめに槇の「立正大学」について述べよう。このキャンパス計画はその構想の全部を完結していない。しかしすでに完成をみた第二期工事までの部分から、その構想のユニークな性格をみてとることが可能である。このキャンパス計画の最も注目すべき特質は、それを構成している建物の個々のデザインではむしろなく、建物と建物との間隙や余白ともいうべき外部空間のデザインにこそ逆に大きな比重をかけているところにみられる。つまり目的が一義的に限定されている内部空間よりも、かえって目的の定かでない多義的な外部空間の価値を重視しているのだ。ここではしたがって内外空間の既成の価値観がほとんど同じ水準で測られるか、あるいはむしろ転倒されてしまうことになる。少なくともデザインの方法においては、広場などの媒体空間がこのキャンパスの全体的な空間のむしろ骨格として主空間を形成し、その周辺に個々の目的空間が付着していくように配される従空間のごとき観を呈している。この手法は建物の集合に構造を与えて組織化していくアーバン・デザインの領域に属するものだが、日本ではまだまだ未確立で立正大学のこのキャンパスでの試みは今後大いに発展させてゆくべきものである。この点ではまことに日本では類例の少いユニークな試みで、高い評価が与えられて然るべきであろう。だから、この作品に先頃「毎日芸術賞」*10

＊6　磯崎 新
（１９３１～）
日本のポストモダンを代表する建築家。丹下健三のもとで学び、１９６３年、磯崎新アトリエを開設。「大分県立大分図書館（現、アートプラザ）」、「大阪万博お祭り広場」（丹下と協同）、「つくばセンタービル」、「ア・コルーニャ人間科学館」（スペイン）ほか国内外に作品多数がある。

＊7　福岡相互銀行大分支店
１９６７年、大分県大分市。

＊8　槇 文彦
１２０ページ参照。

＊9　立正大学熊谷校舎
１９６７年、埼玉県熊谷市。

＊10　毎日芸術賞
毎日新聞社が１９５９年度より毎年、文学、美術など芸術各分野に贈っている賞。槇文彦設計の「立正大学熊谷校舎」は、１９６８年度、第10回毎日芸術賞建築賞を受賞した。

が与えられたのもその意味においてであろうし、その意義は十分に評価されたのだ。しかしあえて同じ意味で二度《賞》を与えるには及ばないであろう。と考えられた。なぜならこの作品を建築的に見るなら、建物の形とスケールとの関係の決定の甘さが気になるからである。それは意図された空間の組織づけが概念的にはよく理解しうるものであるにもかかわらず、空間と人間の行動とのあいだの緊張した対応関係がやや稀薄になっているとの印象をぬぐいさることができない。僕はここで立正大学のデザインに情緒喚起的なシンボリズムが不足していると言っているわけではない。そうではなくて、このように乾燥した文体のもつ魅力を保持しつつ、しかしもっと人間の行動を誘発し刺激性を増幅しうるダイナミックな磁場に、空間をつくりあげることが可能ではないかと作者に問いたいのである。その点でもっと迫力がそなわっていたら、と惜しまれてならないのだ。

3

磯崎新の「福岡相互銀行大分支店」はインテリアこそ無類であり、特筆に価しよう。しかし外観はあまり迫力がない。磯崎は〈商業建築が広告的要素を拒否するなどセックスできない人間をつくるようなもので、不具者になるのがオチだ〉と言い、建物自体を広告にしてしまおうとする。そのために建物の一部は塔状に突出して際立たせられ、街のなかの有力なランド・マークの役割をになわせられる。しかし僕の感じでは、彼の旧作、「岩田学園」*11や「大分図書館」*12の機能やシステムを露出させた先鋭な裸形の美学のほうこそ、街なかではいっそう鮮烈な印象を与えるのに比して、この銀行の角をとった柔らかな表現は意外に弱々しい。

しかしこの銀行の営業ホールに踏みこむとき、そこにくりひろげられた華麗な空間には一

*11 **岩田学園**
1964年、大分県大分市。

*12 **大分図書館**
1966年、大分県大分市。

時驚嘆せざるをえないだろう。その《技法》の冴えはみごとである。人はこのインテリアのもつ不思議な呪力にとらえられ、あやしい幻覚のなかに誘いこまれてしまう。それはどこからくるのか。その原理はきわめて単純なこと、色彩は素材の質感を消し去るという効果を徹底的に使いまくることにすぎないのだ。ごく控え目にならば、誰でも自然に使っている技法をただ磯崎は過度に全面的に採用するだけのことだ。ところがすべての素材が色彩で塗りつぶされると、どんな状態になるのだろう。すべての物は、あたかも重量を失ったかのようになり、それにガラスを透過して流入する自然光と人工照明が錯綜し、浸透しあい、拡散して、このような空間では人は光と色彩のなかを浮遊するかのごとき錯覚にとらわれる。すべての実体は気化してしまう。人間の肉体さえも魂をそこに泳がせたまま空気のなかに溶解してしまう。たしかにこの空間の極度の透明感、浮遊感覚、そして色彩のソフトな肉感は人を恍惚境にひき入れるのかもしれない。

疑問は、この空間をはたして未来を先取りした《すばらしい》ものと評価するかどうかということだが、生活者の論理はおそらくこれをかたくなに拒否するかもしれないのだ。磯崎は、ここではあえて、光と色彩の《技法》に対するフェティシズムの危険に身をさらしたというべきであろうか。しかし、これは大いなる実験だった。

4

原広司の「慶松幼稚園」については、冒頭で少し触れたが、僕はこの作品が好きだ。けっして上手だなどというのではない。だが、そこには真実がある。すべてがあるがままに見える。空間は光を求め、空気を求めて、口をひらく。ここでは既成の作法は無視され、自由に根本から検討に付される。必要に応じて、しかし他者との連帯を志向しそれを妨げないかぎり自由に振舞うことが許されている。この空間は物の運動を刺激し、人の行為を誘発する起伏に富み、抑揚に富んだ空間だ。

このような空間は、しかし原のあの《有孔体理論》*13の大胆不敵な真摯な実践の軌跡を、示している。《孔》の所在とその方向性に注目しよう。それは空間の歪みを表している。その歪みの原因はただちに誰にも納得がいく。環境に対応し、あるいは拮抗して、より大きな有孔体が形成される。その過程は運動そのものだ。作品は完成されたのちも、ダイナミックな運動体のイメージを喚起する。原によれば《孔》は空間の方向性を決定するシグナルだそうだが、僕らの眼には《孔》だけでなく、建物の《被覆》の突出、起伏、傾斜など、つまりすべてがシグナルとして作用するように見える。むろん、ここで僕は表現として建築を見ているわけだが、そのように見るとき、原の作品の何と表情豊かに映ることか。僕はそこに、行動への意思を乾燥した語法できびきび表現していく新しい知性主義の躍動を感ずるのである。

ただ僕としては、一つ期待を述べたい。それはシンボリズムの復興である。いまのところ原は情緒喚起的なシンボルを一切拒否しているかに見えるが、しかし彼の理論のなかにシンボリズムの芽はあるのだ。芽があるというより、シンボリズムそのものでさえあるのだ。《有孔体》という語の使用を思いついたとき、原はすでにシンボル思考の領域に踏み込んでいたのである。それはシグナル以上の意味を帯びてこざるをえないだろう。

5

すでに述べたように、白井晟一の「親和銀行本店」は僕らの眼前に《異常なる世界》を差

*13 **有孔体理論**
原広司が『建築に何が可能か』（岩波書店）で掲げた建築設計手法。「有孔体は、内部空間の要請にしたがって形態が決定される。つまり有孔体の外形（被覆）は内部空間の反映である」。

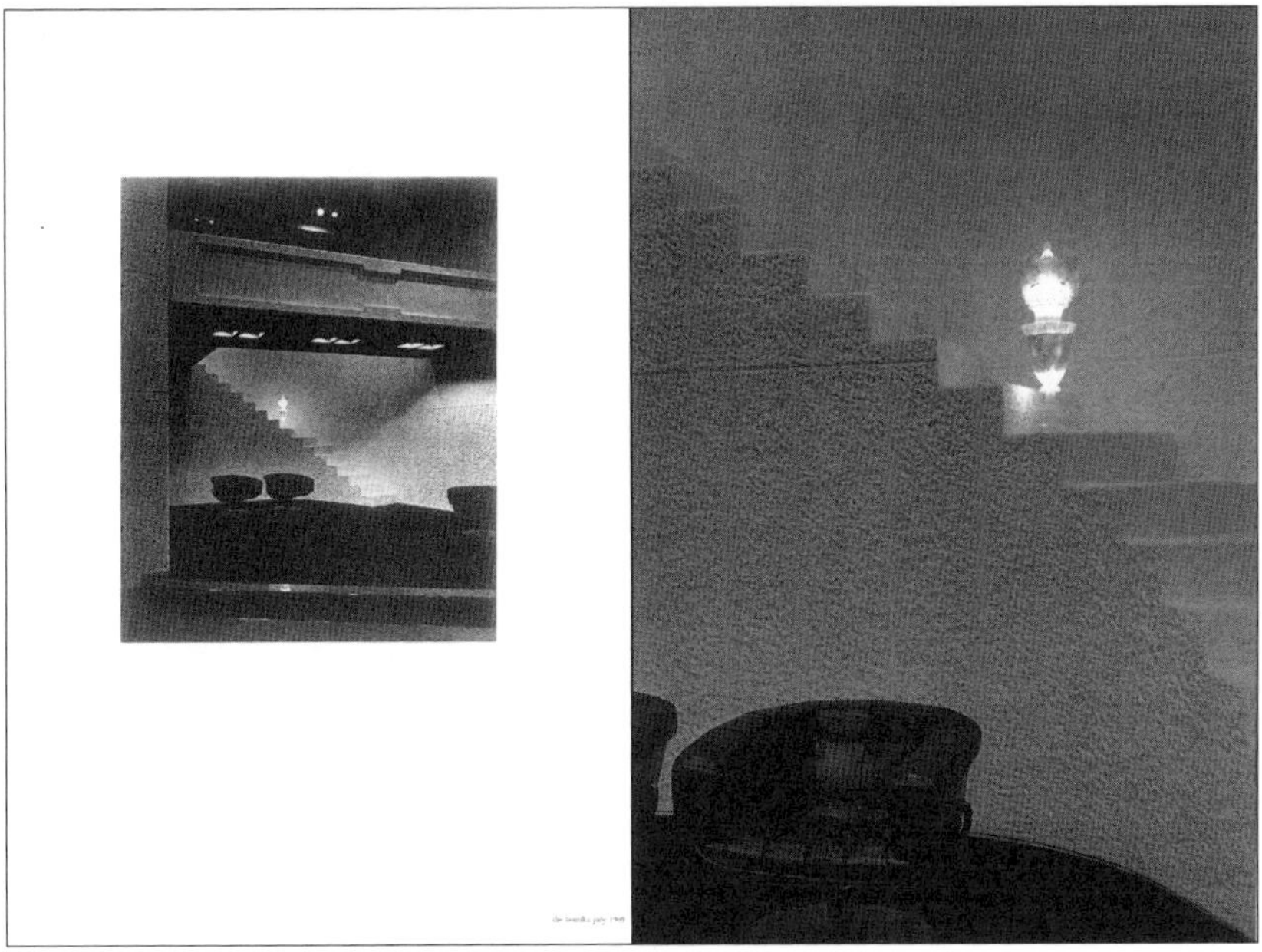

白井晟一建築設計事務所「親和銀行本店」のレイアウト誌面より
写真＝平山忠治 『建築』1969年7月号（青銅社刊）。

白井晟一建築設計事務所「親和銀行本店」のレイアウト誌面より
写真＝平山忠治　『建築』1969年7月号（青銅社刊）。

し出してみせる。これが異常に見えるのは、あるいは僕らが、あまりに近代建築的な語法になじみすぎてきたことによるのかもしれない。

しかしともかく、あの迷路のような内部空間の様相は僕らの日常的な感覚からは遠いのである。とりわけあの講堂に通ずる《広間》の空間はまったく非日常的な世界を開示しているのである。

ファサードの白いトラバーチンの壁にうがたれた奇妙な割れ目は何かを象徴している。それはわれわれの日常的世界の割れ目なのだ。ふだんはその割れ目をあまり意に留めずに振舞っている。が、ときたま、この割れ目の存在に気づくことがある。そして得体の知れない世界を、その割れ目から垣間見ることがあるのだ。

その得体の知れない世界、それはかつてパウル・クレー[*14]が〈私たちの脈打つ心は深い根源へと駆り立てられる〉と言ったあの《根源的世界》なのかもしれない。ハーバート・リード[*15]によれば、クレーにあってはこの衝動は、〈現実の客観的状態と〝遥か彼方の状態〟とをひとしく生きることであり、種々の空間、数々の時間を一つの与えられた時空のなかに包括する能力〉を指すものであった。そしてこのクレーにとっての、《遥か彼方の状態》とは、クレーの少年時代の体験、つまり神秘な幻想を想起することであり、追体験することであった。

ここで僕は、白井晟一の場合を考えたいのであるが、むろんクレーとは次の点で決定的な相違があるだろう。ともに《根源的世界》を志向し、《遥か彼方の状態》をひとしく生きんとして、それを想起するわけだが、クレーが少年時代を想起するのとはちがい、わが白井晟一は古今東西の古典への旅を想起し、これら一切の記憶を彼の内部において精錬し同化して一つの時空のなかに再構築せんとする。この白井晟一の独特な創作の態度のなかに、マニエ

*14 パウル・クレー
（1879〜1940）
スイス生まれの画家。カンディンスキーやマルクらと親交を結び「青騎士展」に加わったほか、抽象絵画やシュルリアリズムにも影響を受けた。1921〜1931年にバウハウスで教鞭をとる。

*15 ハーバート・リード
（1893〜1968）
イギリスの詩人、美術評論家。『芸術の意味』『モダン・アートの哲学』（共にみすず書房）、『クレー』（平凡社）など著書多数がある。

リスト的な原理が内在していることは、すでに磯崎新が鋭く指摘したところである。つまり、白井晟一の制作衝動の中核には、時代を超え、場所を異にするあらゆる文化的所産を、時空を超えた場のなかに並存させたいとのすさまじいばかりの情念が生動しているのだ。そして当然のことながら、このような衝動によって創り出される建築空間の性格は、極度にモニュメンタルな象徴性を帯び、しかも外部空間に対して拒絶の姿勢を示すことになる。もっとも、この建築が現代の生活に深くかかわりながら生きていくべきものである以上、外部空間との交通ならびに情報交流を可能ならしめるダイナミックな対応関係を維持しなければならない。したがって外部への拒絶的姿勢とはむしろ逆比例するかのごとく、内外の最小の通路は緊迫した流動性を劇的に構成することになるのである。

僕はさきに、この銀行の外壁の割れ目の象徴性について触れたが、それと同時に内部空間の緊迫した構成の奥底からマニエリスムの裸体画が示すような冷やかな官能性が光りだすのを感じないわけにはいかなかった。特に、あの1階の広間と、エレベーターに乗って講堂に通ずる4階の広間は特別な意味合いをもつ。この空間は、《母体回帰》のセクシュアル・シンボリズムを表しているのではないのか。それは性的な意味をもつ秘儀と解釈されている出羽三山の修験道の修行の空間に似ているのではないか。修験道たちは入峰し、出峰するわけだが、そのさい《女体》の入口から入り、出口から出るという《母体回帰》のシンボリズムを使用している。このとてつもないアナロジーは、しかし単に僕の妄想なのだろうか。

僕はこのように見ることによって、この黒御影の円筒内の空間の洞穴的なイメージ、その白くカーヴした壁面の微光に光る冷たい触感の意味を理解しえたように思ったのであるが、もちろん《母体回帰》のシンボリズムに固執することは少しもないであろう。もともと出羽三山の修験道における《母体回帰》は地底への下降意識に重なるものとされ、けっきょく山岳という象徴のなかで上昇と下降という相反するものの統一を意味するのが修験道の修行であると推測されていることからもわかるように、そこは《聖なる空間》なのである。黒御影の円筒を中核にすえたこの空間構成は、1955年の「原爆堂」*16の構想が原型をなすものであることは知られているが、この原型が《きのこ雲》のイメージであるにせよ、ないにせよ、ここではもっと一般化された象徴として《聖なる空間》を意味することは明らかであろう。この空間には磯崎も指摘するごとく、数脚の椅子が置かれてはいるが、何ら具体的な機能を予想しうる空間ではない。にもかかわらず厳然として独立した洞穴性を表現しているのだ、常識的にはこの空間は単なるエレベーターホールにすぎないにもかかわらず。

「親和銀行」について記述すべきことは尽きない。しかし、最後に思いつくままに列挙すれば、この建物は全体として多中心性の空間構成を示していること、したがって個々の空間はそれぞれひとつの中心であること、空間相互の結合のありかたの特徴は、非連続の連続としてドアのみで連結されるところが多いこと、それにもかかわらず空間の流動性がみごとに具現されていること、特に空間の心理的な流動感を加速させる要素として繰り返し現れる楕円が認められ、空間をバロック的な運動感にみたしていること、光の絶妙な効果が解放感あるいは光明を象徴していること、などなど。これらのことについては、もはや言及しないでおこう。

しかし、最後にひとことつけ加えておきたい。白井晟一の「親和銀行本店」を推した最大の理由は、人間存在の始原性への復帰をめざすシンボリズムの現代における再興にあった、と。

*16 **原爆堂計画**
1955年、核兵器廃絶を願って描いた計画案。

前川國男における日本的感性
埼玉県立博物館と熊本県立美術館

この文章は、生前は作品集を出すことのなかった前川國男の、初めての作品集『前川國男作品集――建築の方法』（宮内嘉久編・美術出版社刊）のために、前川國男の到達点をわかりやすく解き示すべく書き下ろしたもので、前項3編の建築評とはいささか趣を異にする。

1

前川國男[*1]の建築家としての生涯にわたる仕事を振り返って観るとき、いまさらのように、その存在の大きかったことを想わないわけにはいかない。

あの骨太な、武骨とも言えるがしかし、大地に根を張るがごとく構築された造形の堂々たるヴォリウム感の圧倒的な迫力、逞しさに、身近なところで上野の杜に行けばいつでも接することができる。とはいえ、人間前川の不在はやはり、何ものによっても埋め合わすことのできない〈空虚〉として残る。

しかし前川の残した数々の作品は、なお生き続けて、貴重なメッセージを私たちのところに送り続けている。前川との対話は、むしろこれから始めなければならない。

西欧で生まれた〈近代建築〉の摂取から建築家としての仕事をスタートさせた前川の生涯にわたっての願いの一つは、その〈近代建築〉をこの国の風土にしっかりと根づかせること

*1 **前川國男**
（1905～1986）
東京帝国大学卒業後渡仏、ル・コルビュジエの元で学び、帰国後はアントニン・レーモンド事務所を経て1935年に自身の設計事務所を設立。戦後の日本のモダニズム建築を主導した。ここで取り上げた作品のほか、「日本相互銀行」、「神奈川県立音楽堂・図書館」、「東京海上ビルディング」ほか多数がある。木造の自邸は東京都小金井市の「東京たてもの園」に移築保存され公開されている。

にあったはずである。しかし、前川の考えは決してそこに留まってはいなかったと思う。もっと先を観ていたと思う。その先に拓かれ得る地平を観ていたのではないかと思う。絵空事でない〈近代建築〉の前提に、確かな技術の獲得とその練り上げの修練を置いた。それはあくまでも借りものでない自前の〈近代建築〉の言葉は、そうした技術的な実践の現場に根ざした修羅場をくぐり抜けてこそ掘りおこしが可能であり、手ごたえの確かなリアリティをその手で握りしめることができるのだという信念に基づくものであったろう。

前川はよくディテールについて語っていた。細部の真実がなければ建築は砂上の楼閣にすぎないというわけで、「日本の建築家は建築の素材についてもっと知識を持つべきこと、そしてそれに基づいた建築のディテールを身につけるべきだ」としばしば口にしていたけれども、「その点、西欧の現代建築家の多くにも問題がある」としていた、という[*2]。ここに前川が西欧近代の模倣に終始するモダニストとは一味も二味も違う批判的モダニストであったことの片鱗を伺うこともできるであろう。

2

前川の残した数多の作品の中から代表作を選ぶとすれば、その前期を代表するものとして「東京文化会館」[*3]と「京都会館」[*4]の二つを挙げたい。「東京文化会館」はなんとなく東京というマンモス都市にふさわしく見え、「京都会館」は古都京都にふさわしいたたずまいを見せて建っているように見える。時期も同じ、手法もさして大きな違いはないけれども、具現した姿の情緒に訴えるところは、剛と柔の対比といってよいほどの差異が顕在してくる。やはり〈場所の力〉によるところ大ということであろう。いずれの建物も包摂する内部空間は異

*2
田中誠「その折々の前川先生」（前川國男建築設計事務所発行『追悼前川國男』所収）による。

*3 **東京文化会館**
1961年、東京都台東区。

*4 **京都会館**
1960年、京都府京都市。

なる内容の複合体で、水平に延びるふっくらとして大きな庇の線がそれを統一して一つのヴォリウムにまとめ上げていて、見事な出来栄えを見せている。

後期の代表作として、私は「埼玉県立博物館」*5と「熊本県立美術館」*6のやはり二つを挙げておきたい。この二つの作品については後に詳しく述べることになるが、前川の前期から後期への作風の変化は、ここに挙げた代表作を対象に比較するだけで顕著であることがわかる。私の関心は、一途にこの変化にひき寄せられる。この変化をどう理解するべきであろうか、それが私の主たる関心事である。

誰の目にも明らかな変化から見ていくことにしよう。いうまでもなく、それはまず建物の外部仕上げの変化として顕在化した。

第二次大戦後に限定してその前半の20年のあいだ、作品の表現を主導し支配したのは打放しコンクリートであり続けた。それは前川事務所の作風を決定的に特徴づけるものであった。内部空間は流動感に溢れ、その外部はまさにコンクリートの素材感を生かした彫刻的な表現性に際立つ魅力をつくり出していた。この作風が建築界に与えた影響は計り知れないものがあったが、打放しコンクリートがまたたく間に一世を風靡することになったのも、前川の先導があってのことと言えるかもしれない。しかし前川事務所におけるほど徹底的に、打放しコンクリートの採用によって起こる問題に、技術的に真摯に取り組んだチームがどれくらいあっただろうか。

折版構造の「福島県教育会館」*7「世田谷区民会館」*8、鉄骨をメガ・ストラクチュアとして使った「晴海高層アパート」*9、ピラミッド型の大教室を中心に配した「学習院大学の教室

＊5　埼玉県立博物館　1971年、埼玉県大宮市。
＊6　熊本県立美術館　1977年、熊本県熊本市。
＊7　福島県教育会館　1956年、福島県福島市。
＊8　世田谷区民会館　1959年、東京都世田谷区。
＊9　晴海高層アパート　1958年、東京都中央区。
＊10　学習院大学の教室と図書館　1960年、東京都豊島区。
＊11　弘前市民会館　1964年、青森県弘前市。

と図書館」[*10]、そして壁柱をランダムに配置して構成した「弘前市民会館」[*11]など、いずれも打放しコンクリートによる構造の表現を主要モチーフに選んだ造形意欲の横溢した作品が続いた。そしてこうした戦略路線の登りつめた頂点に開花したのが、「京都会館」であり「東京文化会館」であった。

しかし、コンクリートという素材に対する基本的な認識に、いくつかの疑義が生じてきた。コンクリート自体の風化や耐久性や汚れといった欠陥が気になりだすのである。建物がもつべき耐久性にとってコンクリートは必ずしも安心できる材料ではなく、この欠陥には何らかの対策が講じられねばならないという要請が強くなる。

前川がはじめて打放しコンクリートを手がけたのは、レーモンド事務所時代であった。戦後は、一連の「日本相互銀行の支店」で試みられ、その技術は前川の手の内に蓄積される。「外壁を打放しに仕上げるためには、今までに行われていたタイル等の化粧を取り去ることであるから其の代りに鉄筋の被覆を増やすべきだというのが先生の持論であった」と大沢三郎[*12]は述べている。そして、この考え方が後になって採用されることになる現場打込みタイル構法へと発展したのだ、とされている。

1966年に竣工した「埼玉会館」の外部仕上げは全面的に打込みタイルで被覆される。これは技術的に成功を収めたが、同時にその表現効果についても自信が深められていく。それ以降、タイルによる保護・補強なしの全面的な打放しコンクリートの採用は、少なくとも外装に関してはほとんど絶無になった。

かつては〈日本式超重構造〉として官庁や銀行などの権威主義的な建物を否定し、カーテンウォールの採用による軽量化、工場生産による現場生産の代替と精度向上を〈近代建築〉

*12
大沢三郎「前川國男を偲んで」（前川國男建築設計事務所発行『追悼前川國男』所収）による。

の主要課題と主張した時期のあったことを想えば、これは大きな路線の変更で、隔世の感禁じ得ぬものも多かったに違いない。

これはやはり前川生涯の足跡を辿り評価するうえでも、見逃せない象徴的な出来事であったというべきであろう。

新技術の開拓と生産の工業化を到達すべき目標価値と見定めて、次々に新しい技術的試みに挑戦していく過程で、開拓された技術の成果は直ちに建築空間の形態言語に変換され、すでに名を挙げた諸作品となって具体化をみてきた。前川の新作がいつも注目の的だったのは、この技術、とりわけ構造技術の表現言語への転化のダイナミズムにこそあったと思う。そこに私たちは、近代建築運動の日本における先導者、開拓者、そして風を切って疾駆する軍団の闘将・前川を観ていたはずである。

単なるモダニストとは大いに異なる企てをもつ、アヴァンギャルドの荒々しい、ブルータルな行動の軌跡を前川の作品に観ていくことは必ずしも難しいことではない。技術と高揚した精神が〈生〉のままストレートに作品に露出してくる事例も少なくないほど、実験主義に貫かれてきたという側面も見ないわけにはいかない。

打放しコンクリート仕上げからタイル打込み構法への移行は、単なる技術上の部分的改良行為ではなく、それまでの建築的実践に対する反省をこめた方向転換でもあり、後藤伸一の指摘するように、建築空間の捉え方の方法論的展開が前川自身の内部で明確に意識されるようになり、そのことの帰結がむしろ素材や構法に対する構えの変更をもたらしたのだと考える根拠は十分あると思う。

後藤伸一の解釈によれば、前川作品の作風の変化は次のように捉えられる。

「一時期の均等ラーメンや明るく軽快なカーテンウォールといった表向きの主張から、より内面的な閉じた壁による構造や空間、閉じたヴォリウムの相関による流れるような空間展開、大らかで十分な広さを確保した空間の主張に向かった推移は、変化というよりもむしろ前川國男がもともと持っていた固有の空間に対する希求や主張が作品においてより強く正面に押し出されてきた、つまり社会的な存在としての前川國男よりも建築家としての前川個人がより強調された帰結」*13ではなかったか、と。

前川には〈近代建築〉のパイオニア・先導者という強い自覚があった。借り物でない〈近代建築〉の言葉を自前で発掘していかねばならないとしたら、技術の近代化を自らに課することが必要であった。それは個人的な作業で成就しないのは当然である。前川は事務所を創設する。事務所は集団的な仕事の〈場〉であり、〈場〉の充実、そこに充電していく前川個人の先導的役割は欠かせないけれども、スタッフの自発性に基づく積極的参加による集団の形成が不可欠である。〈場〉は共生の場であり、運動の根拠地であったはずだ。前川が自らに課した社会的役割と使命感が強ければ強いほどに、自らの希求や主張を集団形成の〈場〉の思想から超越しない限度に抑制するという努力を自らに課してきたと思われる。後藤のいう社会的な存在としての前川とは、こうした内面的に厳しく自己を律し、自己の欲望にも一定の抑制をかけ続けた存在としての前川を指すのであろう。

後期の前川は、近代的建築技術のパイオニアとしての立場からは身をひき、身についた技術のレヴェルで、建築本来の空間形成の方法論の展開に向かって歩むことになったのであろう、と思う。いわば前衛主義から後衛主義への撤退ともいえ、いかにも保守的と映るのはやむを得ないが、現代の資本主義技術文明の超〈近代化〉のもと退廃化を深める状況のなかで、

*13
後藤伸一「プレキャストコンクリート：硬いプレキャストから軟らかいプレキャストへ」（『Process Architecture』No.43「前川國男：近代日本建築の源流」所収）による。

それに対して抵抗する道は、技術の先端を究める方向に沿うよりも、建築文化の民衆的基盤に根を下ろし裾野を広げる方向の実践であろうとの決意を秘めての方向転換であったのではないかと、私は敢えて憶測する。

私は前川における作風の変化は、その表相に顕在化した変化以上に深刻な思想上のある種の回心、あらためて自己自身の再発見の旅への旅立ちであったのではないか、と思う。

3

「埼玉県立博物館」は、武蔵野の面影を残す大宮公園の一角に立地している。4年前の夏*14、はじめて訪れたとき、緑濃い樹々に蔽われていて、建物という物的存在よりもむしろ豊かな自然の息づかいをあの中庭で満喫して帰ったものである。こういう中庭はそれまでの前川作品ではついぞ見かけたことのないものであったが、しかし、ある懐かしい情緒へと人を誘うものがあると感じられた。

松戸の私の自宅からそこへは2時間はかかるのだが、この中庭の魅力はその後二度も私の足をそこへ運ばせることになった。四季折々に情趣を変える自然のリズムに浸ってみたかったからである。こうして二度、三度と足を運ぶうちに、この中庭の印象から受けた懐かしい感情にとりあえず〈日本的〉という言葉を与えている自分に気がついたのである。

これは私にとって全く驚きであった。つまり前川の作品に、たとえば丹下健三の作品にきわめて明示的に顕われてくる日本的性格と同種のパターンはないし、いわゆる俗受けするあの日本調とも無縁だったからである。

それにしても、私に日本的と感じさせたものは何なのか。それはこの作品のどこにそうい

*14 執筆時。1986年。

前川國男建築設計事務所「埼玉県立博物館」
写真＝畑 亮

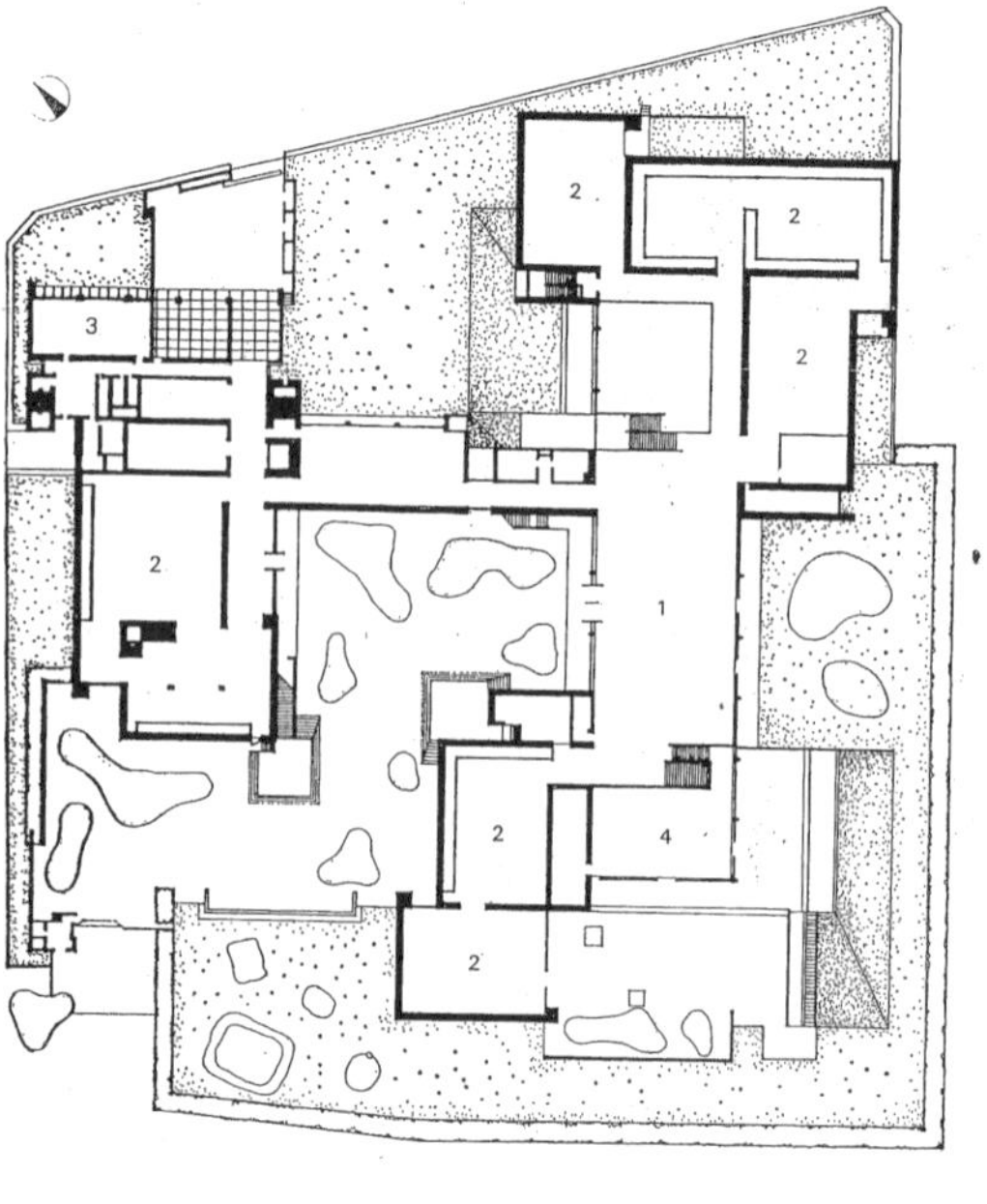

1　エントランスホール
2　展示室
3　管理諸室
4　食堂

前川國男建築設計事務所「埼玉県立博物館」
写真＝畑 亮

う感情を誘引する動きがあるのか、多少ともその誘因のよってくるところを分析してみなければならない。

「埼玉県立博物館」の魅力は、まず、その敷地全体の配置構想から生まれたと思われる。何といってもプランが美しい。プランに動きが感じられる。敷地の西隅の門からこの博物館の入口は見えない。ともかく門を入ると正面におそらく欅と思われる大樹が枝葉を四方にひろげて立ち、その後に建物の壁が見える。すぐ右折してしばらく歩み、左右に野外ステージらしきものを見ながら左折、建物に囲まれ樹木が多い中庭のほぼ中心あたりから漸く入口らしきものを認めて右折する。配置図を見ればすぐわかるように、紆余曲折する入口へのアプローチの動線の長いこと、度々の屈折、動線の節約を至上とした戦後の一時期の貧しい時代の素朴な合理主義など微塵も見当たらない。わざわざの遠回りなどすこしも苦にする気配はない。動線を意図的に引きのばすことにむしろ興味をもっているらしい計画の構想が見えてくる。

入口にやっと辿りついて内部に踏み込むと、そこは広々としたロビーで左と右に長く伸びている。その左と右のさらに奥にいくつかの目標物である展示室やレストランがある。ロビーを左折してすぐの廊下をさらに左折して進めば、左折して特別展示室へ、右折すれば管理室その他に達する。目標である諸空間はロビーから四方にのびのびと屈託なく分散し、いやがうえにも動線は伸びる。

美術史学者ダゴベルト・フライ*15の『比較芸術学』を読むと、彼が比較分析の基本的カテゴリーとして使用する概念に「目標モチーフ」と「進路モチーフ」という言葉に出会う。

彼によれば「すべての建築芸術は目標と進路という二つの契機を媒介とする空間形成である。民家だろうと神殿だろうと、すべての建物というものは構築的に形成された進路である」

*15 **ダゴベルト・フライ**（1883〜1962）ウィーン学派の美術史家。文化を相対的に捉える視点を提示した。『比較芸術学』は創文社刊。

と言える。なるほど入口をまたいで中に入れば、構築的な形成作用によってつくり上げられた、広がりと奥行への動きに従って統一された空間が、順を追って現われ、かくしてそこに一定の空間が体験されることになる、というわけである。

「埼玉県立博物館」の場合、門から入口への進路の長さとその経路の紆余曲折のプロセスにはドラマがあり、それは自然との出会いである。目標に到達するという目的だけに関心が集中すれば、進路は直線の最短距離を選び、目標地点でドラマはクライマックスになるような空間形成の方法をとるに違いない。しかし目標モチーフよりもむしろ進路モチーフが優勢で、途中こそが楽しくて、極端な場合、肝心の目標を忘れた散策になることさえ考えられる。

日本の都市や街路のもつ構造的特質に関する研究からも、また建築や庭の空間形成に関する研究からも、しばしば指摘されるように屈折・旋回と奥行をつくりだす発想と手法、それは途中の局所的微小の特異点への興味をつないでいくという、進路モチーフの強い空間形成上の特異な好みと言えそうである。

手元にある『前川國男＝コスモスと方法』[*16]を開いて「埼玉県立博物館」のコメントを読むと、「一筆書き」の壁の構成がデザインの骨法になっている、と書かれている。そして次のような文が続く。

「一筆で描かれる壁と、さらに一呼吸おいて描かれる次の一筆による壁の動きおよびその間合いによって、空間は大きく流れ、またよどみ、あるいは小きざみに律動する。この、壁の内と外、表と裏の二面性から内外空間の虚と実、壁の連続と切断による、内外空間の呼応とその間合い。入隅と出隅の掛合いとなじみ、一言でいえば『壁のアイデンティティ』の探究

＊16
前川國男建築設計事務所発行、1985年。

がここには見られる」と。

　平面図を見ながらこの文を読むと、設計者の手の動きとその息づかいまでが感じられるほどに、設計者の構想がストレートにこちらに伝わってくる。この設計者の手の動きと息づかいは、この博物館の律動する壁のムーヴマンに呼応すると同時に、実に見事にこの空間構成体の内外を観照しつつ歩く人びとのリズムに共振するかに思える。

　敷地のほぼ中央を占める広い中庭は、敢えていえばこの空間構成体の核として位置づけられるけれども、それは求心的な中心とはならず、むしろ四方に広がる遠心力として働き、いろいろな方向への経路を形成している。

　この経路を辿り目標物である展示室などの展示対象に達するけれども、観照の対象は何も展示室のオブジェだけに限られることはない。中庭の樹々や植込み、空に飛び交いさえずる野鳥など、自然との交流のなかに安らぎを求めることも喜びの一つに数えられよう。

　この博物館の空間は歩くことを奨励するシステムであると同時に、憩いと祝祭の場として活用してよい中庭をもち、それがきわめてユニークな特質となっている。

　前川國男自身、浜口隆一*17との対談で次のように発言していた。

「あの広い中庭、広々としたロビーをフルに生かす使い方を発見してほしい」、「夜でも市民を中庭で散歩させて、ベンチでも置いてポカンとしている時間を味わわせてあげてほしい」と。さらにまた「中庭にある二つの野外舞台で秩父の太鼓の競演をするとか、自由な使い方をしてほしい」とも言っていたのである*18。管理された消費文明に対する抵抗の姿勢を設計の仕事のなかに貫こうとしていたばかりでなく、市民による自由な使い方の発見にも希望を託していたようである。市民への呼びかけとしての空間の提示、これが前川の心の底から

＊17　浜口隆一（１９１６〜１９９５）建築評論家、建築史家。東京帝国大学建築学科卒業後、前川國男建築設計事務所に入るも、その後大学院へ進み建築史を学び文筆業に。戦後間もない頃に『ヒューマニズムの建築　日本近代建築の反省と展望』（雄鶏社刊）を書き、建築界に大きな影響を与えた。

＊18　『日刊建設通信』１９８５年10月１日。

の願いであったのであろう。

この会館の設計の隠された主題は、人間と自然の共生であり、建物はむしろ主題としての自然に帰属するものと扱われたのかもしれない。次なる引用は「埼玉県立博物館」竣工に際して書かれた前川の文章である。

「われわれは経済の繁栄を謳歌して来ました。しかし西欧文明を輸入してこの方、所謂明治百年は美しい日本の破壊と人心退廃の歴史であったのではありませんか。これが日本人の百年の努力の成果だったと顧みて今更のように愕然とする次第ですが、もはやわれわれは好むと好まざるとにかかわらず、この文明と運命を倶にせねばなりますまい。とすればわれわれに残された道はただひとつ、破滅に向うこの文明の進路是正に努力することでありましょう。どうしたら「日本の心」をもってこの文明の進路是正に寄与することが出来るでありましょうか」[*19]と。

そして「埼玉の生んだ物」にひそむ「日本の心」はどこにあるかをさし示すことこそ、この博物館のもつ意義ではないかと訴えている。この博物館の敷地全体のたたずまいに、私が日本的なと感じたのは、こうした前川の文に出会うとき、やはり明確な方法的自覚に基づいて日本の伝統的感性のよみがえりを意図した方法がこの場所に刻み込んだ空間構成の性格であったのだ、と思わないわけにはいかない。

「熊本県立美術館」も基本的には「埼玉県立博物館」と共通する原理・方法によって設計されたものと見てよいと思う。

進路モチーフの優勢による屈折し旋回し流動していく空間の形成からみて、そう言えると

*19
『埼玉県立博物館竣工パンフレット』所収。1971年。

前川國男建築設計事務所「熊本県立美術館」のアプローチと立体的な構成
写真＝畑 亮

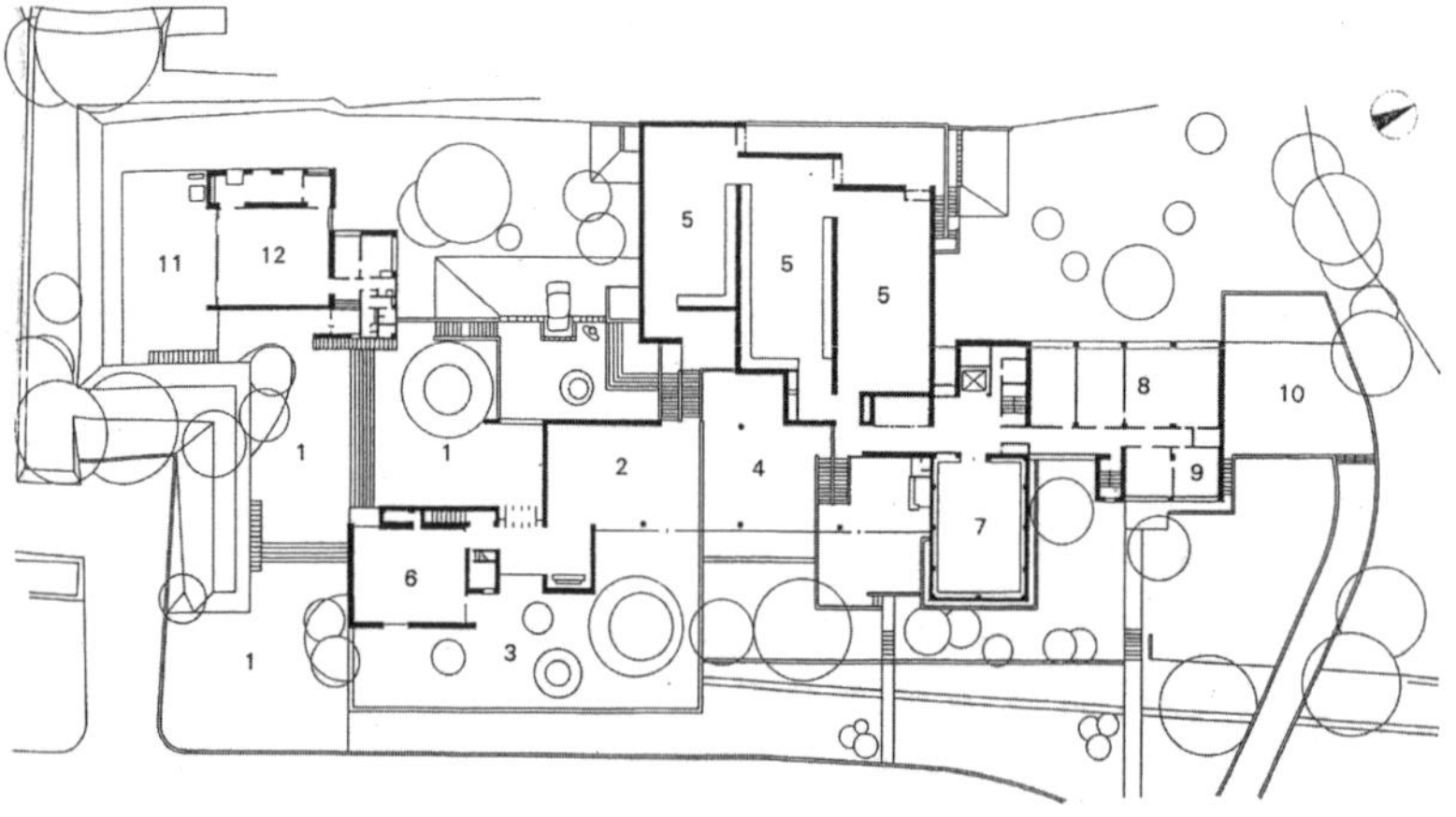

1　広場　　7　収蔵庫
2　ロビー　　8　事務室
3　ロビーテラス　　9　館長室
4　吹き抜けロビー上部　　10　サービスヤード上部
5　常設展示室　　11　多目的室テラス
6　講堂　　12　多目的室

前川國男建築設計事務所「熊本県立美術館」のロビー空間と平面図
写真＝畑 亮

思うのだが、埼玉の静謐なたたずまいと比較すると、熊本の方はきわめてダイナミックな空間の展開となっている。おそらく〈場所の力〉の差異に基づくところが大きく響いているのであろう。

「熊本の美術館」は熊本城の素晴らしい空間体験が参照されたと設計者は書いているが、それと建物の配置を計画するに際して、素晴らしい樹木たちと遺構の保存を当然のこととして配慮したため、建物は遺構を避け、かつ樹木たちのあいだを縫うように配置された。すなわち、遺構も樹木たちも建物と対等の存在として遇する姿勢が貫かれている。それは埼玉のケースにも通底する精神であろう。

建物は樹々の緑のなかにひっそりと身を隠すことになるが、しかしここでも一筆書きの骨法による壁の律動的構成はいっそう磨きをかけられ、空間のダイナミズムは内外を貫き、律動的な空間のシステムの形成に有効に作用していることがわかる。

アプローチのレヴェル変化と曲折する進路は次なる空間への期待をはらませる。ロビー・吹抜けホール、そして階段による諸空間の劇的な連結の集合するところ、その上を覆う大屋根の彫り込みの深い板状の格子梁との張りつめた対比による緊張感が走る。ホールには〈深さ〉と〈安らぎ〉があり、ロビーは広々として一種の〈解放感〉をもたらす。東側のロビーテラス、サンクガーデン、喫茶テラスへとつながっていく一連の広いガラス面は、二の丸広場と美術館の視覚的な連続感を創出している。

「プランにムーヴマンがないといけない」、「いいプランは美しい。プランを練っていくと、一筆書きで描けるようになるんじゃないか」[*20]と前川は言ったという。

*20
『前川國男：コスモスと方法』前川國男建築設計事務所発行、1985年。

埼玉にせよ、熊本にせよ、その中を歩めば、そこにはそれぞれに固有のダイナミズムがあり、それは目で感じるだけでなく、運動感覚的に身体が敏感に感じとる。そのプランを手にして眺めれば、なんと美しく秩序感がみなぎっていることよ。ここにこそ建築家前川國男の思想と方法が最後に辿り着いた境地がある、と想わないわけにはいかない。

左右相称は前川の好むところではない。左右非相称と水平に伸びる立面が好みだ。内部空間は随所で外部空間と相呼応して律動する空間のシステムをめざす。自然との共生、外部空間の取り組みや中庭の創出は、自然を主題にしていく姿勢の表れである。柱は壁柱になり、壁の律動的構成が進行する。目標モチーフよりも進路モチーフが優勢になり、経路の途中のドラマを楽しむ〈ゆとり〉がよしとされる。進路は屈折し、曲折し、あるいは迂回するから、動線はいやでも延長されていく。こうした現象への好みは日本人の感性のなかに中世から近世初頭にかけて形成され根づいた伝統であり、一定の普遍性をもっていたが、現代文明の進展は、この日本的な空間への嗜好（＝文化）を解体しつつある。前川作品におけるこの伝統の感性の復活をどう評したらよいのであろうか。

4

１９７５年、前川國男は「坂倉準三への手紙」*21 のなかで、合理的建築に魅かれてル・コルビュジエの門を叩いた経緯を次のように説明している。

「僕等の学生時代は『ワスムート』*22 を中軸とするドイツ表現派の建築がさかんに建築界を賑わしていた。芸術史家エリー・フォールは19世紀的折衷主義の１００年に亘る長いトンネルをくぐりぬけて近代建築はようやく折衷主義の建築から自己を解放できるという自信を

＊21 前川國男「坂倉準三への手紙」（『大きな声』所収。発行：坂倉百合、１９７５年）。

＊22 ワスムート　１９１４年に創刊されたドイツの建築雑誌。

もちはじめたと書いた。表現派という名称に明らかなように建築家の内面を自由に表現しようといういわば神話的直感的な自由な造型的発想を競っていた。にも拘わらず表現派とは対蹠的な科学的（？）発想を中軸とする合理主義建築にひかれたのは何故だったのか。……それはラスキンの名著『建築の七燈』の影響、殊にあの本の第2章にかかれた〈真実の燈〉からうけた強烈な印象と、第一次世界戦争の戦後急激に起こった住宅不足に対応すべきであるという建築家の使命感であった。」

この〈初心〉は前川において見事に生涯を通して貫かれたと思う。ラスキンの〈真実の燈〉に共鳴した前川は、〈細部の真実〉に支えられてこそ建築は絵空事でなく確乎たる実在感を獲得することができるのだという実証を幾多の作品において示したし、第二次大戦の戦後焦土と化した都市の未曾有の住宅不足にはすばやく対応して「プレモス」という名の工業生産木造組立住宅の生産に取り組んだのであった。合理主義建築への道を選択したのは決して誤ってはいなかった。

「埼玉県立博物館」も「熊本県立美術館」も、合理主義建築家前川の最も見事な成功をおさめた作品なのである。先にも触れたように、それまでの先端技術の開発に鼓舞されつつ創られた作品の華々しさは退潮したとはいえ、かえってその故に〈建築〉としては破綻のない均衡のとれた高度な〈質〉を結晶化させていると私には思える。すでに長々と生硬な説明を加えたあの空間の日本的性格も前川における伝統的感性の自然な発露であるばかりでなく、研ぎすまされた合理的思考と共振する形態言語の明瞭性を志向する感性の賜でもあったのではないだろうか。「人間の作る〈建築〉には純粋に神話的思考の産物というものも、純粋に科学的思考の結実したものもあり得ないのだ」前出*21とは前川の言葉でもあった。しかしおそらく、彼が歩んできた合理主義的建築への反省をも含めて、こんにちの状況が合理主義的建築にとって日々厳しい批判が投げかけられていくのを感じつつ、「近代の合理主義的建築はこんにち一敗地にまみれたことは事実かもしれない」、しかし「だからといって建築は合理的思考を捨て去るわけにはいかない」前出*21との内心を吐露する前川であった。

前川は合理の人、論理の人で、感性を受けいれなかったなどと、合理と感性を機械的に対立させて考える建築史家の論はどうしようもないとしても、合理と感性について概念のきわめて初歩的な誤解は正しておかねばならないだろう。

それはともかく、前川における作風の変化は、技術的なものに対する、空間的なものに対する、人工と自然、文明と文化に対する彼の感受性の変容深化であったこと、作品の具体に触れて感得してもらうほかないのである。

哲学史の教えるところによれば、合理主義の対極に立つのは経験主義なのであって、経験論は合理論ではないにせよ、〈非合理主義〉であるわけではない。建築論のレヴェルにおける合理主義とは形態に対する合理的把握とそれに呼応する感性を含む実践を指すのだし、その対極に立つのはむしろ表現主義である。しかしその表現主義も即感性主義とは言えない。合理性との親和関係をとり結びつつも感情の表現に向かうものから、非合理な情念の表出に強度に傾斜していくものまで、さまざまな差異のレヴェルをもつ。

だいたい合理的思考なしに建物は建たぬこと、通俗の建築芸術論で無視されがちであるが、現実に建つ建築ならばすべて、言葉の真の意味で合理主義なしには成り立つはずもない。私たちはあのガウディの合理主義についても語ることができる。だからといってガウディを合理主義の建築家とは言わないのである。

こんにちの合理主義的建築の潮流は、かつてよりもよほど柔軟になり多様に分岐する流れを形成しつつある。西欧では依然として大きな流れである。合理主義的思潮を1920～30年代に固定して考えてはならない。多様な人間的感性の働きを抑圧から解放していく、救出する役割もまた合理主義に内在する。

前川の晩年の仕事を見るとき、彼の合理主義が日本の伝統と自身の内面に潜在していた感性を、自然との共生という課題に沿うかたちで救出し顕在化したと評することができよう。

5

最後に、こんにちのポストモダン状況に関連することでもあるが、気になることに簡単に触れておきたい。

現在の「高度技術社会」あるいは「高度消費社会」のなんと抑制のきかない社会になっていることよ。「豊かな社会」になったことの多少の恩恵にあずかっているとはいえ、この社会を支えている精神的基礎はいったい何であろうか。「不快の源そのものを追放しようとする結果、不快の無い状態すなわち「安楽」を優先的価値として追究することとなった」意識状態こそがそれではないかと主張するのは政治学者の藤田省三*23である。「全ての不快のもとを無差別に一掃してしまおうとする現代社会は、このようにして、〈安楽への隷属〉を生み、安楽喪失への不安を生み、分断された刹那的享受の無限連鎖を生み、そしてその結果、〈喜び〉の感情の典型的な部分を喪わせた。そしてその〈喜び〉が物事成就に至る紆余曲折の克服から生まれる感情がある限り、その消滅はそれだけにとどまるものではない。克服の過程が否応なく含む一定の〈忍耐〉、さまざまな〈工夫〉、そして曲折を越えていく〈持続〉など幾つ

＊23 **藤田省三**（1927～2003）政治学者（日本思想史）。丸山真男に師事し、法政大学で長く教鞭をとった。『天皇制国家の支配原理』（みすず書房）などで戦後思想史に大きな足跡を残した。著作は『藤田省三著作集』（全10巻、みすず書房）ほか。

もの徳が同時にまとめて喪われるのである」*24と。藤田のこの主張に耳を傾けながら、想い浮かべるのは建築家前川國男の生涯であった。彼は巨大主義への誘惑、たとえば壮大な都市計画的構想に手を染めることをしなかった。一定の忍耐を含んだ平静や自己克服の喜びやその結果生まれる生活のリズム感を、小規模の範囲においてわがものにおそらくしていたであろうと思われる。私は想像する。おそらく前川は、事務所の経営を資本主義的企業としてではなく、文明の健康な限度とそれを担う小社会の形成として、いわばユートピア的な志のもとに取り組んでいたのではなかろうか。

建築の設計も事務所という小集団の営みも、「安楽への隷属」という現代文明の忍びよる誘惑への抵抗であらざるを得なかった。そして抵抗の場所は、建築創造の現場であった。しかも場所は、建築に対して抵抗の潜在力を秘めている。だから、設計と工事の現場は、文明への抵抗と同時に場所からの抵抗に遭遇することになる。

打放しコンクリート仕上げの弱点を検討した結果から、最終的には磁器質タイルの打込みに向かう前川の足どりは、建物が建てられる〈場所〉からの抵抗を正面から受けとめたことを示すものである。彼の建築詩学は、〈場所〉からの抵抗を建物のテクスチュア、触覚性として捉えかえし、そこから〈場所〉の表情が自然に生成してくる方法を、志向したのであった。

前川國男は1920~30年代のモダニズムの教条主義者ではなかった。合理主義的建築のこの国の風土への定着をめざすその実践の具体的な課題遂行のなかで、〈場所の力〉の発見に辿り着いた。それは高度情報社会の「安楽への隷属」という誘惑に乗る流行の〈ポストモダン〉とは反対に、それに抵抗し打ち勝つ努力の方向を指示する。それはモダンの見直しを要請し、そこからもう一度あらたに始まるもう一つのモダンの出発点となる。

*24 『思想の科学』1985年8月号(発行:思想の科学社)所収

あとがきに代えて

戦後建築ジャーナリズムとともに歩む

画・益子義弘

沖縄に生まれて

１９４５年の敗戦後、アメリカの統治下に入り、１９７２年の日本復帰まで沖縄県というものは消えました。沖縄県がまだあった頃、つまり戦前の１９２６年（大正15年）沖縄県宮古郡平良町で生まれました。沖縄へ行くと平良という名字が多いし、平良町にも当然のこととして多いのです。いまは「タイラ」と読むことになっていますが、もともとは「ヒララ」でした。ところが、沖縄本島では名字も地名も「タイラ」と読んでいます。沖縄県の中心である沖縄本島の慣わしにしたがって、現在では、宮古島でも「タイラ」と読んでいます。本土では「タイラ」とは、読んでくれませんので、ちょっと長い解説になりましたが。

親父は、宮古島から沖縄本島の首里にあった沖縄師範学校に入りました。師範学校は5年制で、そのあいだに「ヒララ」は「タイラ」に変わってしまいました。沖縄師範を出て新しい教育理論を引っ提げて宮古島に帰り、若い教師連を集めて、新教育運動をはじめ、それが県の視学官（明治時代に始まり戦前まで続いた、学校教育や教師を指導監督する官吏）ににらまれて、離島に左遷されてしまう。それに憤慨した親父は、教師をやめて東京に出たのですが、東京高等師範学校の研究科に通い、また小学校の教師になり、家族を呼び寄せました。

ぼくが小学校1年の1学期を終えた夏休みのことでした。就職した小学校は本所の江東小学校（現・両国小学校）で、ぼくの事務所、建築思潮研究所の目と鼻の先にあります。

はじめての東京・赤羽

東京は遠かった。宮古島を出てから、たしか5日くらいかかったという記憶があります。宮古島を出るときは、小舟でした。20〜30人しか乗れない舟で、那覇までの３００キロ、東シナ海を渡るわけ。大揺れに揺れて、ひどい船酔い。酔わない人などいませんでした。那覇で一泊しましたが、ぼくの記憶にある那覇は、首里城の辺りのこんもりした森を背景に走る市電の夜景で、初めて見る電車でした。沖縄にも鉄道があったんですね。与那原線・糸満線・嘉手納線それに海陸連絡線（桟橋につながる）など。那覇から神戸までは大きな汽船で、全然酔いはしませんでしたが、3等客室ですから、快適とはいっても推して知るべしです。迎えに来た親父とは神戸港ですれ違いになって、ぼくたちは特急つばめで東京へ先に着いてしまった。

東京駅に着く。さすがに大都会、大きいなあ、明るいなあ、という第一印象をもちましたが、京浜東北線に乗り換えて、赤羽に着いたら真っ暗。夜の闇のなかで、駅前に木造の旅館が2、3軒と、なんともみすぼらしい長屋が数軒つらなっていて、田舎だなあという感じでした。長屋の先には大きな溜池があり、それに沿ってレンガ造りの製麻会社があり、そして水田や原っぱがひろがる。それでも15分も歩くと街並が見え、辿り着いたわが家は木造15坪ほどの貸家だった。結婚するまで赤羽で暮らしました。空襲でも焼け残りましたので。

沖縄から東京へ来て、小学校の1年生をもう一度やり直すことになりました。上京した翌年（昭和8年）に入学し直します。ですから「ハナ　ハト　マメ　マス」と「サイタ　サイタ　サクラガ　サイタ」で始まる1年生の国語読本、その両方の経験者なんです。1931年(昭和6年)満州事変以降、日本は対外軍事侵攻の冒険にすでに乗り出していたわけで、「サイタ　サイタ」に続く句が「ススメ　ススメ　ヘイタイススメ」となっていて、義務教育も時局に即応して調子を変えていました。ぼくが気づいた頃は、満州国がすでに存在していましたし、小学校5年生のときには、二・二六事件（昭和11年)、翌年には支那事変と年ごとにエスカレートしていきました。ぼくの親戚にもその頃、陸軍士官学校に入っていたのもいたりして、戦争を次第に身近に感じるようになっていました。従兄弟に宮古中学校から東京高等師範学校に入った文学青年がいて、アンチ天皇制でアナーキスト的だったその影響もあって、軍人はあまり好きでなかった。

中学は、東京府立第九中学校、赤羽から電車で二つ目の板橋にありました。現在、東京都立北園高等学校となっています。府立一中から校長として赴任してきたのが、東大の国史を出た、国粋主義者で毎朝の朝礼の訓話が長く、嫌でした。痛快なのは、その朝礼によく遅刻してくる教師がいましてね、それがぼくの1年生のときの英語の教師、いつも英語の原書を数冊かかえて授業に現れるんです。その原書は自分の勉強用なんです。ぼくらに英文の暗唱を命じて、できないと廊下に出される。簡単に暗唱できないほど長文なもので、教室はほとんど空っぽになってしまう。空っぽの教室で一人、原書に読みふけるわけ。これが戦後「第二の青春」でデビューした『近代文学』創刊者の荒正人だった。

彼の主張は、戦後日本の体験をふまえ、近代的エゴの根拠をみすえてヒューマニズムの再建を志向するのでなければ、きれいごとで、根も肉体もない空虚なものに終わるほかないというもので、文学にかける情熱を吐露したものだった。50年代の後期、『芸術新潮』に「建築家はファシストか」と、住み手の要求を無視する設計者に向けてエッセーをものしたのも、彼、荒正人でした。

浦和高校時代

中学時代は、とにかく成績もよくて、四修（本来は5年制のところを4年で旧制高校へ入れる仕組み）で旧制浦和高校に入りました。3年制だった旧制高校が戦時体制で2年制に短縮されたのが、ぼくらの年から、というよりぼくらだけ。戦争が終わると、またもとの3年制に復帰してしまったからなんです。しかもその2年間のうち、正規に授業を受けたのは1年だけで、あとの1年は軍需工場に動員されて労働者になったんです。だから真面目に勉強したのは正味1年のはずですが、ぼくはその1年もあまり勉強しなかった。で、ぼくの卒業時の成績はどん尻の方。大学入学試験はなく、高校の内申書で評価されたので、東大（東京帝国大学）を受けましたが入れず、地方へ都落ちということになります。

浦和高校時代、あまり勉強しなかったことを省みて思うことは、一種の文化ショック、つまり中学時代素朴な理科的人間であったぼくは、旧制高校の寮生活で、一浪も二浪もして入ったオッサン、中学をフルに五年で卒業した人・四修といえどもえらくおませな文学青年、哲学青年たちと一緒になったなかで、異文化との出会いのごときショックを受けていました。理科の授業に身が入らず、哲学書などかじりはじめることになるのです。おりしも西田哲学系の哲学者・柳田謙十郎が新たに赴任してきていて、その「倫理」の講義を聞くことになる。それはそれは難解なんですけれど、不思議に、その講義の詩的なリズム感がある話し方は、なかなかの名調子で、「絶対的矛盾的自己同一」などという言葉も、よく解らないくせに、解った気になってしまう、一種の心地よさなどあって、哲学の雰囲気にひきこまれていく感じでしたね。

1年上に、大高正人がいましてね、寮のぼくの部屋の室長だった。建築を選んだのも、彼との出会いがあったからと多少はいえなくはない。ところが、東大の建築に入れなかったぼくは、名大（名古屋帝国大学）の金属学科に行くことにした。もはや敗戦の見通ししかできない状況のなかで、ヤケッパチの選択だったかもしれない。何がなんでもというほど、建築への志望が強かったわけでもなかったのです。大高正人が建築へ行ったことと、藤島亥治郎の『桂離宮』を手にして、そこはかとない憧れを建築に抱いたという程度以上のことではなかった。父の蔵書にあった羽仁五郎の『ミケルアンジェロ』（岩波新書）の影響もあったかもしれません。

名古屋帝国大学へ

名大入学のために名古屋へ。しかしぼくが名古屋に行く前日に空襲で焼野原、工学部の校舎は灰塵に帰していた。入学式もなかった。東山にある理学部は健在で、理学部に顔を出すと、掲示があって、挙母《ころも》（現在の豊田市の旧称）の大樹寺に集合のこととある。そこでの合宿がはじまり、授業はトヨタ自動車工場付属の青年学校の校舎を借りて行われた。

お寺での合宿、とてもじゃないが落ち着かない。浦和高校から一緒に来た友人と2人で下宿探しをしました。岡崎市の街はずれ、名鉄挙母線の大樹寺駅前の酒屋さんの2階に間借りして、自炊ということになる。この酒屋さんは、畑をもつ農家でもあって、働き手の息子二人を軍と工場にとられて、人手の足りない状態で、ぼくらはよく農作業の手伝いをしたものです。手伝いの後、白いご飯のご馳走がいただけてね、結構、楽しみながら労働していた。しかし岡崎市も空襲にみまわれ、トヨタ自動車工場も空母から飛び立ったグラマン戦闘機の機銃掃射を浴びたりで、緊張の続く生活だった。

3月10日の東京大空襲を手はじめにB29による数度にわたる空襲で東京は焼野原になったけれど、赤羽のわが家は幸い焼失をまぬがれたので、8月15日以後も大樹寺と赤羽のあいだを行ったり来たりの生活が続き、もう学校の授業どころではなくなりました。東京はたいへんな食糧難、赤羽に帰っては食糧の買い出しに行く。戦中勤労奉仕で行ったことのある農家を頼りに訪ねても、なかなか期待したほど分けてもらえず難儀したことを覚えています。

この時期すでにアメリカ軍による日本占領は開始されていた。9月にはミズリー艦上での降伏文書調印、マッカーサーのGHQは皇居を目前に見る東京日比谷の第一生命ビルに入った。以後、ここが占領終了の日まで、日本統治の権力の本拠地となった。

旧秩序の解体がすすんでいく。極東軍事裁判を手はじめに、治安維持法の廃止、軍国主義的人物の「公職追放」、憲法改正の指示などなど、占領政策は矢継ぎ早に打ちだされていった。日本社会党、日本自由党、日本進歩党などの諸政党が結成される一方、12月には日本共産党の第四回大会なるものも開かれる。敗戦を軍国主義からの解放と受けとめていたぼくは、こうした状況のなかで政治に関心を深めていくようになりました。わが家の書棚に埋もれていた戦前のマルクス主義関係の雑誌、書物に気がつくのもこの頃。エンゲルスの『自然弁証法』（岩波文庫）だけは、浦高時代に読んでいたが伏字の×××が多くて理解できない部分に手こずった記憶があります。

終戦後、東京帝国大学へ――建築へ進路を変更

旧制高校がもとの3年制にもどる。ぼくらだけが2年制の

経験者となるわけで、昭和21年の春には旧制高校の卒業生はないわけだから、国立大学の入試もないはず。ところが入試が行われることになった。陸軍士官学校（陸士）・海軍兵学校（海兵）など軍関係の学校の卒業生に門戸を広くひらく、あるいは戦時体制下で選んだ進路を見直し、あらたなる出発のための進路変更のチャンスを諸大学の在学生にも与えようという趣旨からだったのでしょう。ぼくは急きょ名大を退学、赤羽の家に帰り、東大の入試にそなえ、にわか勉強をはじめました。建築へ進路を変えるためでした。

そんなわけで、ぼくの同級生に陸海軍出身者が8人もいるし、航空学科などからの転科組、ぼくのように地方の大学からの転校組などで構成されていて、前後の学年にはない雑多な混成のおもしろさがありました。後に日本設計の社長となった池田武邦は、海兵出で終戦当時海軍大尉、戦艦大和の護衛駆逐艦に乗っていたが撃沈され、泳いで助かったというつわもの。航空学科から転科してきた田辺員人は、在学中はもっぱら「東京大学新聞」の記者として活躍し、卒業後は復刊した『国際建築』の編集者となり、後にプランナー、そして大学の教師になっていく。日本建築センターの金子勇次郎も航空からの転科だったかな。川上玄は東工大の建築学科から移ってきた人で、設計だけでなく施工もやる建設事務所を経営しながらソ連建築の研究にも取り組んだ変わり種。ぼくとは在学中から心おきなく議論のできる友人だったですね。

また、クラスは同じではないけれど、第二工学部を同じ年に卒業した宮内嘉久とは、新日本建築家集団（ＮＡＵ）の運動ではじめて出会い、以来、建築ジャーナリズムの領域でたびたび合流して一緒に仕事をしてきた仲です。『国際建築』『新建築』でも一緒になったし、『新建築』を共にクビになった後、共同の編集事務所をもったこともある。雑誌の編集以外でも「五期会」（１９５６年に結成された若手建築設計者を中心とする、民主的な建築と設計労働体制を目指す活動。５年ほどの活動をもって解散）とか「ＡＦ」（アーキテクチャルフロント。１９６９年に結成された建築設計者、建築ジャーナリストらによる活動組織）などの運動面でも行動を共にしてきました。

武谷技術論

せっかく「建築」に進路を変えて建築学科に入ったのに、建築の勉強にあまり身が入らず、マルクス主義関係の書物にひきつけられていく状態で、その思想的な雰囲気に強く影響されはじめていましてね。1年生のときはまあまあ授業にも真面目に出席していて、図書室で堀口捨己の「利休の茶」に関する文章にふれたり、昭和初期のころの『国際建築』誌上で岡村蚊象（山口文象）や前川國男の文章を読んだ記憶もあるけれども、2、3年生になるとほとんど授業にもでなくなってしまう。

思想的、理論的に一番影響を受けたのは物理学者・武谷三男の科学認識論と技術論でした。戦前の旧「唯物論研究会」の人たちのマルクス主義の理論よりも先鋭で実践的にも有効な理論と思えたわけで、工学部の何人かの友人と「技術論研究会」をもち、武谷三男を講師に呼んで講演会を主催するなど、学内の文化活動にかなり精を出すようになっていきます。東大唯物論研究会にもよく顔を出していた。その頃その唯研を牛耳っていたのが、後に読売新聞の社長となる渡邉恒雄でした。

武谷技術論について簡単に述べておくと、武谷三男以前に日本では独得の技術論が形成されてきていて、技術＝労働手段体系説というのが中心になっていた。そういう時代に、技術というものの本質的な定義としては、「人間実践（生産的実践）における客観的法則性の意識的適用である」とすべきだと武谷三男は主張したわけで、つまり技術を生産の場所における実践概念として捉え、仕立てたわけで、その意義は画期的なものでした。たしかに現代の科学と技術が緊密に結びついた科学技術というものを考えた場合、この客観的法則性の意識的適用説はまったく正しいといわねばならない。当時、ぼくはこの説の全面的な支持者になっていました。しかし、日本共産党の中央はもちろんのこと、マルクス主義者のあいだではそれは少数派で、「日本民主主義科学者協会」の主流は武谷説批判で固まっていたように私には思えました。

そうした状況への反発もあって武谷説に急速に傾斜していった時期でしたが、しかしひとつの疑問が長いあいだぼくの内部の片隅に生き続けます。近代以前の技術、一般に職人の技能といわれているものの歴史とその蓄積・成果を武谷の技術の規定によって捉えつくすことができるのかどうか。武谷説によれば、技能は技術の立場からは技術に解消されていくべきものと位置づけられ、完全に消滅してしまうものではないとはいえ、技術の現場で技術を補完していく働きとしては不可欠であるとされます。

技術家という者の主体性は、大きくクローズアップされ、賞揚されることになりますが、これはこの説のきわめて大きな積極面であって、それはそれとしてよい。しかし反面、技能的な労働というものが技術に対して従属的位置に貶められることになる。それでいいのかどうか。近代以前の技術のありようをどう理解するかという問題とともに、技能を技術の従属物として進展する近代化の矛盾にどう立ち向かうかという問題でもあって、そのあたりの問題意識も多少はあって、これはぼくの後日の仕事と運動のなかで、「伝統論」と「民衆論」へとつながっていきます。

話を少し前に戻しますが、ぼくは1947年（昭和22年）の春、日本共産党の東大細胞に入ります。「2・1ゼネスト」といわれる空前の全国ストライキが占領軍の中止命令によって不発に終わり、労働運動はいっきょに高揚から逡巡と沈滞の重苦しい雰囲気に変わりました。学内の学生の運動にもその影響があらわれ、これではどうしようもないという思い、切迫した感情にもとらえられての入党でした。ぼくの推薦者は工学部の応用化学系の上級生だったのですが、ぼくを入党させておきながら、その2、3カ月後には離党してしまいました。共産党に対する世の中、いや体制側の目がかなり厳しくなっていましたから、卒業後の就職のことを考えての離党だったんでしょう。

入党後は、学内での自治会活動、文化活動が忙しくなってしまって授業にはほとんど出られない。しかも学生運動に限定しておけばよいものを、家へ帰ってからの居住地での政治活動、文化運動にまで行動範囲をひろげていきました。そうせずにはいられない感情にとりつかれていたのだと思います。学業だけではとても得られない経験のなかで学んだことは多いのですが、建築学科の卒業がすんなりいくわけがありません。ところが卒業できた、いや卒業させられたといったほうが事実に忠実な言い方です。吉武泰水先生から呼び出しがあり、「卒業どうするのか」というわけです。単位が相当足りなかったわけで、「1年延ばします」と答えたのですが、「きみ、1年延ばしたところで同じじゃないかなあ」と、ぼくの行状すべて承知のうえの先生の判断は、とにかく卒業させてしまおうということだったようです。

鉄筋コンクリートの講座（ほとんど講義を聞いていなかった）の梅村魁先生、建築史（1年生のときの講義には出席していたがノートをとっていなかった。単位をとるにはノートを提出しなければならなかったのに、それができなかった、あえてしなかった）の藤島亥治郎先生のところをまわりなさいというわけ……。

藤島先生にはたいへん叱られました。しかし、「1週間の時間を与えるから、建築に関することなら何でもよい、文章を提出せよ」と。ちょうど太田博太郎先生の『図説・日本住宅史』という著書が出版されたばかりで、それを読んでいたもので、書評のような形式で書きました。太田先生の建築史観には確固とした技術史観が読みとれるけれど、藤島先生にはそれがないのではないか、などと生意気にも、武谷技術論で武装しているつもりでしたから。卒業式のあと、「お前が考えているぐらいのこと、ちゃんと心得ている」と激しく反論されました。でも単位はいただけて卒業させていただいたんです。

大学卒業後、NAUへ

卒業はしましたが、就職のことは全然考えていませんでした。共産党本部の科学技術部のI氏に勧められて、成城にあった「労働科学研究所」を訪ねたんですが、財政難で入れる余裕まったくなしというわけで、再度I氏に相談に行くと、「新日本建築家集団（NAU）という建築運動の団体があるのを知っているだろう、そこの事務局はどうだ」と、建築家の平松義彦氏を紹介され、NAUの事務局員となりました。事務局の置かれた東京建築事務所は、平松氏とともにNAUのリーダーであった今泉善一氏、道明栄次氏などとの共同の事務所で、小町和義ほか数人の所員がいました。事務局にはもう一人専従者がいて、それが宮内嘉久だった。彼は『NAUニュース』とか『NAUM』という機関紙誌の編集専任ということで、ぼくは組織担当になるということでした。

事務局員になり、NAUの運動に参加するなかで、戦前の創宇社《そううしゃ》運動に関係した人々とも知り合いになりました。池辺陽、神代雄一郎、山本学治といった第二工学部出の先輩たちとの出会いもあり、ぼくの建築思想の形成にとって大事な交流がはじまることになりました。建築離れしていたぼくは、このあたりからようやく建築へ帰還できたという実感をもちました。ところが、NAUの運動はそう長くは続かなかった。コミンフォルム（1949年に結成されたソ連の指導体制下の国際共産主義運動）による日共批判にはじまる日共の内部分裂状態の余波をくらってNAUは崩壊していくことになるのです。

NAUの崩壊──『国際建築』で編集を覚える

NAUの事務局に入って、まがりなりにも正規に活動したのは1949年の12月まででした。その間、ぼくがやったことは、NAUの学生会の増大ということで各大学にオルグに行ったことです。とくに日大と東京藝大には足しげく通いました。ずっと付き合いの続いた友人の名をあげると、奥村昭雄夫妻、吉田桂二夫妻など、その頃学生だったNAUのメンバーです。

1950年の1月、日共の中央が分裂します。コミンフォルムの批判は高飛車で、その点ではぼくも反発を感じました。

しかし日共中央の混乱ぶりはひどく、そのような批判は実践においてすでに克服されていると、〈批判の対象になった野坂参三の諸論文は不十分で欠陥なしとしないが、日本の客観的・主観的条件のもとでは「奴隷の言葉」も使わざるをえない事情もあることを理解すべきで、このことを無視して外国の同志が日本の党や同志の言動を批判するのは党と人民に重大な損害をもたらすものである〉、という「所感」を発表したものの、数日後、中国共産党の機関誌『人民日報』の社説での批判にあうや、一転して、コミンフォルム批判の全面的な受け入れを決定しました。

問題はその後で、コミンフォルムの最初の批判の受けとめ方をめぐって指導者のあいだで意見の対立が起こり、少数ではあったが批判を受け入れて運動方針の再検討を十分に行うべしと主張した人々があった。ところが中央委員会の主流で「所感」を発表した人たちは、一転全面受入れに転じたのち、異論をもつ中央委員を党外に投げ出したまま地下にもぐり、地下から組織を指導していく体制を固めたのです。

ぼくの立場は、分裂反対、党内民主主義を守れということで、居住地の細胞でそのことを主張し、そこではいったん多数決で中央委員会の統一の回復が決議されたのですが、上部機関、地区委員会が乗り込んできて、「国際派」分裂派としてぼくは除名を宣告されました。決議に賛同した数名の同調者と一緒にグループを結成して活動することになります。

ＮＡＵ事務局の仕事はその年の夏頃までは続けたけれども、除名処分にあったことはやがてＮＡＵ内の日共グループに伝わったようで、ぼくとは連絡がなくなり、事務局員手当て3千円も出なくなった。ついに転身を考えないわけにはいかなくなりました。宮内嘉久はぼくよりも一足先に転身し、ぼくはその年の9月まで居残りました。事務局は新日本文学会の事務所（ＮＡＵの設計ということで担当は今泉善一）の片隅に机ひとつでした。当時、新日本文学会はいわゆる国際派の人が牛耳っていたので、ぼくにとっては居心地悪くはなかったんですが、ＮＡＵの組織から完全に浮き上がっているという奇妙な状態になっていました。

『国際建築』が7月に復刊し、そこに同級生の田辺員人が入っていることを知りました。編集部に入れてもらえないか、彼に頼んで主宰者・小山正和老人に会わせてもらい、加わることになりました。『国際建築』の編集には3年ほど携わりましたが、この時代はぼくにとっては編集者見習いの時代。『国際建築』の創始者である小山老人の本づくりを身近に見ることができ、編集にかけては田辺員人は先輩だし、後から加わった宮内嘉久も経験者でちょっと先輩格、そうしたスタッフのなかで見よう見まねで編集の仕事を覚えていきました。

編集顧問に生田勉、浜口隆一がいて、最初の頃はもっぱらヨーロッパ、アメリカの戦後建築の紹介が中心でしたが、ソ連建築研究会などもできて、社会主義圏への目配りもするようになっていきました。その頃の記事で一番印象に残っているのは、レーモンドの「リーダース・ダイジェスト」と前川國男の「日本相互銀行」で、ぼくは直接取材には関係させてもらえず、小山老人のレイアウトのお手伝い。原稿の字数をかぞえて、写真構成の余白に配置します。小山さんのイメージに忠実に、です。

そうした見習いの時代に別れを告げて『新建築』編集部の時代に移ります。その頃、ハンガリーのヨージェフ・レーヴァイの近代建築批判論が針生一郎の訳で『美術批評』(美術出版社)に掲載されるということがあって、ぼくも「機能主義を超えるもの」という一文を書くことになります。共産党からは除名されていましたが、志を同じくする友人たちとそれなりの活動はしており、軍事路線を採用した共産党には反対で、「六全協」(1955年、日本共産党第6回全国協議会)で路線が変わって後の1958年に復党しました。武谷三男の『弁証法の諸問題』、また哲学者の田中吉六の『主体的唯物論』以来、ぼくはその影響でスターリン主義からは離れた地点に立っていたつもりですが、社会主義への希求はなおつよく抱いていて、社会主義レアリズムに言及していましたが、ソ連の擬古典主義的潮流は疑問だというのが本音で、近代建築の機能的合理主義を通過してのみ見えてくるであろう社会主義レアリズムは、ソ連のそれとは違う様相を呈して現れるはずだという考えがありました。その後は機能主義から象徴主義へとか、有機主義へとか、そういうかたちの理論の構築を志向するようになっていきました。アメリカの哲学者で美学者スザンヌ・K・ランガー著の『シンボルの哲学』(岩波現代叢書)の刺激も大きかった時代ですね。

『新建築』

『新建築』は戦後復刊して、清家清、池辺陽、中村登一など大学の助教授、講師といった若いところが手がけていた時期があり、その後はRIAに行く前の三輪正弘が専任の編集者でした。その次に川添登の登場となる。ぼくはNAUの運動のなかで川添と知り合いになり、運動意識に共通したところがあって一緒に行動することも度々あり仲が良かった。『新建築』に移ったのは、彼の口利きがあったからです。ぼくよりも少しまえに、『近代建築』から宮嶋圀夫が移ってきていて、川添編集長と宮嶋とぼく、３人で編集する時期がしばらく続いたあと、彰国社で『建築学大系』に取り組んでいた宮内嘉久も加わることになり、建築運動の経験をもつ編集者四人による当時として最強メンバーの結集体が形成されたという感じになった。世にいう『新建築』の黄金時代、華々しく建築界の舞台に打って出て新風を吹き込まんという気概に満ちていたと思う。

川添が白井晟一をクローズアップします。『新建築』へ移ってぼくも白井晟一を知るのですが、川添はまた丹下健三の仕事にのめり込んで、誌上で大胆な取り上げ方を次々と試みて注目を浴びるようになります。ぼくはといえば、同じモダニズムの流れとはいっても、丹下健三の仕事とはたいへん対照的な存在であった前川國男の事務所の仕事には、縄文的な造形精神の底流があることを感じて「福島教育会館」の〃地域に根づこうとする姿勢〃を評価していく。という具合いで、建築家の仕事を「伝統論」と「民衆論」という問題設定のフレームのなかで理解し評価していく視点を提案し続けていったわけです。そこにはモダニズムの自己批判という意味合いをこめていて、編集者4人の共有した意識でもありました。

しかし、ぼくたちのこうしたプロジェクトは、やがて世にいう「新建築問題」で編集部全員がクビになるという事態に立ち至って挫折することになります。川添が病を得て休職中に起こった。そのときぼくが、宮内、宮嶋とも相談のうえで編集長代行の役割を演じていたのですが、村野藤吾が設計した竣工したばかりの有楽町「そごう」の扱いに吉岡社長がひどく立腹したことにはじまり、結局編集部全員が退社するという破目になるのです。建築批評を確立して編集者の主体性を貫こうとしたぼくたちの敗北に終わったんです。『英文版新建築』（現『ＪＡ』）を創刊してまだ日も浅く、いろいろなやり残した課題も多かったのですが。

『新建築』をクビになったときは31歳だったから大変だった。結婚して共働きだったんだけど、『新建築』でちゃんと給料がもらえるようになって、彼女に仕事を辞めてもらった途端にクビになったもんだから、ふたたび中学の教師に再就職してもらうことになったのです。

『建築知識』『建築』

１９５７年の9月を最後に、『新建築』を去ります。川添は建築評論家として出発しました。ぼくは宮嶋と新雑誌の可能性を信じて、どういう雑誌が可能かといろいろと構想を練る失業時期がありました。このとき構想した内容は、後に『建築』として実現をみ、さらにぼくの意識のなかでは『ＳＤ』

に連なっていったのですが、すぐには目処がたたず、宮嶋は『近代建築』へ行き、ぼくは宮内嘉久と共同の「宮内平良編集事務所」をつくり、なんとか編集者として生きていく場を切りひらいていこうとしました。

そこに『建築知識』復刊の話がきて、ぼくがそれを担当することになり、創刊から第6号までやりましたが、オーナーは社会党の参議院議員・田中一でありながら、同時に全日本建築士会の会誌を兼ねるという二股かけた性格は、編集方針が非常に立てにくく、ぼくの力量不足もあって苦しかった。

そこへ植田一豊と三輪正弘の両氏から、建築雑誌を出したいという書店があるが、考えてみないかという誘いがあり、宮嶋と一緒に構想したようなものがやれそうな雰囲気があって話にのった。そして創刊したのが『建築』で、地道に着実に行こうという構えではじめました。

創刊号「増沢洵特集」、第2号「坪井善勝特集」という出だしでもわかるように地味で、設計図は細部詳細までしっかり載せるという方向で設計手法をリアルに把握できるように、ということを心がけてはじめたのですが、評判は良かったものの、売行きは予想どおりにはいかず、広告収入もはかばかしくなく、出版社は半年で音をあげてしまいました。仕方がないので、版権をもらって自前で発行を続行しようということになり、以後『建築』の苦難の歴史がはじまります。ぼく自身はそのなかでは生活が苦しくなることもあって、自立後2年ほどでその戦列から離脱して、『SD』の創刊に向けて鹿島出版会の仕事に入っていくことになります。宮嶋圀夫、長谷川愛子、植田実たちは『建築』に残り、経済的苦境のなか、その編集業務を続行していくことになりました。

ぼくの共産党との関係はどうなったかといいますと、復党した後、60年安保闘争における共産党の行動、とりわけ全学連に対する政策に憤慨して、離党することになります。『建築』の創刊号が出た頃は、共産党とは完全に縁を切っていました。

コミンフォルム批判による日共内の内紛、スターリンの死の直後の東ドイツでの大規模な労働者の反乱（1953年）、つづいてハンガリーとポーランドでの反政府反乱、とくにハンガリーではソ連軍と蜂起軍とのあいだで民族独立運動に発展しかけた動乱（1956年）など、共産党に対する信頼がぼくのなかで徐々にくずれていきますが、スターリニズムからは離れてもマルクス主義からは離れないという感情はその後もずーっと生き続けます。

それはそうと、『建築』でぼくも一仕事やったなあ、と思ったことがありました。それは丹下研究室から独立した大谷幸夫に《覚え書・URBANICS試論》を書きあげてもらったことです。大谷さんにへばりついて、夜を徹しての作業だったことを覚えています。

『SD』『都市住宅』

鹿島建設が出版社をつくる、ついてはそれに参加しないか、という話がきた。それは条件次第、ということで鹿島昭一氏に会いました。新しい雑誌の構想がある、それをやらせてもらえるなら、という条件を受け入れてもらって入社することになった。当座は、書籍の企画をやりながら、雑誌創刊のチャンスを待ちました。『近代建築』から中村敏男と山口尊敏、『建築』から長谷川愛子、凸版印刷のデザインセンターから平昌司と人材を集め、編集顧問に、内田祥哉、鹿島昭一、椎名政夫、杉浦康平、高階秀爾、高瀬隼彦、田辺員人、早川正夫、穂積信夫、松本哲夫、山本学治の御歴々を据えました。

『SD』の創刊は1965年の1月、前年、アメリカの全面的なベトナム軍事介入がはじまり、年を越えると北ベトナム爆撃がはじまる。1966年には中国でプロレタリア文化大革命、1967年にはワシントンで十万人のベトナム反戦集会、1968年には東大医学部の学生処分に端を発した医青連の闘争から東大闘争がひろがりを見せ、パリでは学生闘争が激化、いわゆる五月革命となる。世界は大激動の季節を迎えていました。

『SD』でやろうとしたことは、都市・建築・芸術を都市文化という総体性のなかに位置づけて、そのあいだの相互作用関係をも探ろうというものです。60年代の日本の急激な都市化という状況のなかで、デザイン・建築・芸術の課題をどう設定し、どういう方向づけでそれに対処していくのか、それを主題にしていこうとの腹積りでぼくはスタートしたのですが、問題は随分と錯綜しており、思いの半分もついに果たしえなかったと反省することが多い。しかし、建築を都市文化という文脈のなかで観るという視点は、誌面の構成を通じて幾分なりとも表現しえたと思っていますが……。

『SD』の仕事を続けるなかで、都市の文化としての住まいを扱う雑誌の必要性を痛感するに至り、『都市住宅』という名の雑誌創刊を会社に提案し、内定のうえで、『建築』から植田実を編集長として迎え入れます。そして『都市住宅』は1968年に創刊に至ります

この頃のぼくの愛読書は、H・ルフェーヴルの著書でした。『都市の権利』、『日常生活批判序説』I・II、『都市革命』、『空間と政治』等々、次々に訳出された書物を読み耽ったものだった。『新建築』の編集部時代には『美学入門』（多田道太朗訳）を読んだ。ルフェーヴルは1930年頃にマルクス主義に接

近するが、1957年に修正主義者としてフランス共産党を除名されている。ぼくは彼の著書から、マルクスによって批判されたプルードン、及びプルードン主義、その社会主義思想を学びましたが、まだプルードン自身の著書を読んでいません。社会主義について考える場合、プルードン主義の検討をはずしてはまずいようだ。

H・ルフェーヴルから学んだことのうちで、最も貴重なことは、都市は交換価値（商品）に属するものではなく、使用価値に属するもので、作品、芸術作品であり、都市社会は作品とならなければならない、という主張であり、ぼくとしてはそれに、作品となるためには人間の技術的知の働きを保存、活性化の方途を選択しなければならないのではないかと補足したい。現代のテクノロジーは、科学主義であり、科学至上主義は人間の技能知という身体性の働きを軽視するきらいがあります。60年代末、大学闘争や70年安保闘争に呼応するかたちで、AFというささやかな運動に加わったのも、ぼくとしてはルフェーヴルがいうところの都市革命への参加意識があったからです。

『住宅建築』——建築思潮研究所設立

とにかく、もう一度住宅だ。住宅からはじめて、都市の立て直しをしなければ、という思いが湧いてきた。植田実の『都市住宅』は大成功を収めた。多くの若い設計者たちをひきつけ、都市と住宅のあいだに新しい結合の環をひろげたし、そこを通過して多くの若者が建築の世界に登場してきました。

しかし、もうひとつの可能性がありそうだ。住宅は、設計者と職人と住まい手との共同の作品だという視角からみていく方向がある。誌面にそれを現していくことはそうたやすいことではないが、そういう意識だけは手ばなさずにやってみるとどういうことになるか、何か新しい局面がひらけてくるという可能性はありそうだ。かねてから抱いていたヴァナキュラーなもの、技能労働的なものへの関心も、住宅を手がけていくことで、新しい取り組み方へ発展していく可能性がありはしないか、ということです。

建築思潮研究所は『住宅建築』の創刊を機に1974年に設立した編集事務所です。事務所の命名でも推察できるように、今日の建築思想の潮流の来し方、行く末を見きわめる努力を心がけつつ、「建築」という領域の情報メディアの小さな単位となり、建築の創造にかかわるネットワークを目指すわけで、『住宅建築』はそのひとつのメディアということです。

1975年の『住宅建築』創刊当時の編集の体制についていうと、立松久昌が編集協力という形で設立当初から加わり後に顧問となる。植久哲男、田中須美子、宮本隆司と創設メンバーが揃う。その後、石川正子、福島勲が加わる。『住宅建築』に限らず、その別冊シリーズや、津端宏、山本直人が編集する『店舗と建築』『建築設計資料』もまた重要なメディアで、あらゆる可能性を、小さな手がかりを大事にしながら編集専業者のひとつのあり方が示せればと考えてきました。この集団はそういう実践を志す生活共同体であり、これからも小さい単位であることの利点を保持し続けられればと念願しています。

『造景』——まちづくりと地域おこしをテーマに

１９９６年まちづくりと地域起こしのための専門誌『造景』を創刊。まちづくり分野に長けた八甫谷邦明を共同編集者に迎えました。大事なテーマなので、これからの社会の中で必要とされる雑誌だと思っていたのですが、創刊して6年、数えて36号になり、その間、別冊として3冊を出版し、合わせて39冊を世に送りだしたところで、残念ながら休刊せざるをえない事態となりました。都市計画関係の人たちは大いにバックアップしてくれ、休刊になるときにはシンポジウムを開き、若い人たちがたくさん集まって非常に残念がってくれました。チャンスがあれば、ぜひ復刊できればと思っています。

『造景』という耳慣れない呼び名でスタートした本誌ですが、終始念頭において心掛けてきたのは、まちづくりという環境整備の社会計画の推進と環境の風景美創造をめざす文化運動とを、別々のこととして扱うのではなく、ひとつの総合した社会的行為実践として結合していくことです。この意図は不十分であったとはいえ、多くの方々に理解していただけたものと自負しています。

神楽坂建築塾

まちや建築の閉塞状況を突破するためには、新しいものをむやみに「つくる」のではなく、歴史的なものを「残す」「活用する」ということを視野に入れて、幅広く建築を考えていくことが必要だと考えています。

１９９９年春、こうしたことを念頭に「現代版・建築の寺子屋」をめざして、全国から建築家・建築愛好家・芸術家・学生・主婦ら幅広い人々の熱い思いを集めて、「神楽坂建築塾」がスタートしました。

そもそもの運動は、いまは亡き建築家・鈴木喜一が企画提案したもので、代表を私に依頼しました。約8年の間に、塾生とともに中国・チベットなどに何度も旅をし、得難い体験をしたことが、今日のぼくの思想に多いに影響を与えたように思います。2007年に、ぼくの役割は終わったと感じ、彼に代表の席を返しました。この運動の本格的な記録は神楽坂建築塾でまとめているので、そちらに譲ることにします。

2013年に彼が亡くなった後も、建築塾は続いており、2014年5月開講の「第16期」は新しさ・巨大さを追い求めるのではなく、風土と文化、職人の技能と生活の智慧に根ざした、建築と人の関係を模索しました。スクラップ&ビルドへの異議、歴史的建造物保存活用・木造建築復権をめざし、「記憶と風景」という年度テーマをかかげて、学びの輪を拡げています。現在は「第18期」。鈴木さんの遺志を次世代に繋ぎ、さらに大きな運動となることを願っています。

ヴァナキュラーなものへ

現在、ぼくは建築家という主体を軸にした歴史を考えるよりも、ヴァナキュラーな建築の在りように関心が向いてきています。ポストモダンをモダニズムの真摯な自己批判であるとするならば、ヴァナキュラーなものがそこで取り上げられることは至極当然で、もっともっと全面的に今日における意味(価値)を再検討すべきだと思う。ヴァナキュラーなものに対しての郷愁があっても、それは一概に否定すべきものではない。ぼくにとっては、『新建築』時代以来の「伝統論」と「民衆論」とつながるものとしてあるばかりでなく、現在はもっと積極的に、ヴァナキュラーなものの復権の可能性について確信を持って取り組みたい感じだ。郷愁ではなく、ロマンチックな夢想としてでもなく、「現代生活」批判の視座から、新しい社会運動のなかに具体的に位置づけ直すことなんです。

ヴァナキュラーなものとは「土地の暮らしに根ざした固有の価値」であり、「技能知」に深く係わる。科学的認識から発する「技術知」とはちがって、「技能知」は知能とはいっても、肉体的活動から離れることのない、いわば身体性の活動、思考。とはいってもそれは『野生の思考』といってよいもの、さらにいえば「生活知」というかたちで生活に密着しつつ生活から発する知に源泉があると思えるものなんです。

既成の、そして正統な建築史は、いまや崩壊しつつあり、ポストモダンは解体の危機に直面していることの証だろうと思っているのですが、そうした危機のなかから、はっきりと見えてくるのがヴァナキュラーなものの価値なのです。近代以前の伝統的社会のなかでヴァナキュラーなものに浸りきっている人々には、かえってその価値がわからず、われわれのように「近代」を通過したものによって回復されるべき価値として構想され、展望しうるものとなってきたのだと思います。

ヴァナキュラーなもの、それは風土から発生するもの、風土が育むもの、いや意識的に形成されるもの、そうしたすべてを包括してしまう概念へとぼくは広げに広げて使用しています。民家の系譜、数寄屋造りの系譜などももちろんヴァナキュラーなものだし、そうした流れのなかにある工夫、意匠をモダンのなかに取りこんだもの、これもヴァナキュラーなんです。

埼玉県入間市を中心に活躍している独楽蔵《こまぐら》の星野厚雄さんの仕事など見ると、ヴァナキュラーな感性が働いていますね。粗野というか野趣に富むというか、既成の「住宅」という観念を破りすてて、奔放に振舞うんですが、その発想の根は「生活知」なんです。また、誰が見ても、ヴァナキュラーな流れと認められる仕事のもっとも代表的なものは、吉阪隆正の仕事と、それに連なる象設計集団の流れですね。白井晟一の初期のローコスト住宅もぼくは好きですが、そこには古典的な構成美とともにヴァナキュラーな感覚をそそる雰囲気があって、彼の言葉でいえば「縄文的」なものといえるのでしょう。しかしまた「縄文的」なものだけがヴァナキュラーなのではなく、「弥生的」なものもあれば、いろいろな差異をそなえた幅広いものといってよいし、土地に固有の、とはいってもそれは不変のものではない、草の根から現実につくっていけるもののはずです。

しかし、現代のテクノロジーが貨幣経済を通路として次々とヴァナキュラーなものの存在を消滅していく勢いはすさまじい。テクノロジーを全否定するつもりはありませんが、せめて、テクノロジーと対等な位置まで、技能的なもの＝ヴァナキュラーなものの世界を評価し引き上げる努力は必要です。技能的なものは、今日のテクノロジーほどには環境を破壊しないし、設計思想の根底に本来流れる感性の豊かさと強固たる表現そのものが、内在的な本質なのではなかろうかと思います。

前川國男設計事務所の「東京文化会館」をあらためてみると、ヴァナキュラーな感性が確実に流れている。少なくともその設計思想の根にそういうものへの志向が働いていた、と思うのです。


「あとがきに代えて」は、宇野求、布野修司、高島直之らが中心になって結成されたAF建築フォーラムのAF「建築思潮」編集委員会編『建築思潮1』（学芸出版社刊、1992年）に収録された「戦後建築ジャーナリズム秘史」を元に、その後の活動についての談話を増補したものです。

平良敬一　略歴

１９２６年　沖縄県宮古島に生まれる
１９３２年　東京へ移住
１９４５年　名古屋帝国大学（金属学科）に入学
１９４６年　東京帝国大学に入学
１９４９年　東京大学第一工学部建築学科卒業
　　　　　新日本建築家集団（ＮＡＵ）事務局に勤める
１９５０年　『国際建築』（美術出版社発行）編集部に加わる
１９５３年　『新建築』（新建築社発行）編集部に加わる
１９５９年　『建築知識』（全日本建築士会出版局発行）を創刊、編集長
１９６０年　『建築』（槇書店発行、後に青銅社発行に）を創刊、編集長
１９６２年　鹿島研究所出版会（現・鹿島出版会）に移籍
１９６５年　『ＳＤ』（鹿島研究所出版会発行）を創刊、編集長
１９６８年　『都市住宅』（鹿島研究所出版会発行）を創刊
１９７４年　編集事務所㈲建築思潮研究所を設立、代表取締役
１９７５年　『住宅建築』（建築資料研究社発行）を創刊、編集長
１９９６年　『造景』（建築資料研究社発行）を創刊、編集長
１９９７年　日本建築学会賞業績賞を受賞
２０１１年　㈲建築思潮研究所相談役に
２０１５年　仙台市郊外へ移住

著書
『人間のための街路』（共訳書、ルイス・マンフォード著）鹿島出版会、１９７３年
『「場所」の復権――都市と建築への視座』（対談集）建築資料研究社、２００５年

50代の初め頃。建築思潮研究所のスタッフとスキー旅行へ向かう上野駅にて。

脚註索引

（人名、用語のみ。単純な注記は索引から割愛しています）

平良敬一建築論集
機能主義を超えるもの
2017年5月1日 発行

著　者　平良敬一

発行者　山下武秀

発行所　株式会社　風土社
〒101-0065
東京都千代田区西神田1-3-6 ウエタケビル3F
電話　03-5281-9537
FAX　03-5281-9539
http://www.fudosha.com

装　丁　中澤睦夫

印刷所　株式会社　東京印書館

ISBN 978-4-86390-043-1
Printed in Japan